«Die Autorin schreibt mit Demut, und es werden keinerlei Zweifel bezüglich der Echtheit der Botschaften erwogen … die Autorin benutzt Symbole, um sich in Träumen, Visionen und Hörbarem auszudrücken, was häufig geschieht. Die ultimative Botschaft dieser literarischen Gattung ist, die Gläubigen, welche sich in einem Zustand der Anspannung befinden, dazu zu motivieren, in ihrem Glauben auszuharren, und sie zu ermutigen, die Liebe Gottes zu erwidern. Der Band liest sich leicht und ist in einem klaren Stil und mit Aufrichtigkeit geschrieben.»

Prosper Kardinal Grech, aus *Inside the Vatican* – Januar 2014

Für Birgit, die von Gott tolle geliebt ist und es nur noch nicht weiß,
Michèle
Mölln, 25.1.19

DEN HIMMEL GIBT ES WIRKLICH
DIE HÖLLE ABER AUCH

VASSULA RYDÉN

DEN HIMMEL GIBT ES WIRKLICH DIE HÖLLE ABER AUCH

EIN AUGENZEUGENBERICHT WAS KOMMEN WIRD

Parvis-Verlag
1648 Hauteville / Schweiz

Den Himmel gibt es wirklich, die Hölle aber auch
Deutsche Übersetzung von Karin Hoitsch
Originaltitel: *Heaven is real but so is Hell*

Mit Ausnahme der Hinweise «Anm. d. Ü.» stammen alle Fußnoten von Vassula. Wenn nichts anderes angegeben, beziehen sich die Daten auf die Botschaften des Buches *Wahres Leben in Gott* (Siehe Seite 283).
Die Daten mit der Angabe «*Mein Engel Daniel*» beziehen sich auf die Botschaften, die unter diesem Titel im Miriam-Verlag veröffentlicht wurden.

Druck und Verbreitung:
PARVIS-VERLAG
Route de l'Eglise 71 1648 Hauteville/Schweiz
Tél. 0041 26 915 93 93 Fax 0041 26 915 93 99
www.parvis.ch buchhandlung@parvis.ch

www.tlig.org
www.tligradio.org

Gedruckt in der EU
Juni 2015
ISBN 978-288022-874-3

1 VORAHNUNGEN

Mein ganzes Leben lang habe ich die Geisteswelt gesehen. Ich sehe Engel und Heilige und andere übernatürliche Wesen. Ich sehe die Seelen Verstorbener. Ich schaue sie so klar, wie man lebende Menschen sieht. Manche Leute hören Musik und schreiben Symphonien, andere sehen Ziffern vor ihrem geistigen Auge und lösen komplizierte mathematische Gleichungen.

Ich bin dazu bestimmt, das Übernatürliche zu sehen…

Trifft man mich auf der Straße, würde man das niemals vermuten. Mein Aussehen und Verhalten sind das wie jedes anderen. Ich bin weder Nonne noch Einsiedlerin noch wahrsagende Zigeunerin. Ich bin so wie jedermann, aber mit der Gabe der Schauung einer Welt – einer Dimension – weit hinaus über unsere Reichweite.

Es ist eine unsichtbare Welt, die uns umgibt – eine Welt der Engel und Dämonen und Kräfte und Mächte, die jeden Moment auf uns wirken. Ich sehe diese Welt, und indem ich sie sehe, ändert sich die Betrachtungsweise der materiellen Welt. Es hilft mir, hinter die Dinge im Verborgenen zu blicken, die sich da auftun: Es hilft mir, die verborgene Bedeutung hinter so vielen unbeantworteten Fragen unseres Lebens zu erfassen:

- Wohin gehen die Menschen, wenn sie sterben?
- Gibt es einen Himmel… und eine Hölle und etwas dazwischen?
- Gibt es Dämonen oder böse Geister, oder sind sie bloß ein Mythos?
- Gibt es einen tieferen Sinn allen Geschehens?
- Wenn Gott gut ist, warum lässt er das Leiden zu?

- Können Träume oder Vorahnungen uns die Zukunft voraussagen?
- Leben wir in der Zeit der letzten Tage?
- Gibt es letztlich eine göttliche Gerechtigkeit?

Endlose Fragen... über Leben und Tod und den Sinn unser aller Existenz. Die Antwort auf viele dieser Fragen kann nur aus einer anderen Perspektive kommen – als ob man einen Teppich umstülpt, um dort die zum schönen Bild gewobenen Fäden zu sehen.

Von früher Kindheit an hatte ich diese Gottesgabe der mystischen Betrachtungen nicht nur für mich, sondern auch aus dem von Ihm gewählten guten Grund.

Dies ist eine Geschichte erstaunlicher Erfahrungen und Begegnungen mit dem Göttlichen – mit Gott – und deren Bedeutung für mich, dich, unsereins und die ganze Welt.

ANFÄNGE

Lasst uns also die Uhr bis zu den ereignisreichen Tagen meiner Geburt zurückdrehen. Ich wurde am 18. Januar 1942 in Kairo, Ägypten, als Tochter griechischer Eltern geboren; es war ein besonderes Datum, denn es war das Fest Petri Stuhlfeier, und zugleich der erste Tag der Woche der Einheit, wo sich die verschiedenen Kirchen versammeln, um Lösungen zum Problem der Trennung und Differenzen zu erarbeiten und zu finden.

Bereits vor meiner Geburt bestand meine Großmutter väterlicherseits darauf, meine Patin zu werden. Sie suchte auch den Namen Vassiliki für mich aus nach ihrer eigenen Mutter, obwohl er meiner Mutter nicht gefiel, denn sie hielt ihn für altmodisch. Aber nachdem der Brauch bei uns mehrere Namen vorsieht, fügte meine Mutter einen ihr angenehmen hinzu, und der lautete Claude.

Bei meiner Geburt waren meine Augen fest verschlossen. Sie konnten oder wollten sich partout nicht öffnen. Meine Mutter bekam große Angst. Es kommt bei Neugeborenen nicht oft vor, dass die Augen völlig zugeklebt sind, und falls dem so ist, so dauert dies meist nur ein paar Stunden oder höchstens einen Tag. Bei mir schien es jedoch ein bleibender Schaden zu sein. Es war, als ob ich die Welt nicht sehen wollte. Drei Tage lang blieben meine Augen fest verschlossen. Die Ärzte hatten keine Erklärung dafür, und meine Mutter fürchtete schon, dass ich blind wäre und bekam noch mehr Angst, sodass ihr daraufhin die Milch wegblieb. Daher rieten die Ärzte, mich an eine andere Mutter in derselben Wöchnerinnenstation, die am gleichen Tag ein Mädchen entbunden hatte, zu geben, auf dass sie mich stillte. Frau Fortune, meine italienische Amme, hatte ihr Mädchen Lucia getauft, was auf Italienisch «Licht» bedeutet, etwas das ich nicht hatte!

Meine Mutter, die sehr an die Macht des Gebetes glaubte, wandte sich in ihrer Verzweiflung um Erhörung an den lieben Gott. Da erinnerte sie sich an die Geschichte über eine griechische Heilige, namens Paraskevi, der man Wunder im Zusammenhang mit dem Augenlicht zuschrieb. Sie rief die Heilige an und flehte um deren Fürsprache und gelobte ihr, dass sie mich nach ihr nennen würde, falls meine Augen normal würden. Der Name «Paraskevi» bedeutet auf griechisch *«Freitag»* wie auch *«Bereite dem Herrn den Weg»*, was dann später auch eintreten sollte, ohne dass meine Mutter wissen konnte, dass sich dies in Zukunft für mich abzeichnen würde. Nach ganzen drei Tagen öffneten sich meine Augen, und meine Mutter hielt ihr Versprechen, und lobte voll Freude den Herrn. Daher trage ich bis heute drei Namen.

Als ich – noch als Halbwüchsige – in der Schweiz lebte, sah ich zum ersten Mal «die Toten». Sie kamen eines Tages einfach zu mir, saßen um mich herum am Boden unseres Wohnhauses. Sie sahen alle gleich aus. Männer und Frauen waren nicht zu unterscheiden, sie saßen so nahe beinander als ob sie aneinanderklebten. Ich wusste, dass sie real waren, obwohl sie unzweifelhaft tot waren. Sie sahen alle gleich aus: kahlköpfig, fahlen Antlitzes, und sie schienen abgezehrt. Die aschenfarbige Kleidung war so schlicht, dass sie gar nicht auffiel.

Ich wusste nicht, wer sie waren oder warum sie um mich waren, aber mir war klar, dass es sich um Verstorbene handelte. Von Zeit zu Zeit sah ich diese Menge Verstorbener, wenn ich im Haus war, mit meinem inneren Auge ohne jegliche Vorwarnung. Was mich beeindruckte, war deren Schweigen und Ehrfurcht vor mir.

Ich bemerkte, dass sich einer im Zentrum der Gruppe über die anderen erhob und mit einem Zeichen zu schweigen gebot, damit ich nicht gestört würde. Sie saßen dann stundenlang da, als ob sie auf etwas warteten, oder vielleicht waren sie nur einfach glücklich und im Frieden. Merkwürdigerweise fühlte ich mich nie gestört noch geängstigt. Ich fragte mich nie, warum sie erschienen, oder was das bedeutete. Mir war auch bewusst, dass niemand sonst sie sah, daher sprach ich nie darüber und erzählte niemandem davon, nicht einmal meinen Eltern.

Zuerst waren «die Toten» schweigsam, aber später begannen sie sich auf vielerlei Art bemerkbar zu machen, indem sie mit mir sprachen und mir zuwinkten, damit ich verstand, was sie wollten. Viel später – zwanzig Jahre später – verstand ich die Bedeutung ihrer Anwesenheit. Sie saßen nicht mehr schweigend rund um mich beisammen, sondern erschienen mir einzeln und machten sich bemerkbar oder bedeuteten mir Hilfesuche, besonders in Form von Gebeten. Oft hörte ich spät in der Nacht oder vor Morgengrauen deutlich Klopfen an der Tür oder die Klingel gehen. Wenn ich öffnete, war niemand zu sehen, aber ich spürte, dass jemand anwesend war, und dass mich eine Seele um Hilfe rief.

Manchmal wurde ich in ihr Reich aufgenommen und fand mich unter ihnen aufhältig. Mein physischer Körper wurde nicht wirklich dorthingeführt, aber auf mystische Weise war mein Geist bei den Toten, und sie konnten mich ganz deutlich sehen. Sie wussten, dass ich nicht eine von ihnen, und dass ich lebendig und noch auf Erden wohnhaft war. Einige zeigten sich sogar erstaunt, als ob sie sagen wollten: «Was machst du hier bei uns?»

Es war klar, dass sie litten und ihre Verbindung mit mir eine Art Hilferuf war.

Aber es würde Jahre dauern, bis ich wusste, wie ich reagieren sollte…

Die Toten zu sehen war nicht meine erste Erfahrung mit der «anderen Welt». Ich war erst vier Jahre alt, als ich erstmals wiederholt Alpträume hatte, in denen ich die übernatürliche Welt sah.

Auf die Frage: «Kann ein Dämon Alpträume auslösen?» lautet die Antwort: «Ja, das kann er», aber nicht jeder Alptraum ist darauf zurückzuführen. Es gibt Alpträume, die natürliche oder psychische Ursachen haben. Mit der Zeit lernt man diese zu unterscheiden.

In meinen Träumen stieg ich aus dem Bett, um in einen schwach erleuchteten Gang zu treten, an dessen Ende ein riesiger schwarzer Hund mit furchterregenden roten Augen, zähnefletschend, bereit mich anzuspringen und in Stücke zu reißen, wartete. Irgendetwas in mir ließ mich wissen, dass dieser Hund kein normaler Hund war, sondern ein Dämon.

Als ich sechs Jahre alt war, gingen diese schrecklichen Erfahrungen aus meinen Träumen in den Wachzustand über. Eines Nachts lag ich wach im Bett, als ich im Halbdunkel der Nachttischlampe ganz deutlich zwei grauenerregende Hände, nämlich die eines alten Mannes sah, die geradewegs über meinem Hals auftauchten. Ich erstarrte vor Angst. Als ich darauf starrte, kamen sie herab zum Hals und versuchten, mich zu würgen. Ich wollte nicht schreien, damit ich die Familie nicht aufweckte, also versuchte ich mich im Bett aus den Händen zu befreien, indem ich den Kopf nach hinten bewegte, bis ich sie – noch immer vor Angst schlotternd – nicht mehr sah. Diese Schauung nahm mich so mit, dass ich am nächsten Tag frühmorgens meiner Mutter sagte: «Gestern Nacht sah ich zwei grausige Hände nach meinem Hals greifen. Ich weiß, dass sie böse waren, denn sie versuchten, mich zu würgen!»

Meine Mutter sah, wie verschreckt ich war und hielt es fürs Beste, mir diese Hände lieber als jene der Muttergottes als die eines Bösewichts einzureden. Aber ich wusste immer, dass diese alten, unansehnlichen Hände nicht die der Muttergottes sein konnten, und später sollte ich erfahren, wem sie tatsächlich gehörten.

Im Alter von zehn Jahren hatte ich eine meiner ersten «Vorahnungen». Meine Eltern wollten, dass wir von Ägypten in den Libanon auf Urlaub fahren sollten. Meine Mutter begann mit den Reisevorbereitungen und nähte neue Kleider für die Reise, da man damals üblicherweise neue Bekleidung selber herstellte, anstatt sie wie heute im Warenhaus zu kaufen. Wir freuten uns alle auf die erste Schiffreise ins Ausland.

Während der Zeit der Urlaubsvorbereitungen besuchten wir noch einige Verwandte. Während sich die Erwachsenen begeistert über den Urlaub im Libanon unterhielten, gingen wir Kinder alle spielen.

Plötzlich überfiel mich eine unerklärliche Furcht und ergriff mein ganzes Wesen mit namenlosem Schrecken. Ich begann zu zittern und brach in Tränen aus. Irgendwie wusste ich ohne jeden Zweifel, dass der Tod auf dieser Reise in den Libanon mich erwartete. Ich ahnte, dass ich, wenn ich an dieser Reise teilnähme, nicht lebend zurückkehren würde.

Diese seltsame Vorahnung war keine Einbildung. Ich spürte, dass es sich um einen übernatürlichen Eingriff handelte, um mir das Leben zu retten. Weinend lief ich hinein zu meiner Mutter, die immer wieder fragte: «Was ist passiert? Bist du hingefallen? Hat dir jemand wehgetan?»

Jeder sah, dass ich ganz verschreckt war, aber nicht sprechen konnte. Schließlich stieß ich schluchzend hervor: «Wenn du mich dorthin mitnimmst, komm ich nicht lebend zurück!» Dies wiederholte ich immer wieder.

Alle waren bestürzt. Da sagte einer meiner Verwandten, da er die Reaktion meiner Mutter auf meine Vorahnung im voraus wusste: «Na ich denke mal, dass dies das Ende der Reise ist!»

Er sollte Recht haben. Meine Mutter wusste um meine Verbindung zur übernatürlichen Welt, und dieses Vorgefühl genügte ihr, um die Reise zu stornieren. Es gab keinerlei Einwände, und eine Zeitlang erwähnte niemand mehr den Urlaub oder den Libanon.

Ich fand nie heraus, was die Gefahr im Libanon genau war, aber mir wurde klar, dass mich der Liebe Gott beschützte. Er hatte einen Plan für mein Leben, und würde mich zu diesem Zweck vor dem Verderben bewahren.

Einige Zeit später hatte ich einen Traum, der mir so real schien, dass ich ihn am nächsten Morgen sofort meinen Eltern schilderte. «Ich hab Jesus gesehen, und er lächelte mich an.»

In meinem Traum stand ich in einem hellerleuchteten Gang, als ich plötzlich an der Wand vor mir Jesu Gesicht sah. Ich befand mich nur einige Meter von Ihm entfernt. Er lächelte mir zu und sagte: «Komm zu mir!» Da zog mich eine unbegreifliche Kraft, als ob ich mich in einem Strom befände, zu Ihm. Ich konnte diesem Sog nicht widerstehen. Er sagte dreimal: «Komm zu mir», und mit jedem Mal zog es mich näher zu Ihm. Ich fing an, mich zu fürchten, denn ich hatte keine Macht mehr über meine Füße. Schließlich näherte sich mein Gesicht dem Seinen, und dabei ging mein Gesicht *durch* Seines *hindurch*.

Nachdem ich meinen Eltern von meinem Traum erzählt hatte, sagte mein Vater zu meiner Mutter: «Wieder einer ihrer Träume. Ich weiß nicht, was aus diesem Kind wird. Jesus sucht sie in ihren Träumen auf!»

Meine Mutter glaubte, dass der Traum ein Hinweis darauf sei, dass man nun sicher reisen könne, aber sie änderte das Ziel und wählte Zypern. Während der ganzen Reise beobachtete sie mich genau, besonders als wir auf Eseln durch die Berge ritten. Mein Esel trottete am Bergkamm entlang, und meine Mutter zog ihn verzweifelt immer wieder auf die «sichere» Straßenseite zu. Aber störrisch, wie Esel nun mal sind, bestand das Vieh auf seinem Willen, und irgendwie überstanden es meine Mutter und ich!

Ungefähr zwei Jahre später, ich war zwölf Jahre alt, hatte ich wieder einen mystischen Traum. Ich war dabei, mich zu verheiraten. Der Bräutigam war Christus. Ich ging neben Ihm, und viele Leute winkten voller Freude mit Palmen und standen beiseite, um Ihn vorbeizulassen. Ich durfte Ihn nicht sehen, obwohl ich Ihn an meiner Seite spürte. Danach kam ich in einen Raum, wo mich Seine Mutter Maria freudestrahlend begrüßte. Hierauf richtete sie mir – und dabei immerzu lächelnd – mein Haar und Kleid, damit ich Ihrem Sohn würdig erschiene.

Bei alledem war seltsam, dass ich bei all diesen frühzeitigen mystischen Träumen und Vorahnungen niemals «religiös» im engeren Sinn war. Ich ging jedoch wie mein Bruder und meine beiden Schwestern in eine Schule der Pfarrei. Unsere ältliche Direktorin war einigermaßen streng. Wenn wir Schüler uns erlaubten, die Ärmel aufzukrempeln, die Krawatte zu lockern oder den Kragen aufzuknöpfen, wurden wir ohne Rücksicht auf die stickige Hitze streng abgemahnt. Vorschrift war Vorschrift.

Wurden diese Vorschriften nicht eingehalten, gab es eine ordentliche Tracht Prügel verabreicht von der “inniglich geliebten” Direktorin. Ich wurde oft in ihr Büro gerufen, um mit ihrem Rohrstock Bekanntschaft zu machen. Ich aber schämte mich dessen, und Meine Scham und mein Stolz ließen mich darüber schweigen, sodass meine Eltern niemals von meinen Striemen am geschwollenen Hinterteil erfuhren.

Die Missionslehrer waren nach meinem Geschmack zu religiös. Wir fingen den Schultag mit dem Aufssagen eines Psalms und dem Vaterunser im Gemeinschaftssaal an. Es langweilte mich, und wenn einige Lehrer obendrein noch ein paar Gebete sprachen, hielt ich sie für Fanatiker. Wir hatten doch schon mit Gott gesprochen, warum noch mehr? Ich sprach problemlos mit Jesus im Traum, aber diesen von der Schule aufoktroyierten religiösen Übungen konnte ich nichts abgewinnen.

Hinzu kam, dass ich keine gute Schülerin war, außer in Literatur, Diktat und bildender Kunst, und ich unterhielt meine Mitschüler lieber mit meinem Geist und Witz. Ich konnte sie zum Lachen bringen und wurde somit zum Klassenkasperl. Einige Mädchen baten mich sogar um meine Freundschaft, damit deren Leben lustiger würde!

Meine Lehrer hingegen hatten mich aus gutem Grund als Unruhestifter und Quälgeist erkannt. Einige duldeten mich sogar nicht mehr in der Klasse, da sie wussten, dass meine Anwesenheit zu Unruhe führen könnte. Als Halbwüchsige war ich also eine Art Anführer für gewisse Gesinnungsgenossen geworden, wurde aber von meinen Lehrern abgelehnt, wie ich meinte. Doch in meiner Eigenliebe ließ ich mir nichts anmerken und trug es mit scheinbarem Gleichmut.

Bald gab man mir an allem möglichen die Schuld und bestrafte mich sogar dafür, auch wenn ich gar nichts dafürkonnte. Eines Tages verlor unsere Lehrerin die Nerven durch die schikanös aufreibende Klasse und wollte sich an mir schadlos halten. Sie gab mir eine Ohrfeige und schrie: «Karzer!» Ich schrie trotzig zurück: «Noch einmal!» was sie natürlich prompt auch tat. Die Klasse reagierte mit eisernem Schweigen, da sie wusste, dass ich die Strafe für alle auf mich genommen hatte. Sie wusste, dass ich es nicht verdient hatte, sondern zum wohlfeilen Sündenbock geworden war.

Dann passierte etwas, das niemand vorhergesehen hatte; außer dem lieben Gott, der ganz eindeutig Sinn für Humor hat.

Am Anfang des Schuljahrs wählte jede Klasse einen «Klassensprecher», dessen Aufgabe es war, während der Abwesenheit des Lehrers vorzustehen und für Ordnung zu sorgen. Am Ende des Schuljahrs wurde der besten und diszipliniertesten Klasse ein Silberpokal verliehen.

Ich konnte es kaum glauben, als die Mädchen mich zum Klassensprecher machten. Sie dachten offensichtlich, dass ich als eine der schlimmsten einen guten Vorstand abgäbe, der sie niemals an den Lehrer verpfeifen würde. Obwohl ich vehement gegen diese Ernennung protestierte, bestanden sie darauf, und ich bekam diese Rolle zugeteilt.

Sobald die Lehrerin das Klassenzimmer verlassen hatte, ging es natürlich rund. Die Klasse lief umher, bestieg die Pulte, schrie, lachte und warf mit den Schreibstiften um sich. Es war schlimmer als im Zoo (denn dort hält man die Tiere immerhin in Käfigen); es war ein regelrechter Dschungel ausgebrochen. Ich mahnte zur Ruhe, aber meine Stimme ging unter. Schließlich schrie ich: «Wenn noch einer eine Bewegung oder Äußerung macht, sag ich's der Lehrerin namentlich!»

Natürlich glaubten sie, dass ich nur Spaß machte, und fuhren mit dem Aufruhr fort. Niemand bemerkte auch nur, dass ich penibel einen Namen nach dem andern notierte.

Als die Lehrerin zurückkam, übergab ich ihr sogleich die Liste mit den Namen der Schülerinnen, die sich schlecht betragen hatten. Meine Klassenkameradinnen waren niedergeschmettert. Einige hielten ein und fingen an zu weinen, andere starrten mich anklagend an, dass ich sie verraten hätte. Aber ich wusste, ich hatte nur meine Pflicht getan im Rahmen eines Auftrags, den sie mir selber erteilt hatten.

Ich hatte nunmehr eine verantwortungsvolle Aufgabe, und diese wollte ich erfüllen, auch wenn es den Verlust an Gunst bei meinen Freundinnen bedeutete. Die Pflicht war wichtiger als das Vergnügen.

Von da an war unsere Klasse «bekehrt» und wurde sogar diszipliniert. Schließlich gewannen wir sogar den Silberpokal für gutes Betragen! Und von da an wussten meine Lehrer nicht mehr, was aus mir werden sollte – Klassenkasperl oder Klassensprecher!

Aber was danach kam, hätten sie sich nie träumen lassen, und es passierte auf höchst ungewöhnliche Art und Weise.

Eines Tages während des Religionsunterrichts als wir Jesu Kreuzigung durchnahmen, wurde mir plötzlich eine Schauung des tatsächlichen Geschehens zu dem Zeitpunkt und an dem Ort zuteil, wo es alles passierte. In meiner Vorstellung wurde ich nach Jerusalem von vor zwei Jahrtausenden «entrückt», als ob ich durch eine Zeitmaschine gereist wäre. Es war Nacht, und ich konnte die Silhouette der grossen Mauern von Jerusalem erkennen in dem roten Licht und den Rauchschwaden der vielen Feuer, die man zur Erwärmung entfacht hatte. Ich konnte den kalten Abendhauch auf meiner Wange geradezu spüren und den Rauch des Holzes, der in der trockenen Luft hochstieg, riechen. Um mich herum herrschte unterdrücktes Gemurmel und eine unheilschwangere Atmosphäre.

Ich wusste, dass es eine dunkle und schreckliche Stunde war, bedrohlich, eine Stunde des Grauens und eine Stunde der Agonie, die ewiglich andauern würde. Außerhalb der Stadt kam ich in den Ölgarten von Gethsemane, wo Jesus in großer Qual betete. Es war nach dem letzten Abendmahl, und seine Jünger hatten Ihn begleitet, um Wache zu halten, aber sie waren dabei eingeschlafen. Ich konnte die Angst spüren, den Verrat des Judas, und die Verlassenheit, in der sich Jesus befand. Als Er jedoch Seine Sendung erneut auf Sich nahm, die Sendung am Kreuz zu sterben, sah ich Tausende von Dämonen angsterfüllt die Flucht ergreifen, da die personifizierte Liebe vom Kelch zu trinken annahm, den Ihm der Vater reichte.

Hierauf wechselte meine Vision auf den darauffolgenden Morgen, und ich befand mich auf dem gewundenen Pfad außerhalb Jerusalems, der nach Golgotha führte. Obwohl es Tag war, wurde alles von tiefhängenden Wolken so verdunkelt, dass man sich noch in der Nacht dünkte. Meine mit Sandalen beschuhten Füße standen auf trockener Vegetation, und ich konnte das Trampeln und Waffengeklirre der sich hügelaufwärts schleppenden Soldaten hören. Diese Szenen waren auf schreckliche Art ganz wirklichkeitsnah. Um mich herum standen durchwegs große Menschenmengen, und ich war in der Vision bloß ein kleines Kind. Ich konnte nicht erkennen, was vor mir passierte, denn vor mir herrschte großer Andrang, aber es gelang mir, mich durch Einzelne, Gruppen und Familien hindurchzuquetschen, bis ich direkt an dem Weg stand, auf dem Jesus kam, das schreckliche Kreuz tragend.

Die Zeit stand gleichsam still, und ich konnte Jesus, als Er nun neben mir ging, deutlich sehen. Er war ein Mann jüngeren Alters, keuchend, erschöpft und dem Tod nahe. Gesicht und Körper waren übel zugerichtet und bluteten, und Er trug auf grausame Art so etwas wie eine zu Spott und Hohn dienende Krone, die aus Dornen zurechtgemacht worden war. Die Krone hatte Ihm die Stirn zerkratzt und durchbohrt, und das Blut rann Ihm das Gesicht herab, gerann in den Augenbrauen und weiter über den

Wangen. Obwohl er augenscheinlich unendlich litt, hinterließen Seine seelenvollen Augen einen tiefen Eindruck bei mir. Ich wusste, dass das, was passierte, Unrecht war.

Ich mochte eine eigensinnige Göre voller Flausen sein, aber ich war nicht gleichgültig gegenüber anderer Menschen Leid. In meinem Mitgefühl wollte ich Jesus mit aller Macht ergreifen und Ihn rasch in Sicherheit bringen, weg von der Menge der Verfolger und Übeltäter, die nach Seinem Blut schrieen.

Aber bevor ich Ihn noch retten konnte, fand ich mich im Klassenzimmer wieder und hörte die Stimme des Lehrers, der mich ermahnte, weil ich nicht aufpasste. Ich sah um mich herum und fragte mich, ob die anderen Kinder meine «Abwesenheit» bemerkt hatten. Kein Zweifel, ich musste während einer solchen Vision gänzlich abwesend erschienen sein.

Es kam mir wie eine Ironie des Schicksals vor. Im Moment, wo ich die Bemühungen des Lehrers, mir Gott näherzubringen, scheinbar übersah, nahm ich in Wirklichkeit auf mystische Art und Weise an den biblischen Ereignissen lebhaften Anteil! Wie um alles in der Welt konnten sie das wissen?

Sie konnten es natürlich nicht wissen, denn ich erzählte nie jemandem davon. Ich wusste, ich würde niemals imstande sein zu beschreiben, was geschehen war, und ich wusste auch, dass sie mich sowieso für verrückt halten würden. Aber meiner Schauung in Jerusalem folgten bald andere Visionen, und sie waren viel zu lebensnah, um nur Fantasiegebilde zu sein. Trotzdem konnte ich sie mir nicht einmal selbst erklären.

In der «realen» Welt hatte im Jahr 1956 eine neue Regierung die Macht in Ägypten übernommen – und diese war dem Westen nicht freundlich gesonnen. In der Folge griff man die Stadt Kairo kriegerisch an. Wir wurden täglich bombardiert, und der Krieg hatte fatale Folgen auf die Gesellschaft, besonders auf die Kinder. Da wir Tag und Nacht in Angst vor Fliegerangriffen waren, konnten wir kein normales Leben mehr führen.

Schlussendlich wurde die Belastung zu groß für meine Mutter, und sie entschloss sich zur Umsiedlung der Familie an einen sicheren Ort, wo niemals Bomben fielen. Da gab es nur eine Antwort: in die Schweiz, einem Land das schon jahrhundertelang neutral war.

So begann, noch mitten in meinem Teenager-Alter, ein neues Abenteuer. Nachdem wir all unseren Besitz verkauft hatten, ließen wir Ägypten hinter uns, begaben uns gen Norden nach Alexandria, an Bord eines Schiffes, und fuhren nach Italien.

Als wir dort ankamen, war ich fasziniert. Ich hatte nie zuvor die grünen Weiden und das geschäftige Treiben auf den Straßen in Europa gesehen. Als wir im Zug von Italien nach Norden reisten, lösten die schneebedeckten Schweizer Berge schließlich die braunen Felder und Ortschaften ab. Es war beeindruckend!

Unser Zug sollte uns nach Genf bringen, aber eine Stunde vor dessen Ankunft machte er in der Schweizer Stadt Lausanne Halt. Wir beschlossen, auszusteigen und uns umzusehen. Nach einem kurzen Spaziergang durch die schöne Stadt, baten meine Geschwister und ich meine Eltern, zu bleiben. Sie hatten keinen Grund, unsere Bitte abzuschlagen, und wir schlugen dort unser Zuhause auf.

Die Überganspհase war am Anfang schwer, aber während der nächsten drei Jahre assimilierten wir uns erfolgreich an die Schweizer Kultur. Wir waren fleißig in der Schule und lernten unsere Nachbarn und unser neues Land gut kennen.

Als ich achtzehn Jahre alt war, waren wir ins nahegelegene Pully gezogen, in eine größere Wohnung mit Veranda und kleinem Garten in einer friedlichen Umgebung am Genfer See. Dort hatte ich auch meine erste Begegnung mit «den Toten», wie zuvor erwähnt.

In diesem Alter begann ich auch, am Gesellschaftsleben teilzunehmen, ging mit Freunden aus und lernte Jungen kennen. Manchmal trafen wir uns in kleiner Gruppe, um Kaffee zu trinken oder einen Happen zu essen oder auf eine Pizza. Wir gingen auch ins Kino oder trafen uns bei jemandem zuhause, um dort zur damals populären Rockmusik zu tanzen. Diese Treffen interessierten mich aber nie wirklich, denn ich wusste tief in meinem

Innern, dass die meisten Jungen nur eines im Sinn hatten, nämlich die Nacht mit dem Mädchen, das sie kennengelernt hatten, zu verbringen. Das war für mich nicht wahre Liebe.

Ich machte damals auch die Erfahrung der inneren Leere, die sich in meine Seele schlich. Da ich auf der Hut war, dauerten meine Verabredungen nie lang. Danach war ich nur deprimiert, weil ich wusste, dass mein Benehmen sonderbar war. Ich gab mir selbst die Schuld, und kam mir immer mehr wie ein an die Umgebung unangepasster Eigenbrötler vor.

Aber trotz der mystischen Erfahrungen, die ich machte, überschattete die "reale" Welt der Verabredungen, des Umwerbens und der Liebe allmählich immer mehr die spirituelle. Ich versuchte immer mehr, wie die anderen Mädchen sorglos dahinzuleben. Ich kam sozusagen vom Stadium des «Fischs im Trockenen» zur «echten Landnahme», um mich der Gesellschaft anzupassen. Für ein Mädchen von achtzehn Jahren bedeutete das, dass es schön langsam nach einem Ehemann Ausschau halten sollte.

Eines Tages war ich mit Freunden in Lausanne unterwegs, da traf ich Johan, einen jungen Schweden, der diese Rolle in meinem Leben einnehmen sollte. Wir beschlossen, zu heiraten, als er Anfang zwanzig war, und als Ehepaar zogen wir nach Schweden.

Eine Familie in Schweden zu gründen, erschien uns als aufregend. Trotzdem hatte ich jedoch Schwierigkeiten, mich an das kalte Klima, die Dunkelheit und an das skandinavische Temperament zu gewöhnen und die Sprachbarriere zu überwinden. Erschwerend kam hinzu, dass ich keine Freunde hatte. Die Familie meines Mannes drängte mich, schwedisch zu lernen, aber dazu musste ich mich im Winter in die kalte Nacht hinaus zum Schwedischunterricht aufmachen.

Nach zwei Jahren hatte mein Mann das Studium endlich beendet und nahm einen Beamtenposten mittleren Ranges im Entwicklungsprogramm der Vereinten Nationen an. Mitten im schwedischen Winter bekam er ein Jobangebot in Sierra Leone, und ich war glücklich, in die afrikanische Wärme zu entkommen!

Seine Arbeit führte dazu, dass wir viele afrikanische Länder bereisten und dort wohnten. Nach Sierra Leone zogen wir in den Sudan, wo mein Sohn Jan, unser erstes Kind, geboren wurde.

Es sollte in diesem Wüstenland sein, wo mir der liebe Gott wieder einmal das Leben rettete. Ich trug gerade ein paar Flaschen, als eine hinunterfiel und zersprang; ein scharfer Splitter schnitt mir den linken Knöchel auf. Nach ein, zwei Tagen kamen eine schlimme Infektion und Schwellung in der Größe eines Golfballs mit eitrigem Ausfluss hinzu.

Ich ging zu einem Arzt, der die Wunde desinfizierte und annahm, dass sie dann heilen würde. Stattdessen wurde sie schlimmer. Ich konnte den Fuß nicht mehr zum Gehen aufsetzen; also ging ich nochmals zum Arzt. Da er Wundbrand befürchtete, wies er mich ins Krankenhaus ein. Dort schabte er die Wunde mit dem Messer sauber. Hierauf desinfizierte er sie und füllte das Loch mit Mullbinden – alles ohne örtliche Betäubung oder Narkose. Er meinte, die Wunde müsse zwecks besserer Heilungschancen offenbleiben. Die schmerzstillenden Mittel halfen mir nicht; also gab er mir Morphium. Ich lag im Bett, mein Mann saß neben mir, und das Abendbrot wurde aufgetragen.

Als ich zu essen anfing, stand meine Atmung plötzlich ohne ersichtlichen Grund still. Ich schnappte nach Luft und hatte einen regelrechten Erstickungsanfall. Mit meinem inneren Auge sah ich jene unansehnlichen satanischen Hände, die nach meinem Hals gegriffen hatten, als ich ein kleines Kind war. Ich schoss hoch, schmiss das Tablett mit dem Abendessen um, und rang verzweifelt nach Atem. Ich fühlte mich dem Tod nahe. Mein Mann lief nach draußen um Hilfe zu holen, konnte aber niemanden finden. Es passierte alles so schnell, und es gab offenbar nichts, das wir tun konnten. Dann, als alles schon verloren schien, fing ich plötzlich wieder an zu atmen. Es war, als ob mich jemand von einem Knoten im Schlund befreit hatte.

Endlich kam die Krankenschwester herbeigeeilt. Als sie die Lage überblickt hatte, meinte sie, dass der Arzt das Morphium zu hoch dosiert haben musste, sodass mein Körper das nicht verkraftete.

Die grausamen Hände des Todes hatten wieder einmal versucht, sich an mir zu vergreifen. Aber Gott hatte anderes mit mir vor, obwohl ich noch nicht dafür bereit war.

Am Ende unserer Zeit im Sudan, übersiedelten wir mit unserem neun Monate alten Sohn nach Äthiopien, für einen neuen Einsatz, der fünf Jahre dauern sollte. Dort wurde mein zweiter Sohn, Fabian geboren. Das Leben im Ausland war angenehm, mit zahlreichen Vergünstigungen. Man hatte gewöhnlich mehrere Bedienstete; also stellte ich eine Haushälterin, eine wahrhaft gute Seele, ein.

Da ich nun keine Hausarbeit mehr zu erledigen hatte, noch jemanden bekochen musste, fing ich zu malen an. Ich malte in Öl auf Leinwand, und nach einem Jahr hatte ich schließlich eine Ausstellung in einem Hotel. Ich zeichnete mich insbesonders in der Porträtkunst aus. Trotzdem hatte ich noch immer viel Freizeit zur Verfügung, und da lernte ich Tennisspielen. Zuerst war es ein Zeitvertreib, doch dann wurde es zur Leidenschaft – mit allem was dazugehört, wie Mitgliedschaft in Clubs und Teilnahme an Turnieren und Meisterschaften.

Eines Tages zeigte mir ein enger Freund eine Anzeige in der Lokalzeitung von Addis Abeba; es handelte sich um eine Ausschreibung eines Wettbewerbs im Porträtzeichnen. Das Abbild sollte den äthiopischen Kaiser Haile Selassie zeigen, und das Porträt, das die Siegerprämie erhalten würde, sollte sich auf einer neuen Druckherstellung von Serienbriefmarken in neunzehn verschiedenen Ausgaben und Farben zeigen. Haile Selassies vollständiger Amtstitel lautete: «Seine kaiserliche Hoheit Haile Selassie II., siegreicher Löwe vom Stamme Juda, König der Könige (Kaiser) von Äthiopien, Auserwählter Gottes.» Dieser Titel spiegelt Äthiopiens dynastische Traditionen wider, die allen Monarchen ihre Abstammung auf Menelik I. zurückzuführen vorschreibt, der gemäß äthiopischer Tradition der Nachkomme König Salomons und der Königin Makeda, der Kaiserin von

Axum, die in der abrahamitischen Überlieferung als Königin von Saba[1] bekannt ist, wäre. Der Minister für Nachrichtenwesen forderte die Teilnehmer auf, sich bei den amtlichen Nachrichtenstellen zu melden.

Mein Freund wollte, dass ich am Wettbewerb teilnahm, also fuhr ich am folgenden Tag zu besagtem Ministerium und bat den Portier, mich zum Büro des Ministers zu bringen. Er verstand offensichtlich nicht, was ich sagte und schaute mich ratlos an. Ich hatte also keine andere Wahl, als den Aufzug zu nehmen, und da mir sieben Stockwerke zur Auswahl standen, drückte ich auf gut Glück den Knopf in die dritte Etage. Ein langer Flur erstreckte sich mir von der Linken zur Rechten ohne eine Menschenseele in Sichtweite, nur Dutzende geschlossene Türen starrten mich an. Ich hatte keine Ahnung, wohin ich gehen sollte und zögerte, und entschied mich dann für eine beliebige Tür. Ich durchschritt ein paar weitere Türen, blieb dann stehen und machte vor einer Halt, um die Glocke zu betätigen, worauf sich zu meiner Überraschung ein grünes «Eintritt» Signal zeigte; also öffnete ich die Tür und steckte den Kopf hinein ohne jedoch einzutreten. Ich sah einen Mann hinter dem Schreibtisch sitzen und mir zulächeln. Ich fragte also:

– «Wo ist das Büro des Ministers?»

– «Genau hier, Sie sind am rechten Ort.»

Es haute mich fast von den Socken. Bei all den sieben Stockwerken und den zahllosen Türen hatte ich die richtige erwischt. Noch immer den Kopf zwischen Tür und Angel sprach ich:

– «Sagen Sie mir bitte, wenn nun meine Zeichnung die beste ist, und die zweitbeste die eines Äthiopiers, würden Sie den Äthiopier gewinnen lassen, da ich Ausländerin bin?»

Der Minister war durch meine direkte Frage bass erstaunt:

– «Natürlich nicht, selbst meine Frau ist Griechin. Kommen Sie herein.»

---

1. 1 Könige 10,1-13.

Ich antwortete ihm: «Ich auch...» Er war ebenso überrascht wie ich.

Ich war sprachlos. Aus einer Lade nahm er eine Aufnahme des Kaisers, offenbar das Lieblingsfoto des Kaisers, obwohl es eine Schwarz-Weiß Aufnahme war.

– «Alle Anmeldungen kommen vor eine Jury, bei der ich einer der Preisrichter bin», sagte er.

Er gab mir noch ein paar Anweisungen über die erforderliche Größe der Zeichnung, und nachdem ich ihm gedankt hatte, eilte ich nach Hause, kaufte unterwegs noch Zeichenstifte und fing sogleich mit der Arbeit an. Ich vollendete das Porträt des Kaisers über das Wochenende und schickte es wie gewünscht mit der Post ab.

Ein knapper Monat verging, da hatte ich einen merkwürdigen Traum. In meinem Traum sah ich den Minister im schwarzen Ornat eines Mönchs zusammen mit sieben anderen in ähnlicher Aufmachung. Sie gingen im Gänsemarsch den Rand eines Hügels entlang. Er war der letzte der Reihe, und als ich sie ansah, wandte er den Kopf nach mir um und erblickte mich. Er verließ die Reihe, kam herüber und sagte, indem er nach Atem rang:

– «Sie haben gewonnen, aber ich hatte solche Mühe, die Jurymitglieder zu überzeugen!»

Tags darauf läutete morgens das Telefon, und der Minister war dran und sprach genau die gleichen Worte, die er im Traum verwendet hatte. Er bat mich, in sein Büro zu kommen, wo er mir die Lage erklärte und sagte:

– «Ich hatte so einen Kampf mit den anderen Jurymitgliedern durchzustehen, denn es war abgemacht, dass jegliches Porträt, das fehlerhaft war, sofort ausfallen würde. Sehen Sie, Ihr Porträt war bei weitem das beste, aber Sie hatten nicht das Sacktuch in seiner Jackentasche hineingenommen, und auf seinem Taschentuch befinden sich gestickt die kaiserlichen Initialien.»

Ich seufzte. Ja, als Künstler glaubte ich, dem Brustbild damit Abbruch zu tun, und daher war das Taschentuch mehr oder weniger unsichtbar.

– «Aber ich kämpfte für Sie, weil es das beste war, und da ich ein unehelicher Sohn von Haile Selassie bin, und mit ihm oft im Palast zu Abend esse, kenne ich sein Gesicht sehr gut.»

Hierauf erklärte er auch noch: Ich wurde in Ägypten geboren, und meine Mutter ist Ägypterin.

Offenbar hatte er der Jury folgendes deutlich gemacht:

– «Schauen Sie, keiner von Ihnen ist meinem Vater jemals so nahegekommen, dass er sein Gesicht zu sehen bekommen hätte. Ich versichere Ihnen, dass dieses Porträt das beste ist!»

Dann bat er mich, noch ein Porträt des Kaisers anzufertigen, dieses Mal in Öl auf Leinwand, und dann um Audienz anzusuchen, um es ihm zu übergeben.

– «Sie sehen doch ein, dass er Sie treffen will, Sie, die Porträtistin seiner Serienbriefmarke?»

– «Ich? Ich soll den Kaiser treffen? Ist das denn so einfach?»

– «Ja, suchen Sie um Audienz an, aber gehen Sie jetzt, und zeichnen Sie sein Taschentuch, und bringen Sie uns Ihre Zeichnung für die Briefmarkenherstellung.»

Ein paar Tage darauf tat ich, wie der Minister mir gesagt hatte. Ich besserte die Zeichnung aus und übersandte sie ihm. Dann begann ich mit dem Ölporträt des Kaisers.

Nach einer weiteren Woche schrieb ich einen Brief an den Palast, in dem ich mich als Gewinner des Zeichenwettbewerbs vorstellte und um Audienz bei Seiner kaiserlichen Hoheit ansuchte. Nach nur zwei Tagen bekam ich zu meiner Überraschung bereits die Einladung, mich sogleich in den Palast zu begeben! Je mehr ich darüber nachdachte, desto mehr freute ich mich darauf und sagte mir: «Wach auf, Vassula! Begreifst du, wem du begegnen wirst? Du wirst einem Nachkommen des Geschlechtes König Salomons begegnen, dem Löwen von Juda!»

Schon brach ich in Begleitung meines Mannes zum Palast auf, um Seiner Majestät das Porträt zu überbringen. Wir durchschritten vier imposant kolossale Tore, bevor man uns in ein Wartezimmer geleitete, wo der Privatsekretär des Kaisers das Porträt begutachtete und mich dann in den Empfangsraum brachte.

Er war so groß mit lauter Möbeln darin, dass ich nicht gleich den Kaiser darin ausmachen konnte, der in seiner Militäruniform dastand. In diesem endlos langen Saal erblickte ich ihn schließlich. Mit einem Mal wurde mir die Schrift lebendig. Vor mir stand eine fast überirdisch scheinende Gestalt, in deren Adern König Salomons Blut floss. Als ich den Kaiser anschaute, fragte ich mich, ob er wohl Ähnlichkeit mit König Salomons Zügen hätte. Ich verbeugte mich, während ich ihn begrüßte, und zeigte ihm dann das Porträt. Er lächelte erfreut, als er das Bild sah und fragte auf Französisch:

– «Wie lange haben Sie dafür gebraucht, es ist sehr schön.»

– «Ich brauchte drei Tage, um das Porträt fertig zu malen.»

– «Was, nur so wenig!»

Tatsächlich hatte ich nur eineinhalb Tage daran gearbeitet, aber das wollte ich nicht sagen aus Angst, er würde die Zeit, die ich dafür aufwendete, als zu gering einschätzen, um ein Gemälde von einigem Wert anzufertigen. Was immer er dachte, er sah sehr zufrieden aus, und wandte sich einem Leibwächter mit Helm zu, der sich schleunigst fortbegab und rasch mit einer kleinen Schatulle zurückkam. Der Kaiser öffnete die Schatulle, um eine goldene Medaille hervorzuholen, welche er mir überreichte. Es war eine Goldmedaille des seligen Kaisers Menelik II. Ich fühlte mich sehr geehrt und dankte ihm, womit die Audienz so gut wie vorüber war. Bevor ich den Saal verließ, bat mich der Sekretär, den Kaiser noch einmal anzusehen und mich noch einmal zu verneigen, denn ich hatte ihm den Rücken zugewandt, was gegen das Protokoll verstieß.

Drei Monate später gab es in Äthiopien eine Revolution, und Kaiser Haile Selassie wurde gestürzt, und eingesperrt, und es gingen Gerüchte, dass man ihn getötet hätte, ohne dass jemand wusste, wo seine Grabstätte wäre. Was die Briefmarke anbelangte, so hatte man so viel Geld in die Druckherstellung in der Schweiz investiert, dass man sie viele Jahre lang in Verwendung hielt, obwohl der Kaiser in der Versenkung verschwunden war.

Ein paar Jahre später, als mein Sohn Fabian, der noch in Addis Abeba zur Welt gekommen war, ganze zwei Monate alt war, kehrten wir doch nach Schweden zurück. Sobald wir angekommen waren, musste mein Mann wieder nach Afrika zu einem wochenlangen Arbeitseinsatz. Das waren lange Wochen für mich. Ich hatte keine Freunde in Schweden und mit unangenehmen Rückenschmerzen zu kämpfen, ganz zu schweigen von den Mühen des Aufziehens zweier Kleinkinder als Alleinerzieherin. Daher war es kein Wunder, dass unsere Ehe Risse bekam, und wir uns entfremdeten.

Gerade als mir alles zuviel wurde, erhielt mein Mann ein Angebot über einen langfristigen Job in Mosambik. Das klang wunderbar; also packten wir wieder für den nächsten Umzug.

Ich stelle es mir so vor, dass Gott alle diese Ereignisse in meinem Leben überwachte, und voller Liebe die Bemühungen um ein «normales Leben» beobachtete. Aber das «normale Leben» ist mit Anomalien angefüllt, und wenn wir diese ohne Gottes Hilfe in Angriff nehmen, so zerbricht unser Leben sehr bald.

Die Dinge wendeten sich auch in Mosambik nicht zum Besseren, meine Ehe löste sich auf scheinbar irreparable Weise unaufhaltsam auf. Irgendwie konnten er und ich einander nicht alles sein, und wir brachten nicht den Willen auf, das zu ändern. Also kamen wir nach langem Kampf schweren Herzens zu dem traurigen Schluss, uns zu trennen. Wir kamen überein, dass es für die Kinder das Beste wäre, Freunde zu bleiben, aber es war trotzdem für uns alle traumatisch.

Es war der erste große Fehlschlag meines Lebens. Ich fühlte mich, als ob ich an Haltung und Würde verloren hätte. All meine Träume und Vorahnungen und Verbindungen mit dem Übernatürlichen waren offensichtlich zu nichts gut – ich hatte mich genauso wie die anderen durchs Leben zu kämpfen. Noch dazu tat ich es ohne Gottes Hilfe.

Mein Ex-Mann musste langsam an die Rückkehr nach Schweden denken, und da mein älterer Sohn Jan bereits im schulpflichtigen Alter war, war es besser, gemeinsam heimzufahren.

Dort konnte er mit dem Vater zur Seite zur Schule gehen. Ich bin sicher, dass Jan unter der Trennung von der Mutter und dem jüngeren Bruder Fabian litt, und für mich war es die schwerste Zeit meines Lebens. Wir trafen uns so oft wie möglich, aber die Brüder waren getrennt worden, und ich vermisste meinen erstgeborenen Sohn auf schmerzliche Weise. Eine Familie soll geeint und zusammen sein und einander unterstützen. Bricht sie auseinander, so kommt es bei allen Mitgliedern zu emotionalen Rupturen.

Aber irgendwie überstanden wir es, und das Leben ging weiter.

Schließlich traf ich wieder einen Schweden, namens Per Rydèn. Er war ein großherziger Mensch, und trotz der Wunden aus meiner ersten Ehe spürte ich, dass ich ihm vertrauen konnte. Mir war auch klar, dass mein jüngerer Sohn einen Vater brauchte, der zu Hause bei der Erziehung mithalf. Ich war jetzt älter und reifer, und glaubte, beim zweiten Versuch eine funktionierende Ehe auf die Beine stellen zu können. Also heirateten Per und ich.

Pers Arbeit führte ihn ebenfalls in Entwicklungsländer, und bald zogen wir nach Mosambik, wo ich schon zuvor gelebt hatte. Nach zwei Jahren übersiedelten wir nach Lesotho. Ein Einsatz in diesem Land war so etwas wie ein Härteposten, obwohl das tägliche Leben nicht so schwierig war. Dort sollten wir auch Außergewöhnliches erleben.

Im Jahr 1982 war die Apartheid noch voll im Gange. Eines Nachts wachten wir durch den Lärm vorbeiwalzender Panzer, Maschinengewehrsalven und explodierender Granaten auf. Es war schrecklich. Per schrie, dass wir flach im Bett bleiben sollten, denn die Kugeln flogen überall umher. Unser Bungalow aus Blech wäre zum Sieb geworden, wenn sie unsere Richtung genommen hätten.

Die Gewalt ebbte schließlich ab, aber was im Kielwasser zurückblieb, war entsetzlich. Die südafrikanischen Truppen hatten überall Massaker angerichtet. Sogar unschuldige Frauen und Kinder, die um Schonung ihres Lebens baten, wurden auf gnadenlose Weise kaltblütig hingerichtet.

Die Rassenunruhen im Land wurden schlimmer, und die Kriminalität nahm zu. Überall im Land machten sich Armut und Hass breit, und wo man auch hinsah, gab es immer mehr Verbrecher. Es herrschte Anarchie. Wohnhäuser wurden nachts von mit Steinen und Hacken Bewaffneten überfallen. Gaben die Leute nicht sogleich bereitwillig die wertvolleren Habseligkeiten heraus, wandte man Gewalt an. All unsere Freunde bewaffneten sich, und auch Per und ich hielten eine Eisenstange unterm Bett versteckt und schafften eine Plastikpistole an, mit der man eine Flüssigkeit auf einen eventuellen Eindringling abschießen konnte, die ihn kurzfristig blindmachen würde.

Merkwürdigerweise war das Leben tagsüber scheinbar einigermaßen normal. Ich ging weiterhin in den Tennisclub, einkaufen und zu Treffen mit Freunden. Aber abends hatte jeder in Erwartung des Schlimmsten Angst vor dem Schlafengehen.

Eines Nachts wachte ich auf und konnte nicht mehr einschlafen. Immer wieder stieß mich eine unsichtbare Hand, wenn ich am Einnicken war und weckte mich. Um ungefähr ein Uhr nachts hörte ich im Halbschlaf in regelmäßigen Abständen ein kurzes schnappendes Geräusch. Im Geiste «schaute» ich einen Räuber ausgerüstet mit einer riesigen Drahtschere, mit der er das Moskitonetz am vorderen Eingang durchschnitt, um an das Türschloss heranzukommen und das Tor zu öffnen. Ich war sofort hellwach und wollte gerade aus dem Bett springen, als ich eine kristallklare Stimme irgendwo in mir drin hörte, die mir befahl, vorerst im Bett zu bleiben. «Steh noch nicht auf,» sagte die Stimme. Und als ich mich wieder aufrichtete, sagte sie wieder: «Noch nicht. Warte!»

Ich gehorchte der Stimme. Sie gab so mächtig einen Befehl, und war doch auf ihre Art liebevoll. Nicht einen Moment kam es mir in den Sinn, ungehorsam zu sein. Sie versicherte mir immer wieder, dass ich warten sollte, und bald verlor ich das Zeitgefühl. Da befahl mir die Stimme plötzlich, in aller Dringlichkeit aufzustehen. Ich gehorchte und ging schnell nach hinten, um den Kücheneingang zu inspizieren. Alles schien zu stimmen. Ruhig kehrte ich zurück ins Schlafzimmer und zog den Vorhang langsam zurück und da, *geradewegs vor mir* stand ein Mann vor dem Haus, während sein Komplize das Schloss aufzusperren versuchte, um einzubrechen.

Mein Mann und die Jungen schliefen noch fest. (Soviel zum Thema Ritterlichkeit!) Sie hatten nichts gehört, und unser Hund ebenso! Aber als ich die beiden Männer vom Fenster aus erblickte, schrie ich laut auf: «PER! DA IST WER DRAUSSEN!»

Per erwachte durch mein Geschrei, aber noch bedeutsamer war, dass der Eindringling dadurch zu Tode erschrak und aus der Haut fuhr! Er und sein Freund rannten davon und kletterten wie die Hasen über den Zaun in den benachbarten Hof.

Zu dieser Zeit hatte ich nicht die leiseste Ahnung, wer die Stimme war, die mich zum rechten Augenblick, als sich der Einbrecher außerhalb des Fensters befand, aufschreien ließ; noch wusste ich, dass ich die Stimme im fernen Bangladesch Jahre später kennenlernen würde. Aber noch einmal: Gott hatte mich beschützt, und ich sollte bald erfahren, aus welchem Grund…

2 VERBINDUNGSAUFNAHME

Nach all den Erfahrungen in Afrika waren wir froh, als mein Mann einen neuen Auftrag in einem anderen Land erhielt. Diesmal war es Asien, im schönen, aber armen Land Bangladesch. Dort sollte sich mein Leben von Grund auf ändern.

Bangladesch ist einer der verarmtesten Staaten auf der Welt. Als wir in der Hauptstadt Dhaka ankamen, war ich von den Menschenmassen und dem dichten, chaotischen Verkehr überwältigt. Nie zuvor hatte ich sowas gesehen. Überall gab es Bettler, sogar an den Verkehrsampeln klopften die Kinder und Alten am Fenster des Fahrzeugs, um zu betteln. Ich erinnere mich, dass ich ärgerlich wurde und dachte: «Whow. Die sind wie die Fliegen!» Aber sofort hörte ich innerlich eine Stimme, die mir sagte: «*Sie sind auch Meine Kinder.*» Ich beachtete diese Stimme jedoch nicht.

Jeder auf der Straße schien geschäftig oder in Eile zu sein. Einige zogen Karren, die mit allem möglichen hochauf beladen waren. Der Verkehr machte einen verrückt. Rund um uns herum gab es einen Andrang an Rikschas und riesigen, klapprigen Bussen, die ununterbrochen hupten und uns daneben klein erschienen ließen. Motorräder dienten als Familientransporter mit zwei oder drei Kindern, die sich an den Eltern festhielten. Menschen gingen über die Straße, ohne nach links oder rechts zu sehen und setzten ihr Leben aufs Spiel, indem sie sich durch die Fahrzeuge hindurchschlängelten. Auch Lahme, manche sogar mit abgetrennten Gliedmaßen, schleppten sich trotz des Verkehrschaos im Staub voran. Ich fragte mich, wie sie überlebten. Auch die Züge hatten ihren eigenen Reiz, vollbepackt mit Menschen, sodass sie aus den Fenstern und Türen raushingen wie Bünde von

Trauben, ganz zu schweigen von den blinden Passagieren, die gratis obenauf aufsaßen.

Es dämmerte mir, dass die Schutzengel dieses Landes auf der ganzen Welt am allermeisten zu tun hatten, schon um die Schutzbefohlenen am Leben zu erhalten.

Merkwürdigerweise war es hier, wo ich in die Geisteswelt eingeführt werden sollte.

Einmal angekommen in Dhaka wurde mein Lebensstil dem in Afrika sehr ähnlich: Empfänge, Bridgespiele und Tennisturniere wechselten einander ständig ab. Nachmittags spielte ich entweder Tennis oder modelte für Freunde, die Modeschauen abhielten. Morgens frönte ich dem Malen, meiner zweiten Leidenschaft, da ich eine Ausstellung machen wollte und dafür Ölgemälde auf Leinwand und Kohleskizzen anfertigte.

Am 28. November 1985 begann der Tag so wie jeder andere ohne jegliche Vorwarnung, was da auf mich zukommen würde. Ich freute mich darauf, am Abend Freunde zu treffen und ging hinauf in die Diele, weil ich eine Einkaufsliste über die zu beschaffenden Zutaten zum Abendessen für die geladenen Gäste erstellen wollte. Mit gezückter Feder und dem Notizblock in der Hand spürte ich plötzlich jemandes Gegenwart: einen Anwesenden, der mich anschaute. Es handelte sich nicht um «die Toten», wie ich sie in der Vergangenheit gesehen hatte. Dies war ganz anders als all meine früheren Erfahrungen. Mein ganzes Sein war mit unvorstellbarer Freude erfüllt. Da war es auf einmal, als ob ich am rechten Handgelenk berührt würde – fest ergriffen von einer unbekannten Anwesenheit. Es löste so etwas wie ein Kribbeln an Handgelenk und Hand aus, wie wenn ein leichter elektrischer Strom hindurchginge. Ich hatte keine Zeit darüber nachzudenken, was geschah, denn in diesem Augenblick führte ein sanfter aber doch fester Druck meine Hand auf den Notizblock, bereit zum Schreiben. Ich war vollkommen verblüfft und durcheinandergebracht. Ich fragte mich: «Was ist das?» Der «elektrische Strom» wurde stärker und das unsichtbare Wesen fing an, meine Hand zu führen und zeichnete ein Herz. In der Mitte des Herzens zeichnete es eine Rose, als ob sie aus dem Herz gewachsen wäre. Hierauf schrieb es diese Worte, die mein Leben auf immer verändern würden:

«Ich bin dein Schutzengel. Mein Name ist Daniel.»

Und eine Stimme in mir sprach dieselben niedergeschriebenen Worte zu mir, und ich vernahm jede Silbe laut und deutlich, wie eben eine Stimme zu hören ist. Ich war so erschrocken und fiel fast vom Stuhl, besonders da die Schrift so gar nicht der meinen glich. Sie war schön und majestätisch, und erinnerte mich an die Schrift, die man auf Ikonen sieht. Mit diesen Worten, die von meinem Engel auf geheimnisvolle Weise und ohne jede Mühe auf dem Notizblock, wo ich eigentlich eine Einkaufsliste hatte festhalten wollen, fabriziert worden waren, nahm mein Leben eine unvorstellbare Wende und ward von da an für immer anders. Wie vom Donner gerührt hielt ich still inne. Da saß ich und las die Worte immer wieder, um sie zu verinnerlichen.

Es war viele Jahre her, dass ich als Teenager «den Toten» begegnet war und Schauungen gehabt hatte. All meine Gedanken an diese mysteriöse «andere Welt» meiner Kindheit hatten sich schon lange verflüchtigt. Das Auftauchen meines Schutzengels kam daher für mich völlig unvorbereitet und war in der Wirkung wie ein Ziegelstein auf meinen Schädel.

Als ich vollends begriff, was die Worte bedeuteten, war ich vor lauter Freude ganz aus dem Häuschen. Ich kicherte in mich hinein, dass mein Schutzengel mit mir Verbindung aufgenommen hatte und warf jubelnd den Stift in die Luft und flog gleichsam im Haus umher, indem die Füße kaum den Boden berührten, während ich immerzu laut rief: «Ich bin der glücklichste Mensch auf Erden!»

Den ganzen Tag über war ich in Hochstimmung, fühlte mich leicht wie eine Feder und wartete aufgeregt auf Pers Rückkehr von der Arbeit. Als er kam, bemerkte er sofort, in welch heiterer Stimmung ich mich befand, und fragte: «Also was gibt's?»

«Ich … nun … ahem … mein Engel hat zu mir gesprochen!» platzte ich heraus.

Per starrte mich an in Erwartung, was ich noch zu sagen hätte.

«Er führte mir die Hand, damit ich aufschreibe, was er sagte… Ich sah ihn … und ich fühlte seine Anwesenheit, und naja … er schrieb mir sogar.»

«Wie? Was hat er gesagt?»

«Er sagte mir nur seinen Namen und zeichnete ein Herz, mit einer Rose drin.»

Es kam mir nie in den Sinn, dass Per sich denken mochte: «Meine Frau ist jetzt total übergeschnappt. Sie ist verrückt geworden, ein Fall für die Zwangsjacke.»

Ich berichtete immer wieder über das Geschehene, während Per zuhörte und ganz ruhig Blut bewahrte und nur dann und wann ein «hm» von sich gab. War es seine skandinavische Natur, oder war er einfach nur zu verblüfft, um darauf zu reagieren? Da erzählte er mir, dass er als Student einiges zum Thema Mystik gelesen hatte. Er versicherte mir, dass das Geschehnis keineswegs einzigartig war – es war auch anderen passiert.

Als ich das hörte, sagte ich «Aha…» und erkannte, dass meine Erfahrung wohl außergewöhnlich, aber nicht ohnegleichen war.

Seltsamerweise stellte ich keine Verbindung zu dieser neuen mystischen Erfahrung und all den anderen zuvor her. Ich war vollauf und einseitig mit dem Erlebnis an jenem Tag und der erstaunlichen Begegnung mit meinem Schutzengel beschäftigt. Da sich mein Leben so oft nur ums Spaßhaben drehte, konnte ich das nur als ein einmal erteiltes Gnadengeschenk verstehen und rechnete nicht damit, dass mir der Engel wieder erscheinen würde.

Aber er kam wieder, gleich am nächsten Tag. Dieses Mal brachte er zu meinem größten Erstaunen gleich eine Unmenge an verschiedensten Chören von Engeln mit sich. Es kam mir vor, als ob die Himmelstore auf einmal weit offen standen, denn ich konnte die große Schar an herabkommenden, sich um mich versammelnden Engeln gut übersehen. Sie schienen aufgeregt und glücklich und in jener besonderen Erwartungshaltung, die man gewöhnlich vor freudigen Ereignissen einnimmt. An ihrer Freude konnte ich erkennen, dass im Himmel ein Fest stattfand und sie mitfeierten. Da sangen die Engel einstimmig folgende Worte:

«Ein freudiges Ereignis wird bald stattfinden!»

Ich wusste, dass ich irgendwie daran beteiligt war, was immer dieses «Ereignis» auch sein mochte. Ich strengte mich ordentlich, jedoch vergeblich an, das zu erraten. Jedes Mal, wenn sich der Himmel öffnete, sangen die Engel denselben Chor und wiederholten diese Worte, unterbrochen von nur einigen Minuten Schweigen zwischen jedem Chor. So ging es den ganzen Tag.

Darauf machte sich mein Schutzengel wieder als solcher bemerkbar und sprach die ersten Worte über Gott zu mir. Er sagte:

«Gott ist dir nahe und liebt dich.»

Ich erwiderte nichts, und mein Engel sagte auch nichts mehr. Ich dachte nur logischerweise, dass es wohl typisch für Engel wäre, dass sie über Gott sprechen, denn immerhin wohnen sie bei Ihm!

Ich hatte keinerlei Absicht, diese erstaunliche Erfahrung mit irgendjemand außer meiner unmittelbaren Familie zu teilen. Ich wollte nicht, dass mich meine Freunde lächerlich machten, die mich doch als «normal» kannten. Wie mit meinem früheren mystischen Erleben würde dieses kleine Abenteuer ein Geheimnis zwischen mir und der «anderen Welt» bleiben.

Tags darauf kam der Engel wieder, aber diesmal nahm er eine ganz andere Haltung ein. Er war sehr ernst, und in feierlichem Ton bat er mich, «das Wort Gottes» zu lesen. Ich tat so, als ob ich nicht wüsste, was er meinte. Ich bat ihn, mir zu erklären, was das hieße – und dachte mir noch insgeheim: «Jetzt haben wir's…» Er wusste jedoch, dass ich sehr wohl verstanden hatte, und erklärte in strengem Ton, dass «das Wort» die Bibel bedeutete. Mir gefiel nicht ganz die Richtung, die die Unterhaltung nahm, und ich sagte ihm wahrheitsgemäß, dass ich keine Bibel hätte. Da meinte er, dass er sehr wohl wüsste, dass ich keine Bibel besäße und befahl mir, eine herbeizuschaffen. Ich hatte jedoch weitere Einwände und meinte, dass er das Unmögliche verlange, da ich mich in einem muslimischen Land befände, wo die Buchläden keine Bibeln verkauften. Er aber sagte:

«Geh zur Amerikanischen Schule, die dein Sohn besucht. Dort wirst du in der Bibliothek eine Bibel finden.»

Nach dieser Begegnung haderte ich noch, ob ich gehen oder einfach zu Hause bleiben und mich verweigern sollte. Ich war noch nicht bereit, mich in die Pflicht nehmen zu lassen, sondern dachte an meinen Mann und meine Freunde, und was sie wohl glauben mochten, wenn sie mich mit einer Bibel in der Hand anstatt mit einem Tennisschläger sähen. Ich war mir sicher, dass sie sich über mich lustig machen oder mich für verrückt halten würden. Schon überlegte ich, wo ich die Bibel im Haus verstecken könnte, sodass sie niemand sehen würde.

Eines jedoch war sicher: Daniel war es bitter ernst. Daher dämmerte mir, dass ich wohl besser nachgeben sollte, auch wenn es mir nicht im Traum einfiel, in der Bibel zu lesen. Immerhin war ein Engel zweifellos sehr mächtig.

Also begab ich mich zur Amerikanischen Schule, wo mich das Personal kannte. Da gab es auf dem Bücherregal der Bibliothek mehrere Bibeln, und man erteilte mir die Erlaubnis, eine zu entlehnen.

Zu Hause schlug ich die Bibel pflichtgemäß auf, wie es Daniel befohlen hatte, und ich fand mich bei den Psalmen. Ich las ein paar, aber zu meiner Überraschung konnte ich deren Worte nicht begreifen, als ob sie in einer mir fremden Sprache geschrieben wären. Obwohl ich mir gut zuredete, dass ich schon mit den Versen zurechtkommen würde, verstand ich nichts von alledem, nicht ein einziges Wort. Es war eine quälend schlimme Erfahrung.

Da machte mir der Engel klar, dass ich mein Leben lang so viel an Gnade von Gott bekommen hatte, Ihm trotzdem keinerlei Dankbarkeit gezeigt hatte und daher im Dunkeln war und das Wort Gottes nicht als solches erkennen und verstehen konnte.

In diesem Augenblick fühlte ich ein nie gekanntes Licht in meiner Seele. Als dieses Licht das Dunkel meiner Seele zu erleuchten anfing, erzitterte mein ganzes Sein, denn mein Innerstes war plötzlich vor Gott und Seinen Engeln enthüllt. Ich wurde mir meines Seelenzustands bewusst, und dies war ein wahrer Schock. Ich erkannte wie nie zuvor eine spirituelle Armseligkeit, als ob mich ein nicht stoffliches Feuer meiner Kleidung beraubte.

Man kann sich nicht vorstellen, wie es sich anfühlt, Gott zu begegnen, bevor man es nicht erlebt hat. Der schöne, heitere Pfad, auf dem ich mit Daniel gewandelt war, verschwand mit einem Mal und wurde zum himmlischen Feuersturm, der mich verzehrte, und mich immer tiefer hinein in die Realität und damit das Dunkel meiner Seele schleuderte.

In diesem Zustand war die schlimmste Prüfung, dass mir jedes Unrecht, das ich jemals begangen hatte, voll bewusst wurde. Was mit mir geschah, überstieg jede Vorstellung. Der Engel machte mich auf jedes meiner Versäumnisse, meine Sündhaftigkeit aufmerksam, während tiefe Reue und Empörung in mir hochstiegen, und ich mich hiervon schmerzvoll berührt, zerknirscht und bekümmert vor Weinen schüttelte. Kurzum ich sah alles, was ich getan hatte im Widerspruch zur Heiligkeit Gottes. Indem ich mich noch voll Abscheu über all diese Sünden anklagte, verspürte ich zugleich in Geist, Seele und Körper in jeder meiner Fasern Höllenqualen. Es war, als ob ich in die Tiefen meiner verschmutzten Seele hinabstieg, während himmlische, alles verzehrende Flammen mich von allen Seiten umgaben, um meine Leidenschaften auszurotten und alles in meiner Seele, das mich daran hinderte, zu Gott zu gelangen, in Schutt und Asche legten. Daniel ließ mich zudem unmissverständlich wissen, dass die beiden schlimmsten Vergehen von allen, derer ich mich schuldig gemacht hatte, die Missachtung der Segnungen und der Missbrauch der Gnaden, die Gott mir gewährt hatte, waren.

Diese Offenbarung meines Seelenzustands führte zu einer weiteren Erkenntnis. Ich fühlte mich ganz nackt, von Aussatz befallen und in Ungnade und Schande vor dem Angesicht des Göttlichen alleingelassen. Es kam mir in den Sinn, wie sich Adam und Eva nach dem Sündenfall gefühlt haben mussten, als Gott Sich ihnen näherte und sie mit Seinem reinen Licht konfrontierte.

Da stand ich nun, zu Nichts geworden, nachdem man mir den traurigen Zustand meines wahren Selbst gezeigt hatte. Kurz und gut, mein Engel hatte mir meine Sünden in den Augen Gottes vorgeführt, wie Gott sie sieht, und nicht, wie wir sie sehen. Ich fing an, die niederdrückende Last zu spüren und dachte mir: «Werde ich nun gereinigt? Werde ich nun bestraft?»

Da überkam mich ein weiterer merkwürdiger Zustand. Der Engel machte mir klar, dass ich in all den Jahren auf trügerischem Sumpfland und im Dunkeln gewandelt war. Er zeigte mir, von welch einer Gefahr meine Seele umgeben gewesen war, und wie ich niemals an Gebet und Danksagung Gott gegenüber gedacht hatte. Dieser unvorhergesehene und ungeahnte Reinigungsprozess dauerte fast drei Wochen.

Stunde um Stunde, Tag für Tag war ich gezwungen, höchst unerfreuliche Teile meiner Persönlichkeit in Augenschein zu nehmen. Ich musste der Realität ins Auge sehen; ich musste mich verstehen lernen, wie ich wirklich war und zugeben, dass die Dinge nicht so gut standen, wie sie vor kurzem noch schienen. Das übernatürliche Feuer ließ mein verhärtetes Herz schmelzen, während es zugleich wie ein Hammer die Krusten zum Bersten brachte.

Ich konnte die Vergangenheit nicht mehr einholen, aber durch diese Offenbarung und Reinigung wurde ich der verschütteten Tiefen meines Herzens und unserer wirklichen Natur gewahr. Diese Bewusstwerdung des Seelenzustands nennt man «den Tag des Herrn», und es ist eine Erfahrung, der sich niemand entziehen kann. Jeder, Männer wie Frauen, muss durch dieses göttliche Gerichtsurteil durch, ein Tribunal in Kleinformat, das zum Wissen um seine Sünden noch während des irdischen Daseins oder noch schlimmer nach dem Tod führt.

Endlich ließ der Schmerz nach Tagen der Drangsal etwas nach, und ich fand langsam zurück zur «Normalität». Ich fühlte mich gereinigt und «ausgelaugt». Auch bemerkte ich, dass ich durch diese Art Feuerprobe nun im Herzen offener und sensibler gegenüber anderen war, was ich zuvor nicht gekannt hatte. Während der Prüfung – denn es war eine regelrechte Prüfung – stand mir der Engel wiederholt mit Trost zur Seite. Obwohl er bei seinen Ermahnungen punktgenau den Finger auf die Wunde legen konnte, war er zugleich auch auf liebevolle Weise Stütze, wie es nur ein wahrer Freund sein konnte. An einem Punkt hörte ich sogar eine Stimme, die wohl direkt von Gott kam, sagen:

«Sieh das nicht als Strafe an, Tochter; dies geschah dir aus Meiner übergroßen Liebe zu dir, um deine Sünden wiedergutzumachen.»

Nach meiner Prüfung verstand ich Daniels Sendung besser, denn ich hörte ihn Gott bitten:

«Oh Gott, lass sie Dir folgen!»

Ich fragte Daniel: «Für wen hast du gebetet?»

Er antwortete in klagendem Ton: «Ich habe für dich gebetet.»

Ich war erstaunt. Stand es so schlimm um mich? Und warum ersuchte mich Daniel immer wieder darum, mit Gott Frieden zu machen? Etwas verärgert fragte ich ihn sogar:

«Wie kann ich mit Gott Frieden machen, wenn ich ohnehin nicht im Krieg mit Gott bin, und Seine Existenz anerkenne?»

Er aber wiederholte nur: «Mach Frieden mit Gott.»

Später sollte ich verstehen lernen, dass unsere Schutzengel immerzu für uns beten und Gott in unserem Namen anflehen. Sie beten für unsere Bekehrung zu Gott und mit Ihm «Frieden» zu machen nach jeder unserer Abtrünnigkeiten.

Während all dieser Zeit setzte sich mein tägliches Leben wie gehabt fort, ich malte weiterhin in Öl auf Leinwand, traf Leute und spielte Tennis, aber wann immer ich meines Engels Ruf verspürte, beeilte ich mich, auf ihn zu hören. Mit der Zeit wurde ich dieser Engelsbeziehung immer höriger und gewährte diesem mehr Zeit, war jedoch sicher nicht im mindesten auf einen Anruf Gottes höchstpersönlich vorbereitet. Ich hatte nie davon gehört, dass Gott zu Menschen spricht, zumindest nicht zu gewöhnlichen in unserer modernen Zeit. Er mag sich im Alten Testament mit Propheten unterhalten haben, aber das war doch Geschichte.

Daniel hatte versucht mich darauf vorzubereiten, dass die übernatürlichen Erfahrungen noch lange nicht vorbei wären. Sie waren mir aus gutem Grund gewährt worden und sollten zu mich betreffenden tiefergehenden, dramatischeren Geschehnissen führen, deren Auswirkungen ich kaum verstehen konnte.

Die Feuerprobe, die ich zu bestehen gehabt hatte, hatte mich «schwerelos» zurückgelassen. In diesem Zustand der Aufnahmefähigkeit, waren mir die weltlichen Dinge nicht mehr wichtig. Wenn Überraschungen einen schalen Geschmack annehmen, wenn die diesseitige Welt an Wert verliert, wenn Furcht und Angst durchgestanden sind und vergehen, wenn die farbige Glitzerwelt glanzlos und langweilig wird, wenn Herz und Geist sich einer heiteren Gelassenheit zuwenden, erreicht man ein Stadium der abgeklärten Distanz.

Das Wissen um meine Sünden und die Reue darüber hatten der göttlichen Ordnung und in der Folge vollkommener Freiheit die Tore weit geöffnet. Nach dieser Feuerprobe war meine Seele im Frieden, danach konnte mich nichts mehr berühren oder erschüttern. Geist und Seele waren ganz Unterwerfung und Hingebung geworden. In Wirklichkeit war ich natürlich gerade durch die «Hölle» gegangen, aber eben durch diese Höllenfahrt waren meine Ketten und Fesseln im übernatürlichen Feuer geschmolzen und gesprengt. Endlich war ich befreit! Frei!

Ich befand mich noch immer in diesem Zustand der Benommenheit, als ich plötzlich eine Stimme mit wohlriechenden Atem, der mir um die Nase wehte, vernahm, und die ich in meinem Innern sanft zu mir sprechen hörte:

«Ich bin dein Vater und du bist Mein Nachkomme … du kommst von Mir … du gehörst Mir … du bist Mein … du bist Meine Saat…»

Als ich diese Worte hörte, war ich dahingeschmolzen. Da stand ich nun nur einen Wimpernschlag entfernt an der Schwelle zum ungeschaffenen Licht. Gottes lichtvolle Wesenheit erfüllte mich, sprengte mein ganzes Sein und hob meine Seele hoch empor. Gott hatte sich mir offenbart, und das war viel gewaltiger als jede Erfahrung mit Daniel. Wenn Daniel mich besuchte, konnte ich ihn mit den Augen meiner Seele sehen und wusste, dass er und «nur» er es war. Aber Gottes Anwesenheit war unsichtbar, selbst in meinem Inneren. Ich «sah» Ihn nicht, ich «fühlte» nur unbestreitbar Seine Anwesenheit in meinem Herzen.

Daniel hatte mir gesagt, dass man mich «am Hof Jahwehs» unterweisen würde, an einem Hof, wo Engelmächte aus- und eingehen.

Ich erfuhr unaussprechliche Liebe und väterliches Erbarmen von Gott ausgehen. Doch nicht nur das. Der Lichtstrahl, der mir Herz, Geist und Sinn durchfuhr, war so hell und mächtig und versetzte mich in einen solchen Frieden, wie ihn mir niemand sonst hätte geben können, sodass er nur von Gott kommen konnte und selbst das unruhigste Herz besänftigte. Und trotz der Macht und Omnipotenz Seiner Anwesenheit kam Er zu mir so schlicht und einfach und voll väterlicher Sanftmut, dass ich von Seiner Liebe geradezu verzehrt war.

Es kam mir vor, als ob ich Ihn kannte; meine Seele erkannte Ihn als Vertrauten. Ich fragte mich, «ob *dies* der Richter wäre, der angeblich von ferne das strenge Urteil bereitwillig fällt? Hatte ich eine so gänzlich falsche Meinung über Ihn gehabt?» Ich konnte einfach nicht glauben, dass dies derselbe Gott war, wie ich Ihn mir in der Vergangenheit vorgestellt hatte! Doch dann erinnerte ich mich: «Gott ist langmütig, vergebend, voller Liebe, milde und sanftmütig.» Das ist der wahre Gott! Das Gefühl vor dem Antlitz des Allmächtigen zu stehen, übersteigt meine Fähigkeit, dies auf einfache Weise erklären zu können.

Irgendwie wusste ich tief in meiner Seele, dass er mir zublinzelte und belustigt war, und zugleich erfreut, vielleicht weil ich so verwirrt und voll des Staunens war.

Er sprach wieder zu mir in mein ureigenstes Wesen, und in dem Moment als ich Seine Stimme hörte, hatte ich keinen Zweifel, dass Er mein Schöpfer und Vater war. Es fuhr mir in jeden Knochen, dass Er es war, als Er sagte:

«Siehe, Ich bin dein Vater.»

In diesem Augenblick realisierte ich, dass unsere wahre Heimat bei Gott ist. Ich wusste da ganz genau, dass es den Himmel gibt, und dies unsere Heimat ist! Und die Erde? Die Heimat hat nichts mit der Erde zu tun. Mir schwindelte im Geist, als ich gewahr wurde, dass wir tatsächlich die Kinder des Höchsten sind; dass wir von königlicher Herkunft und Herrlichkeit sind und Gott im Himmel gehören … Es änderte sich für mich alles, als ich unser aller königliche Abstammung erkannte, und dass unser Vater der König der Könige ist – unser Gebein von Seinem Bein, unser Fleisch von Seinem Fleisch!

Das war die deutlichste und einprägendste Schauung, die ich jemals im Leben gehabt hatte.

Trotzdem war es ein Schock, dass der Schöpfer, der Eine, das unaussprechliche Wesen und der Funke, von dem das ganze Universum abhängt, zu mir, die ich doch eine ganz gewöhnliche Person war, so leichthin sprach! Sogar jetzt noch wundere ich mich darüber. Aber damals und auch noch heute weiß ich aus Erfahrung, dass Gott jederzeit und durch jedermann, wie Er will, mit uns reden kann; das ist eine unumstößliche Tatsache.

Es gelang mir irgendwie, Feder und Papier zu ergreifen, um Seine Worte niederzuschreiben. Während Er «bei» mir war, hatte ich das Gefühl, dass ich Ihn um Hilfe bitten konnte. Ich ging zum Fenster, um Ihn «dorthinzuführen», und zeigte auf die Bettler und die Armut draußen und sagte dabei: «Schau! Schau was die Welt geworden ist.»

Ganz sanft und ohne jede Überraschung sprach Er:

«Glaubst du wirklich, dass ich dir helfen kann?»

«Ja, das kannst Du; Du bist Gott!»

Da bat Er mich, das «Vaterunser», das «Gebet des Herrn» in Seiner Anwesenheit zu beten. Ich freute mich so, dass Er mich um was ersuchte, das ich kannte, und ohne Nachzudenken platzte es aus mir heraus: «Ja, Vati!»

Ich weiß nicht, wie mir dieses Wort entschlüpfte. War es durch Seine väterliche, so vertraute Art, dass ich Ihn zu kennen vermeinte? War es, weil ich, Sein Geschöpf, Ihn auf wundersame Weise als meinen Schöpfer anerkannte, und von da her als den Vater aller Dinge? Was auch immer, ich erstarrte vor Angst vor Gottes Reaktion, dass Er «Vati» genannt wurde.

Er sagte:

«Hab keine Angst, Tochter, denn Ich habe dieses Wort "Vati" wie einen Schatz empfangen.»

Ich war so erleichtert über Seine Antwort, dass ich voll überschäumender Freude das Vaterunser heruntersagte.

Als ich damit fertig war, sagte mir Gott auf liebevolle Weise, dass Er mit der Art, wie ich es hersagte, nicht zufrieden war, weil ich es zu schnell heruntergebetet hatte. Ich wiederholte das Gebet, diesmal langsamer. Gott sagte mir jedoch, dass es immer noch nicht recht war, da ich mich während des Hersagens hin- und herbewegte. Immer wieder sprach ich das Herrengebet, und jedes Mal sagte mir Gott, dass es nicht recht war, und ich von Neuem beginnen müsste. So ging es stundenlang.

Ich fing mich zu fragen an, ob mich Gott jedes Vaterunser, das ich mein Leben lang falsch gebetet hatte, nochmals hersagen ließ! Schließlich nach vielen Mühen, es ordentlich zu rezitieren, gelang es mir, Ihm Genüge zu tun, und nach jedem Satz, den ich äusserte, meinte Er: «*Gut!*» Er war's letztendlich zufrieden.

Zuerst konnte ich die mir erteilte Lektion nicht verstehen, und warum ich das Gebet in Seiner Anwesenheit wiederholen musste, aber im Laufe des Tages fielen die letzten, mir am Herzen verbliebenen Verkrustungen ab, und ich war damit Seiner Liebe ausgesetzt. Ich wurde hierauf auch gewahr, dass ich an jedes Wort, das ich äußerte, auch wirklich mit Liebe glauben musste.

Von da an gingen unzählige Segnungen mit der Harmonie und inneren Ruhe, die meine Seele durch die Anwesenheit Gott Vaters abbekam, einher. All die Unruhe von früher war vergessen durch die Fülle Gottes, an der meine Seele nunmehr in Form einer geistigen Umarmung Anteil hatte.

3 DUNKLE NACHT

Ich war durch diese Offenbarung trunken vor Freude, und in den folgenden Tagen fühlte sich meine Verbindung mit Gott wie eine betörende frische Verliebtheit an, wo die Liebenden nicht genug von einander bekommen können. Ich wollte immerzu bei Ihm sein, und nichts anderes zählte. Es war schiere Glückseligkeit.

Dann hörte die Verbindung mit Gott und meinem Schutzengel ohne jede Vorwarnung jäh auf. Es war, als ob jemand das Licht ausgeschaltet hätte, und ich mich plötzlich im Dunkeln befand.

Obwohl ich noch immer von Familie und Freunden umgeben war, hatte ich mich noch nie so allein und elend gefühlt. Gott und mein Schutzengel waren nicht mehr bei mir. Ich rief nach ihnen, aber sie antworteten nicht. Ich fühlte, Er hatte bewusst den Himmel verschlossen und zerrte mich in eine Wüste, um mich dort in meiner Einsamkeit «rösten» zu lassen. In meiner Angst und Verlassenheit rief ich immerzu nach meinem Engel, aber auch er hatte mich im Stich gelassen.

Unser Tennisclub organisierte damals gerade die einmal im Jahr stattfindenden Turniere; also nahm ich teil, aber diesmal fehlte es mir im Gegensatz zu früher beim Spielen gänzlich an Ehrgeiz und Freude. Ich dachte bei mir: «Sind dies Gottes Methoden? Nähert Er sich uns, um uns zu verführen, und danach lässt Er uns fallen?»

Später sollte ich verstehen, warum Gott eine Seele in die Wüste schickt. Dies sind Seine Worte:

«Ich komme, um die Türen eurer Verliese zu zersplittern und mit Meiner Flamme eure Sündenketten zu zerschmelzen. Ich komme, um euch aus eurer Gefangenschaft und von euren Freveln zu befreien und

euren Ausschweifungen ein Ende zu setzen. Ich habe vor, dich zu retten, Generation. Auch wenn Ich dich bis in die Wüste zerren müsste, um dort mit dir zu sprechen und dir deine Unfruchtbarkeit und deine Finsternis im Leib zu zeigen, werde Ich es tun, um dich zu retten. Ach, Schöpfung, ***was würde ich nicht alles für dich tun…!***»[2]

Ich versuchte, die gerade geschehenen Dinge in meinem Leben zuzuordnen, um den Sinn des Vorgefallenen besser verstehen zu können: Zuerst hatte mir Gott meinen Schutzengel gesendet, um meine Aufmerksamkeit und Neugier auf Sich zu ziehen. Dann ließ Er mich himmlischen Gesang hören, damit ich eine Ahnung von Seiner himmlischen Engelsschar an Seinem Wohnort bekam, und gerade als ich mich daran erfreute, zog Er mich aus dem Schmutz, und als ich dann in Windeseile Seinem Zauber erlegen war, «röstete» Er mich ohne zu zögern im ersten Aufflackern des geistigen Feuers, um mich gleich darauf noch mit offenen Brandblasen versehen in die Wüste zu werfen, worauf Er dann mit meinem Engel in den Himmel verschwand und hinter Sich die Tür verschloss, um mich mutterseelenallein in der Totenstille der Wüste im Jammer verkommen zu lassen, ohne auf meine Verzweiflung, Agonie und Not zu achten.

Nun schien Er «von Seinem Versteck aus» zu beobachten und schweigend zu warten, bis ich klein beigab.

«Was hab ich Dir getan, dass Du mir ausweichst? Gerade als ich Dir, lieber Gott, mein Herz öffnete, bist Du fortgerannt und hast Dich versteckt.» Er antwortete nicht.

Ich wollte erlöst werden, aber nunmehr in der Wüste war ich nur von Schatten und Trugbildern umgeben, leblosen Dingen, die einen innerlich nicht befriedigen. Ich sah mich überall nach Ihm um, darauf nach meinem Engel, konnte aber beide nicht finden.

Drei Wochen lang befand ich mich in dieser Öde, zwischen dem Fleisch und dem Geist und fühlte mich mehr tot als lebendig.

2. *Das Wahre Leben in Gott*, 12. September 1990.

Da passierte etwas Seltsames. Als ich dieses Gefühl des «Todes» erfuhr, spürte ich auf einmal wieder die Seelen «der Toten» um mich herum, zum ersten Mal nach vielen Jahren. Ich sah ihre grauen Körper wie die Schatten auf mich zukommen, die langsam aus dem Nebel krochen. Im Nu hatten sie mich eingekreist. Ich merkte, wie mein Geist an den Ort «der Toten» gezogen worden war: ins Fegefeuer. Das Fegefeuer meiner Trennung von Gott hatte mich dorthin geführt, an den Ort der Verstorbenen, wo auch sie die Trennung von Gott leidvoll erfahren, während sie durch einen Reinigungsprozess auf dem Weg zu Ihm sind.

Als ich mich auf dem Weg ins Fegefeuer befand, achtete ich nicht auf meine Umgebung, sondern auf die verstorbenen Seelen, Männer und Frauen nicht zu unterscheiden von einander, die in großen Scharen kamen. Sie sahen aufgrund ihres Leidens und beklagenswerten Zustands alle gleich aus. Als sie mich erblickten, eilten sie sogleich herbei. Wie es Bettler tun, ließen sie nicht ab von mir; einige sagten mir freiwillig ihren Namen. Ich erkannte einen von ihnen, der mich verzweifelt um Hilfe bat. Er war eine hochstehende und berühmte Persönlichkeit auf Erden gewesen, in aller Welt sehr bewundert. Da realisierte ich, dass solche Dinge wie Ruhm, Ansehen, Reichtümer und Schönheit vergängliche Dinge sind, die man eine Zeitlang auf Erden genießen mochte, die uns aber nicht ins Paradies bringen.

Andere Seelen kamen herbei, die mir auf Erden viele Schwierigkeiten und Sorgen gemacht hatten. Sie sagten mir ihren Namen, baten um Vergebung und darum, für sie zu beten. Ich würde später erfahren, wie wichtig es ist, gegen die Verstorbenen keinen Groll zu hegen. Auf geheimnisvolle Weise «halten wir sie nämlich zurück», und sie leiden, wenn wir ihnen nicht verzeihen. Wir halten sie von höheren Sphären fern; und sie bleiben damit in Ketten und können den Himmel nicht erreichen. Wir müssen ihnen vergeben.

Als mich diese Seelen umringten und um Gebet ersuchten, kam ich trotz meiner Hilflosigkeit mit größter Mühe ihren Bitten nach. Da flehten mich die Seelen auf einmal gleichsam wie aus einem Munde an, dass ich sie mit Weihwasser besprenge. Völlig verwirrt fragte ich:

«Weihwasser – wofür?»

«Ach tu's doch einfach für uns, bitte.»

Ich seufzte aus Unverständnis. Gerade als ich mich fragte, wo ich Weihwasser finden könnte, riefen sie alle:

«Geh zur Kirche und hol es für uns.»

Es war, als ob sie meine Gedanken gelesen hätten.

Ich war wirklich nicht willens, Weihwasser von der nahegelegenen Kirche zu holen. «Warum nur wollen sie Weihwasser?» Ich war ratlos. Aber sie baten umso eindringlicher, und als ich merkte, dass sie nicht ablassen würden, schleppte ich mich nach draußen und ging über die Straße zur Kirche gegenüber. Dort fand ich einen Priester, lief zu ihm und fragte ihn: «Kann ich bitte etwas Weihwasser nach Hause mitnehmen? Da gibt es solche Seelen, wissen Sie, ich meine *"die Toten"*, die wollen, dass ich sie damit besprenge.»

Ich wartete darauf, dass er sich über mich schieflachte, aber in meinem leidenden Seelenzustand war es mir egal, was er dachte. Wie war ich überrascht, als er meinte: «In Ordnung, ich geb Ihnen was davon. Es ist unsere katholische Tradition, das zu tun.»

Er gab mir eine kleine Flasche mit Weihwasser, und ich ging heim, um mich gleich wieder den Seelen zu widmen. Natürlich wusste ich nicht, wie man da vorging. Immerhin hatte ich es mit Seelen Verstorbener, also unkörperlichen Wesen, reinem Geist zu tun. Wie sollte ich sie mit Wasser beträufeln, stofflichem Wasser, das zu Boden fallen würde? Also fragte ich: «Wie soll ich euch mit Wasser besprengen, wenn ihr doch Geistwesen seid?»

«Sprüh das Wasser auf uns in der Meinung, dass es für uns ist!» antworteten sie. Also tat ich genau das.

Wären sie zu Körpern geworden, wäre ich in eine Massenkarambolage geraten. Scharenweise kamen sie herbei zu mir und wollten, dass auch nur ein kostbarer Tropfen Weihwassers auf sie falle. Ich hatte reichlich, also sprühte ich immerzu. Einen Augenblick lang schien es, als ob das ganze Fegefeuer zu mir drängte, um auch nur einen Tropfen dieses Weihwassers abzubekommen! Und zu meinem Erstaunen sah ich viele von ihnen nach oben schießen wie Sternschnuppen vom Himmel verschluckt. Sie waren so glücklich!

Trotzdem hatte ich seltsamerweise, während diese Seelen von ihren Leiden befreit waren, noch immer dieses jämmerliche Gefühl der Gottverlassenheit. Natürlich ergriff ich die Gelegenheit, sie nach dem Verbleib meines Engels oder meines nunmehr bis zum Wahnsinn Geliebten zu fragen, aber sie gaben keine Antwort und lösten sich im Nebel auf, so wie sie gekommen waren.

Vielleicht ließ mich Gott die Trennung von Gott fühlen, so wie die Seelen im Fegefeuer sie fühlen. Was immer auch der Grund war, meine geistige Trockenheit blieb bestehen. Jeder Tag kam mir vor wie ein Jahr. Trotz des geschäftigen Treibens um mich herum, fühlte ich mich verzweifelt und alleingelassen.

Ich rief weiter nach Ihm, aber meine Stimme verhallte als Echo.

Schließlich hielt ich es nicht mehr aus. Ich hob auf rührende Weise ein Wehklagen wie ein neugeborenes Kind an. Ich hob meine Augen gen Himmel und mit aller Macht schrie ich meine Kapitulation heraus.

«Vater! Wo bist du? Warum hast du mich verlassen? Nimm mich und tu, was Du willst! Reinige mich und benutz mich, wenn das Dein Wunsch ist!»

Ich unterwarf mich damit schlussendlich *ganz* Seinem Willen.

Da öffnete sich ganz plötzlich der Himmel mit einem Mal, und eine gefühlvolle Stimme rief:

«Ich, Gott, liebe dich! Komm! Lass Mich immerzu über diese Worte totaler Hingabe freuen.»

Diese Worte waren wie Balsam auf die tiefen Wunden, die ich in der Wüste zugefügt bekommen hatte und heilten mich augenblicklich. Wie ein Blitzstrahl, der plötzlich vom Himmel herabzuckt, so kam Gott voller Freude vom Himmel herab, um mich zu erreichen und zog mich an Sein Herz, um mich dann pfeilschnell wieder aus Seinen Armen in diese unsere schnöde Welt zu verstoßen. Zugleich aber entschädigte Er mich, indem Er die Tore des Himmels öffnete und mir Zugang zu Seinem inneren Hof gewährte, damit ich dort jederzeit beliebig ein- und ausgehen konnte.

Nun da ich Gott meine Seele übergeben hatte, füllte sie sich gleichsam mit frischem Himmelstau, und ich lobte und pries Ihn mit solchen Worten:

«Jahwe suchte mich auf! Wie ein Windstoß hob Sein Geist mich empor und zeigte mir Sein Antlitz. Er brachte mir Zärtlichkeit, Liebe und Unendliche Güte entgegen. Dann überschüttete Er mich mit Segnungen und bot mir Manna in Fülle an, damit ich Es mit meinen Brüdern teile. Er wanderte gemeinsam mit mir im Land des Vergessens. Von unten, aus den Toten nahm Er mich, aus der Mitte derer, die Ihn vergessen haben; Er erhob mich und gab meiner Seele ihr Gedächtnis zurück. O Herr, Jahwe, wie dankbar bin ich! Möge Deine Süßigkeit, o Herr, auf uns allen ruhen. Gepriesen sei Jahwe für immer und ewig. Amen.»[3]

Als ich schließlich Gottes Gesetz der Liebe angenommen hatte, Gott an die erste Stelle in meinem Leben setzte, und ein *wahres Leben in Ihm* lebte, kam der Herr zu mir und offenbarte mir, wie auch der ganzen Welt, die Tiefe Seiner eifersüchtigen Liebe:

«Du wirst Weisheit erlangen müssen, aber Ich werde dir helfen.»

«Ich liebe dich bis zur Eifersucht; Ich will dich ganz für Mich; Ich möchte, dass du alles, was du tust, für Mich tust; Ich dulde keine Rivalen, Ich möchte, dass du Mich anbetest und für Mich lebst. Atme für Mich, liebe für Mich, iss für Mich, lächle für Mich, opfere dich auf für Mich; tu alles, was du tust, für Mich. Ich möchte dich verzehren, Ich will dich so entflammen, dass du nur noch Mich ersehnst. Schmücke Mich mit deinen Blütenblättern, Meine Blume; kröne Mich mit deiner Liebe; … umgebe Mich mit deinem Wohlgeruch.»[4]

3. 16. Januar 1992.
4. 5. Mai 1987.

«Erlaube Mir, dich zu erziehen und dich stark zu machen. Ich möchte dich zu Meiner barfüßigen Athletin formen, die mit Mir um die Welt läuft und zu Meinem Volk geht und sie aus ihrer Trägheit aufweckt, die die Toten aus ihren Gräbern zieht und sie zu Kathedralen macht.»

«Wow!» entfuhr es mir. Das ist aber ernst. Steht es schon so schlimm um uns? Tot? Verfaulend? Ich meine, verwesen wir bereits wie verdorbene Früchte? Ist das wirklich so? Ist das eine Warnung? Ist dies der Grund, warum Gott zu uns spricht?

Denn ich wusste, dass Er jeden von uns meinte, wenn Er mit mir sprach. Sogar mir in meiner geistigen Unreife war klar, dass Gott nicht die Mühe auf Sich nahm, herabzusteigen und mit uns zu sprechen, wenn die Dinge nicht wirklich katastrophal schlecht stünden, und die Welt nur mehr dahintaumelte. Er würde nicht nur so lässig mal vorbeischaun, die Hände hinterm Rücken, um uns zu fragen: «Hallo ihr Geschöpfe, wie steht es heute? Alles in Ordnung bei euch? Braucht ihr was? Dann ruft Mich einfach an, Ich bin dann für euch da.»

Gott gab mir innerlich das sichere Gefühl, dass es sich um die letzte Chance, uns zu bessern, handelt – tun wir es nicht, wird Er uns alle fortschaffen!

Am 15. Dezember 1986 fragte mich Gott so nebenbei:

«Tochter, willst du weise werden?»

«Ja.»

Ich war mir nicht im Klaren, was für ein wertvolles Geschenk Er mir anbot, ich hatte nur einfach mit «Ja» geantwortet. Aber dann kam ich zu mir. Weisheit? War das nicht das Geschenk Salomons? Als Gott sah, dass ich verstand, was Er mir offerierte, sagte Er:

«Du wirst Weisheit erlangen müssen, aber Ich werde dir helfen.»[5]

Ich verstand, dass ich es mir *verdienen* musste. Ich wusste nicht auf welche Art und Weise, aber Gott hatte gesagt, Er würde mir helfen. Viel später lernte ich, dass Weisheit Verzicht, Hingabe,

5. 16. Dezember 1986.

Aufopferung, Annahme von Kritik bis zur windelweichen Verprügelung ohne ein Wort der Klage und Unterwerfung unter Gottes Willen bedeutet.

Gottes Großzügigkeit machte auch hier nicht halt, denn Er fuhr fort:

«Ich werde dir die Gabe der Unterscheidung geben, die Gabe der Tapferkeit und die Gabe der Erkenntnis. Ich werde dir all diese Gaben geben, solange du Mir folgst und Meinen Willen tust.»

Der Marathonlauf mit Gott hatte gerade erst begonnen. Der Engel hatte mir gesagt, dass ich von Gott höchstpersönlich unterwiesen würde an Seinem himmlischen Hof, um vor einer ungläubigen Welt, einer sterbenden Welt, Zeugnis abzulegen. Er sagte, ich würde wie ein Athlet laufen, ohne Halt oder Pause zu machen. Da wusste ich, dass ich mich auf Gottes Rüstung verlassen musste, denn ich hatte «nicht gegen Menschen aus Fleisch und Blut zu kämpfen, sondern gegen die Fürsten und Gewalten, gegen die Beherrscher dieser finsteren Welt, gegen die bösen Geister des himmlischen Bereichs».[6]

Das Rennen begann.

6. Epheser 6,12-13.

4 ENGEL ODER DÄMONEN?

Ich verstand sehr bald, dass ich einen Feind hatte, der mich niemals das Ziel erreichen lassen wollte.

Die Erfahrung mit dem Bösen, die ich in der Vergangenheit gemacht hatte, verblasste im Vergleich zu dem, was ich jetzt mitmachen sollte. Man wollte mir einen Schnellsiedekurs im Bereich des Übernatürlichen erteilen, aber die dunkle Seite würde nun ebenso mit voller Wucht zutage treten.

Heutzutage ist für viele Leute die Vorstellung, dass es den Teufel mit Hörnern und Klauen sowie Pferdefuß gibt, wie er in Karikaturen oder Bildern in der Kirche oder Galerien dargestellt ist, ein Märchen aus dem Mittelalter, worüber man bestenfalls lacht oder dies als Aberglauben abtut. Aber man muss sich im Klaren sein, dass uns zwei unsichtbare Streitmächte umgeben. Es soll uns dabei ein Trost sein, dass die Streitkraft der Guten Engel viel mächtiger als jene der gefallenen Engel ist. Unser Kampf gilt nicht Fleisch und Blut, sondern Fürsten und Mächten. Wir sollten dabei allerdings niemals vergessen, dass Gott viel stärker und mächtiger ist als das Böse, und ganz bestimmt hat er Satan in dieser unserer Welt besiegt, als Sein Sohn am Kreuz gelitten hat und nicht aufhörte, uns bis zu Seinem Tod zu lieben, obwohl gerade dies Satans Ziel gewesen war.

Damit hat Gott das tragischste Ereignis der Geschichte der Menschheit in den größten Sieg verwandelt. Er überwand damit die ganze Geschichte der Menschheit von Anfang bis zum Ende der Zeiten, sodass Satan letztlich allezeit und vor allen als der große Verlierer dasteht. Gerade jene Vorfälle, die uns so sehr tragisch vorkamen, würden sich als Seine größten Triumphe erweisen.

Dabei stehen unsere Schutzengel gleichsam Wache und weichen uns niemals von der Seite; wo auch immer man sich aufhält, sie sind auch da; aber zugleich sind sie auch niemals von Gottes Angesicht entfernt, da sie sich an zwei oder mehreren Orten gleichzeitig aufhalten können.

Der Teufel geht manchmal bei seinen Übeltaten höchst geschickt vor, damit man ihn dabei nicht ertappt. Andere Male gibt er sich jedoch bei seinem Hass und seiner Eifersucht sogar mit Gewalt Blößen, bis ihn die übernatürliche Macht bezwingt. Wenn er geschlagen ist, handelt er gewöhnlich höchst unvorsichtig: er kommt zum Vorschein und zeigt sein wahres Gesicht. Trotzdem ist er bekanntlich im Verborgenen am wirkungsvollsten, ohne dass er sich oder seine miesen Absichten offen zu erkennen gibt. Seine Heimtücke erzielt bessere Ergebnisse, wenn er in der Anonymität bleibt und direkte Begegnung scheut; wenn er sozusagen keine «Wellen schlägt», was jedoch nicht heißt, dass es zu keiner trügerischen Strömung käme.

Wie oft werden wir in unserer schönen neuen Welt der digitalen, wissenschaftlichen und technischen Errungenschaften zurechtgewiesen, wenn wir auf die Existenz des Teufels aufmerksam machen und dass er tatsächlich ein böser Geist ist, dass wir altmodischen Ideen nachhängen, die doch nur Theorien aus dem Mittelalter seien. Der Teufel jedoch hat vielen Gelehrten erfolgreich eingeredet, dass es ihn nicht gibt, und es gibt sogar Wissenschaftler, die gerne beweisen würden, dass es ihn nicht gibt. Das allein zeigt schon, wie naiv man ihm auf den Leim gehen kann. Wie können diese guten Leute auch nur glauben, dass ein finsterer Geist, der millionenmal klüger als sie ist und in geistiger Verderbtheit und Dunkelheit lebt, einer wissenschaftlichen Untersuchung zugänglich wäre? Wie um alles in der Welt könnten sie beweisen, dass es ihn nicht gibt? Was würde der Teufel tun? Er würde sie noch mehr belügen, indem er so tut, als ob er nicht da wäre. Die Verstellung ist seine wirksamste Waffe. Man lernt nur durch persönliche Erfahrung dazu, und das ist einer der Gründe, warum ich dieses Buch schreibe.

Jede menschliche Schwäche, die einen in die Regionen der Finsternis führen kann, ist für die Dämonen ein magnetischer Anziehungspunkt. Satan ist auch ein gewiefter Taktiker, der einen durch die verschiedensten Maßnahmen ablenkt und damit in trügerischer Sicherheit wiegt.

Sehr oft bedient sich Satan auch gewisser Leute für seine Zwecke. Aus heiterem Himmel kann er es zu Anschuldigungen kommen lassen, um jemanden vollkommen zu ruinieren, auf den er es abgesehen hat. Damit nicht genug. Eine seiner größten Perfidien ist die *Einflüsterung* aller möglichen Vorstellungen in die «schlafende» Seele, die die Seele in höchste Aufregung und Unruhe versetzen, und ihr jeden inneren Frieden rauben. Daher müssen wir wachsam bleiben und dürfen ihm nicht erlauben, uns «schlafend» vorzufinden.

Ich will nicht Angst machen. Ich erzähle nur von meiner eigenen Erfahrung, damit man daraus lernt, wie man sich vor dem Bösen schützt, und auf Gott vertraut, der viel, viel mächtiger als der Teufel ist, wie ich schon zuvor erwähnte.

Von Kindheit an hat sich das Böse in meinem Leben auf vielerlei Art gezeigt. Nicht nur dass ich die wiederholte Schauung der unansehnlichen Hände, die mich würgten, hatte, ich sah auch oft den knurrenden schwarzen Hund mit blutunterlaufenen Augen, der mich anspringen und in Stücke reißen wollte.

Irgendwie musste der Teufel gewusst haben, dass Gott mit mir etwas Besonderes im Sinn hatte. Aber vor diesem Lebensabschnitt hatte ich noch nicht verstanden, wie mächtig der Teufel ist, und wie er und seine Dämonen stets gegen uns am Werk sind.

Da ich nun Gott mein Leben übergeben hatte, war ich den bösen Mächten wie alle Menschen guten Willens in der Nachfolge Gottes zu einer Gefahr geworden. Es ist, als ob in der Hölle die Alarmglocken läuten, wenn sich jemand zu Gott hinwendet, und dieser Mensch ist nun auf dem Radarschirm des Teufels. Warum? Weil ein Heiliger die Welt zu verändern und viele teuflische Pläne zu durchkreuzen vermag.

Und so kam es, dass bald nach meinen Begegnungen mit dem Engel und der Lebensübergabe an Gott buchstäblich die Hölle ausbrach.

Satan griff mich mit all seiner Wut an.

Die Art und Weise wie er sich mir näherte, war das genaue Gegenteil von Daniels Annäherungsversuch. Als Daniel kam, war ich voll Freude und Frieden, als er mir verkündete: «Gott ist dir nahe und liebt dich.» Aber als Satan kam, hatte ich sofort ein ungutes Gefühl von Hass und Grausamkeit, schon als ich seinen scharf gellenden Ruf hörte: «Geeehhh!»

Das sollte wohl «geh weg» heißen, und er meinte offenbar, dass ich mich nicht mehr mit meinem Engel und Gott unterhalten sollte. Ich wusste zu dem Zeitpunkt nicht viel über den Teufel, aber die Bosheit in der barschen Stimme war nicht misszuverstehen und flößte einem Furcht ein. Seine Anwesenheit war wie eine böse Überraschung, und mich überfiel ein lähmendes Gefühl der Angst und schweren Sündenlast rund um mich herum. Zugleich hing ein unangehmer Schwefelgestank in der Luft.

Die Stimme des Teufels ähnelte mehr der eines wilden Tieres denn eines Menschen. Sie hallte nach und zum ersten Mal im Leben spürte ich einen kalten Schauer von unten nach oben zum Kopf aufsteigen. Ich suchte in meinem Innern wieder nach Daniel und Gott, aber sie schienen sich zurückgezogen zu haben.

Die gellende Stimme donnerte wieder: «Geeehhh weg! Hau ab von hier, du Hure! Hau ab, oder das Höllenfeuer wird dir schon Beine machen!»

Indem ich all meine Kraft zusammennahm und innerlich Gott anrief, gab ich ein «Nein» als einzige Antwort und meinte damit zugleich, dass ich weder Daniel noch Gott aufgeben würde! Der Teufel schrie, dass ich verflucht und meine Seele verdammt sei und gab weitere unzüchtige Äußerungen von sich, indem er sich unter ständigen Beschimpfungen und Beleidigungen wie ein Verrückter gebärdete.

Er beschuldigte mich jedweder Art von Übel. (Später sollte ich erfahren, dass der Teufel noch einen Namen hat, nämlich den des «Anklägers», denn am Tag des Gerichts wird er uns jeder einzelnen Sünde, die wir jemals begangen haben, anklagen, während uns Jesus rechtfertigt.) So wie Gott ganz Liebe, Erbarmen und Verständnis ist, ist der Teufel ganz das Gegenteil. Als er mich angriff, waren seine Beleidigungen so schwerwiegend, dass ich dachte, ich würde darüber den Verstand verlieren.

Diese Attacken kamen tagsüber, aber noch viel agressiver auch nachts. Es war mir fast unmöglich Schlaf zu finden. Es kam mir auch so vor, als ob der Teufel mir die Luft zum Atmen abschnitt; wie wenn mich ein Adler mit seine Klauen fest am Bauch umklammert hielte, um mich zu erdrosseln. Dies war ein ganz starkes körperliches Empfinden.

Als diese Beleidigungen weitergingen, fing ich an zu weinen, worauf der Teufel voll Spott und Hohn meinte: «Hör auf, die Wunden zu begießen!»

Doch abseits meiner großen Angst dämmerte mir, dass hinter unserem Schlachtfeld noch ein Kampf stattfand; jener zwischen dem Teufel und meinem Engel Daniel, der einen schweren Kampf für mich ausfocht. Ich wusste, dass ich ohne übernatürliche Hilfe nicht überleben würde. Da fing ich an, meinen Engel anzurufen, und er gab nur ein Wort zur Antwort: «Bete.» Also betete ich aus ganzer Seele, indem ich Gott um Hilfe anrief.

Schließlich endete der Kampf nach einiger Zeit. Der Teufel hielt ein mit seinem Angriff, und ich hatte ein paar Tage Frieden. In diesen ruhigen und friedlichen Augenblicken begann ich, die immense Bedeutung meines Schutzengels zu überdenken. Ich wusste, dass er für mich so streitbar geworden war, und ihn von mir, wie nur ein guter Freund es tut, fernhielt, für mich sorgte und mich beschützte. Diesen Schutz hatte ich auch bitter nötig, denn der Teufel gibt nicht so schnell auf und rüstete sich bereits für weitere Angriffe anderer Art.

Zuerst zielte der Teufel auf meine Familie ab. Meine Nichte, die zugleich auch meine Patentochter ist, vertraute mir erst fünfzehn Jahren später den Alptraum an, den sie gehabt hatte. Sie sah sich am Ende eines Esstisches, um den Hals hingen ihr mehrere

Rosenkränze. Um den Tisch saßen auch noch andere Leute, und ich war am Ende gegenüber. Plötzlich öffnete sich die Tür. Satan kam herein und ging auf sie zu. Sie beschrieb ihn als halb Ziege, von der Körpermitte abwärts, und halb Mensch, hässlichen Angesichts und mit riesigen gekrümmten Hörnern am Kopf. Während sie den bösen Traum beschrieb, brach sie in Tränen aus und schluchzte herzzerreißend, als sie sich an den furchterregenden Anblick und dessen drohende Worte erinnerte.

«Ich hasse deine Tante, und ich hasse auch dich!»

Ähnliches passierte meinem Sohn, als der Teufel ihm im Schlaf als alter Mann mit langem Bart erschien. Im Traum sprach er zu ihm:

«Du, sag deiner Mutter, dass sie aufhören soll, zu schreiben. Ich tu dir sonst dasselbe an wie deiner Mutter, als sie noch sehr jung war. Ich lege dir die Hände um den Hals und erwürge dich!»

Ich hatte meinem Sohn niemals von diesen meinen Alpträumen erzählt, also war es klar, dass es der Teufel gewesen war.

Diese Attacken bereiteten mir wirklich Sorgen. Um sicherzugehen, dass der Teufel niemals meiner Familie was antun könnte, bat ich den Herrn um Beistand. Er versprach mir daher, dass Er den heiligen Erzengel Michael zu unserem Beschützer machen würde; auf diese Zusage hin fühlte ich mich besser.

Als nächstes versuchte der Teufel eine andere Taktik, um auf mich Einfluss zu nehmen. Schlau wie er nun einmal ist, und da er auch wusste, dass ich noch recht unbedarft hinsichtlich der Welt des Geistes war, nahm der Teufel die Gestalt meines eigenen Engels Daniel an.

Der falsche Engel versuchte mich zum Narren zu halten, indem er mir ein anderes Bild des lieben Gottes und fürsorglichen Vaters vorgaukelte als jenes, das ich mir am Tag des Anbetens mittels der Vaterunser kennen gelernt hatte.

Der falsche Engel hob an, Gott als ein angsteinflößendes Wesen darzustellen, und dass ich mich demzufolge fürchten müsse. Satans Absicht war dabei, mich von Gott und Seinen Plänen für mich zu entfernen. Er machte Gott in meiner Vorstellung furchterregend, und versetzte mich in solch Angst und Schrecken, dass ich mich vor Seinem Ruf zu fürchten begann, wenn Er käme, um zu mir zu sprechen. Manchmal schien es mir fast unmöglich, zwischen der Stimme Daniels und der des Teufels zu unterscheiden. Diesem falschen Engel gelang es, mir einzureden, dass Gott aufbrausend und jähzornig sowie ein strenger Richter sei, der Sein Volk beim geringsten Vergehen bestrafen würde. Eine Zeitlang glaubte ich ihm sogar.

Etwas später nahm der Teufel die Gestalt meines verstorbenen Vaters an, und selbst seine Stimme klang genauso. Diese Chimäre sprach zu mir auf Französisch, wie es auch mein Vater oft getan hatte. Er sagte mir, dass Gott ihn gesandt hätte, um mir mitzuteilen, dass ich mit meiner Unterhaltung mit Gott einer Illusion aufgesessen wäre. Er sagte: «Gott spricht zu dir?! Wo hat man jemals sowas gehört?» Worauf er meinte, dass ich wohl verrückt sei.

Ich merkte schon, dass etwas seltsam an dieser Vision war und wandte ein: «Nun, und was ist mit Daniel? Können Engel uns Menschen erscheinen?»

«Ach der», erwiderte er, und seine Stimme war so hasserfüllt, dass ich sofort den Teufel in all seiner List daran erkannte. Mein Vater hätte niemals so mit mir gesprochen.

Während dieses Intermezzos fühlte ich mich sehr alleingelassen. In Bangladesch gab es niemanden, an den ich mich um Rat oder geistige Hilfe hätte wenden können. Ich wollte meinen Mann nicht beunruhigen, indem ich ihm das Vorgefallene schilderte. Also behielt ich alles für mich. Der Teufel wusste das und vermehrte seine feindseligen Anstrengungen. Jeden Tag aufs neue schaffte er mehr Dämonen heran. Tag und Nacht konnte ich sie um mich herum sowohl hören als auch spüren. Diese gefallenen Engel schmähten und beleidigten mich, indem sie mich alle möglichen Unanständigkeiten hießen. Ich fragte mich, warum Gott all dies zuließ.

Aber irgendwann hatte diese innere Seelenqual nicht mehr dieselbe Wirkung auf mich. Ich wusste, dass Gott stärker als der

Teufel war; und je näher ich Gott kam, desto weniger fürchtete ich Satan, während er umso mehr zitterte und mir den Tod wünschte. Sein Zorn nahm zu, und dementsprechend änderte er noch einmal die Strategie.

Der Teufel wandte nunmehr gegenüber mir auch *körperliche* Gewalt an. Ich kann nicht genau beschreiben, wie das vor sich ging, da es sich um teils physische, teils seelische Grausamkeiten handelte.

Zuerst verschüttete der Teufel siedend heißes Öl auf meiner Hand. Ich war gerade beim Schreiben der Botschaften von Gott und dem Engel, als dieses Öl mir den Mittelfinger der rechten Hand verbrühte und eine furchtbare Brandblase, gerade dort, wo der Stift anliegt, entstand. Ich musste jeden Tag einen schützenden Verband auflegen, damit ich die Feder halten und meine Unterhaltung mit Daniel und Gott fortsetzen konnte.

Bei einer anderen Gelegenheit, als wir in Thailand auf Urlaub waren und einen Ausflug auf eine der Inseln unternahmen, kam das Boot gefährlich ins Schludern,als wir uns der Küste näherten. Ich verlor das Gleichgewicht, und um nicht zu stürzen, griff ich nach dem nächstbesten Halt. Es war allerdings der rot-erhitzte Auspuff des Motorboots. Die ganze rechte Handfläche war schlimm zugerichtet zusätzlich zu den Verbrennungen, die ich bereits früher durch die Verbrühung mit Öl abbekommen hatte. Die Hand tat unerträglich weh, und auf dem Weg ins Hotel befürchtete ich die ganze Zeit, dass ein Spitalaufenthalt unumgänglich würde. Es schien ganz so, als ob ich tage- oder wochenlang nicht in der Lage wäre, einen Stift zu halten.

Obwohl ich mich allem Anschein nach furchtbar verbrannt hatte, hatte ich bei der Ankunft im Hotel keinerlei Schmerzen an der Hand mehr. Hinzu kam, dass die Hand nicht mehr rot war, ja jedwedes Anzeichen von Verbrennung verschwunden war.

Gott hatte dem Teufel nur gerade so viel gewährt, und in Seiner Güte hatte Er meine Hand geheilt!

Manchmal benutzt der Teufel die Dinge, die wir am wenigsten mögen. Eine meiner tiefsten Abneigungen ist die gegen Küchenschaben. Wenn ich nur an diese Geschichte zurückdenke, überkommt mich schon der Ekel, aber sie zeigt einfach, wie boshaft und widerwärtig der Teufel sein kann. Eines Tages schloss ich zu Hause die Zimmertür hinter mir zu. Da spürte ich, wie mein Gesicht nass wurde, als ob jemand eine Flüssigkeit darauf versprüht hätte. Sogleich hörte ich auch schon die Stimme des Teufels lachend sagen:

«Auf diese Art und Weise taufe ich.»

Da merkte ich erst, dass ich eine riesige Küchenschabe zwischen Tür und Türrahmen zerquetscht hatte. Die Flüssigkeit, die sich auf mich ergoss, war der Körper des Insekts. Ich kann nicht erklären, wie angewidert ich durch diesen Zwischenfall war, aber es beweist, wieweit der Teufel zu gehen bereit ist, um sich zu rächen und uns das Fürchten zu lehren, damit wir vom rechten Weg abkommen und uns von Gott abwenden.

Es wurde mir immer klarer: Satan wollte mich unbedingt davon abbringen, mit Gott zu sprechen. Das war eine gewaltige geistige Schlacht.

Gott zeigte mir auch, dass mich der Teufel nun genau deswegen angriff, weil ich zu Ihm zurückgekehrt war. Solange ich nicht ganz bei Gott war, fühlte sich der Teufel nicht gestört. Aber er geriet in Zorn, als er sah, dass Gott mich unterwies und schulte, um gegen das Übel zu kämpfen.

Eines Nachts hatte ich eine Vision. Ich befand mich in einem Zimmer, als eine Schlange herankroch. Diese Schlange stellte den Teufel dar. Mir war bewusst, dass diese Schlange mein Haustier war, das ich nunmehr vernachlässigt hatte und nicht mehr fütterte. Sie war jetzt hungrig und verwundert, und schlängelte sich auf der Suche nach Nahrung aus dem Loch heraus. Ich beobachtete, wie sie zum Futter herauskroch und ein paar Trauben fand. Die Schlange verzehrte sie, aber schien noch immer hungrig; also schlängelte sie sich zur Küche noch immer auf der Suche nach Nahrung. Inzwischen hatte sie bemerkt, dass sich meine Gefühle geändert hatten, und dass ich ihr nunmehr zum Feind anstatt Freund geworden war. Dies sagte mir mein Instinkt, und mir war klar, dass sie sich bald mir zuwenden und mich umzubringen versuchen würde. Ich hatte Angst.

Da erschien mir mein Schutzengel und fragte, was mich so unruhig machte. Ich erzählte ihm von der Schlange, und wie ich nun in Sorge wäre, da ich ihr zum Feind geworden wäre. Der Engel sagte, dass er mir darüber hinweghelfen könne. Ich zögerte noch, und fragte mich, ob ich beim Kampf mitmachen sollte, aber entschied mich schließlich, ihm zu folgen und die Arbeit gemeinsam zu erledigen.

Daniel nahm einen Besen und öffnete eine Tür, die nach draußen führte. Dann ging er zur Schlange und drohte ihr mit dem Besen in Richtung offener Tür. Die Schlange wand sich krumm, um dem Besen auszuweichen und suchte, die Schränke und Regale zu erklimmen, aber kroch schlussendlich durch die respekteinflößende Gegenwart des Engels zur Tür hinaus, der daraufhin hinter ihr diese zuschlug. Wir beobachteten beide vom Fenster aus die Reaktion der Schlange. Sie geriet in Angst und Schrecken. Wir sahen, wie sie sich nach rückwärts zur Tür aufbäumte, aber diese war fest verschlossen. Da wusste sie nicht, wohin sie sich wenden sollte, und wir sahen sie geschwind die Stufen hinunterschlängeln der Straße zu. Im Augenblick als sie über die Schwelle des Haupteingangs in die Kälte gekrochen war, verwandelte sie sich in eine riesige Kröte (größer als ein Mensch), und nahm wieder die Gestalt eines bösen Geistes an. Die Alarmsirene ging an, und die Leute dort draußen nahmen den bösen Geist gefangen und banden ihn fest.

Diese Schauung wurde mir gewährt, als ich Gott angenommen und mich Ihm ganz hingegeben hatte.

Ein paar Tage später, als ich zuhause die Treppe hinunterging, die zur Küche führt, gerade beim Treppenabsatz, sah ich plötzlich Jesus. Er lächelte mir zu, und ich bemerkte, dass Er Grübchen auf seinen Wangen hatte; Er schien zufrieden und glücklich, und von Seinen Augen war die Liebe zu mir abzulesen. Ich stand da voller Staunen, da verschwand er wieder. Bis zu diesem Zeitpunkt waren mir der Engel und Gottvater erschienen, aber nun hatte ich Jesus Christus höchstpersönlich gesehen!

Ich erinnerte mich plötzlich der Träume über Ihn, die ich als Kind gehabt hatte; aber jetzt war Er selber gekommen, und lächelte mir wieder zu. Später kam Er am selben Nachmittag zu mir und stellte sich vor:

«*Ich bin das Heilige Herz. Inmitten Meines Herzens sollst du einen Platz haben, Meine Geliebte, dort wirst du leben.*»

Darauf verschwand Er; aber nicht für lange, denn Er kam später wieder und sagte:

«*Friede sei mit dir. Ich möchte, dass du das alles niederschreibst... Ich möchte, dass Meine Kinder begreifen, dass ihre Seelen leben, und dass das Böse existiert. Nichts von dem, was in Meinem Gesegneten Wort geschrieben steht, ist ein Mythos. Satan existiert und sucht, eure Seelen zu ruinieren...*»[7]

Sobald Er diese Worte gesprochen hatte, befand ich mich unter der Erde. Ich fiel nicht in Trance, denn diese Schauung wurde mir auf intellektuelle Weise zuteil.

Ich befand mich in einer Art unterirdischer Höhle mit einer niedrigen «Decke»; es war dunkel, nur spärlich durch ein Feuer erleuchtet. Es fühlte sich dunstig an, und der Boden war dunkelgrau und aufgeweicht wie von Nässe, aber die «Erde» war von ganz feiner Beschaffenheit, wie Pulverstaub.

Vor mir waren einige Seelen, angebunden in einer Reihe. Ich konnte nur ihre Häupter erkennen, denn ihre Körper waren hinter einer «Wand». Ihre Gesichter sahen aus wie Masken in Todesqual. Da merkte ich, dass um mich herum Lärm herrschte. Es klang, als ob schwere Eisenmaschinen mit Hämmern und Schlegeln am Werk wären, und von überall um mich herum konnte man die Verdammten jammern und schreien hören. Ich hatte den Eindruck eines sehr geschäftigen Treibens dort.

Ich sah Satan etwa fünf Meter entfernt mit dem Rücken zu mir stehen und die Verdammten im Blick. Seine ausgestreckte

---

7. 7. März 1987.

Hand hielt glühend heiße Lava darin, und er bewegte den Arm schwenkend von rechts nach links und verspritzte dabei die Lava über die Gesichter der Verdammten und verbrühte sie damit, worauf ihre Gesichter geschwollen anliefen. Da bemerkte er jemanden hinter sich und drehte sich nach mir um. Sein Gesicht ähnelte dem eines Menschen, jedoch voll Zorn und Hass, besonders in den Augen. Er sah aus wie ein Verrückter.

Sobald er mich sah, spuckte er angeekelt auf den Boden. In scharfem, rauhem Ton, der mehr nach einem Knurren denn einer Stimme klang, sprach er:

«Sieh mal einer an! Elender Wurm, sieh mal einer an! Wir haben neuerdings hier sogar Würmer, die als Blutsauger hierher kommen. Verschwinde von hier!»

Dann, in Schadenfreude, meinte er zu mir:

«Schau!»

Wieder goss er Lava über diese Gesichter, während sie vor Schmerz aufheulten und schrien. Ich hörte sie rufen:

«O lass uns sterben…»

Da kreischte Satan wutschnaubend:

«Geschöpfe der Erde hört mich an. Zu mir werdet ihr kommen!»

Obwohl er diese Drohungen herausschrie, dachte ich bei mir: «Was für ein Narr ist er doch, dass er glaubt, er würde letzten Endes gewinnen…» Er musste wohl geahnt haben, was ich dachte, denn er sagte in bedrohlichem Ton:

«Ich bin kein Narr!»

Darauf lachte er boshaft und rief den Armen Seelen höhnisch zu:

«Habt ihr gehört? Sie nannte mich einen Narren. Meine innig geliebten Seelen, dafür sollt ihr büßen.»

Als er gerade erneut nach der Lava ausholen wollte, wandte ich mich voll Verzweiflung zu Jesus und bat Ihn, ihm Einhalt zu gebieten. Jesus sagte:

«Ich werde ihm Einhalt gebieten.»

In dem Moment als Satan den Arm hob, um von neuem die Lava zu vergießen, wurde er so vom Schmerz übermannt, dass er gellend aufkreischte, Jesus verfluchte und mich anschrie:

«Hexe! Verschwinde! Ja, verschwinde! Lass uns allein!»

Plötzlich hörte man den Lärm von Stimmen, die von Armen Seelen, die ganz nah den Toren der Hölle standen, kamen - gerade noch zum Fegefeuer auf niedrigster Stufe, jedoch nicht zur Hölle gehörten. Sie wussten um unsere Ankunft und riefen uns verzweifelt zu:

«Rettet uns, rettet uns!»

Da kam einer aus dem Nichts heraus und näherte sich Satan; ich verstand, dass es einer seiner Dämonen war. Ich glaube, Satan konnte uns nicht länger ertragen und fuhr daher fort, als ob wir nicht da wären. Er sagte zum Dämon:

«Gehst du wohl deiner Pflicht nach? Tust du wohl, worum ich dich gebeten habe? Verletze sie, vernichte sie, verschreck sie.»

Diese dem Dämon erteilten Befehle zielten auf mich ab. Er wollte von diesem Dämon, dass er sich an meine Fersen heftetete, um mich abzuschrecken und meine Sendung zunichte zu machen.

Satan fing an, weitere Dämonen namentlich anzurufen, und ich hörte ihn auch menschliche Namen nennen. Da realisierte ich, dass verdammte Seelen in der Hölle auch von Menschen Besitz ergreifen und uns Höllenqualen bereiten können, wenn sie unter Luzifers Befehl stehen, und jeder unter ihm lebt im Hass. Sie haben allerdings nicht so viel Macht wie die gefallenen Engel. Ich bat Jesus, ob wir diesen Ort verlassen könnten, und Er sagte:

«Komm lass uns gehen. Ich möchte, dass du all das aufschreibst.»

Ich verstand nach dieser Schauung, dass Jesus Satan vollkommen beherrscht. Jesus brachte mir außerdem bei, Seinen Namen zu benutzen, um Dämonen auszutreiben. Das gab mir Frieden und Vertrauen.

Bald nach dieser Höllenvision, schickte mir Satan eine ganze Höllendivision, um mich anzugreifen. Mit meiner neugewonnen

Zuversicht sagte ich sarkastisch: «Oh nein. Nicht schon wieder,» da ich wusste, dass ich dieses Mal mit ihnen schon fertigwürde.

Diese Dämonen waren klein von Wuchs und ähnelten Schimpansen. Sie sprangen mir auf den Rücken wie wildgewordene Katzen. Aber ich fühlte mich jetzt sicher und stärker ihnen gegenüber und hatte keine Angst mehr, sondern nur Überdruss. Tief innen drinnen wusste ich, dass ich sie loswürde, wenn ich nur Jesu Namen aussprach. Sie waren eher lästig denn gefährlich, wie Fliegen, die unser Essen umschwirren. Genervt befahl ich ihnen zur Hölle zu fahren, indem ich Jesu Namen benutzte. Da zuckten die Kobolde winselnd zusammen und verschwanden auf der Stelle!

5 DIE GEISTESWELT

Zu jener Zeit hatte ich bereits damit begonnen, einen kleinen Freundeskreis zunehmend in meine Erfahrungen mit der Welt des Geistes einzuweihen. Zu meiner Erleichterung glaubten mir meine Freunde, wenn ich ihnen davon erzählte. Ich berichtete von meinem Schutzengel und dem Erlebnis der Gottesnähe, und die meisten hielten dies für eine ganz tolle Geschichte. Also ging ich weiter und begann, ihnen alles zu erklären, was ich bis jetzt gelernt hatte. Da mir auch die Angriffe Satans noch in guter Erinnerung waren, sprach ich auch von ihm.

«Wir bemerken die Existenz des Teufels in unserer Umgebung kaum,» erklärte ich. «Wir denken vielleicht an ihn, wenn wir von einem schrecklichen Verbrechen lesen, aber die meisten fühlen sich von ihm nicht einmal belästigt. Wir gehen unseren Angelegenheiten nach und führen das Leben, das wir uns wünschen, und vergessen dabei, dass es so wie eine Macht zum Guten in der Schöpfung auch eine Macht zum Bösen gibt.»

Einer meiner Freunde meinte, dass das Übel in der Welt wohl nur durch Menschen käme, die Böses tun und uns «die Hölle» bereiten.

Ich erwiderte, dass heutzutage die allerneueste List des Teufels darin bestünde, uns vorzugaukeln, dass es ihn – und die Hölle – nicht gäbe. Gerade aus diesem Grund war mir auch die Höllenvision gewährt worden, sodass ich über deren Existenz Zeugnis zu geben imstande war. Als einst ein Mann dem heiligen Pater Pio sagte, dass er nicht an die Hölle glaube, antwortete dieser trocken: «Du wirst schon noch dran glauben, wenn du dort bist!»

Ein anderer meiner Freunde fragte: «Was ist mit den gefallenen Engeln? Sind die dasselbe wie die Dämonen?»

«Ja, das sind sie, und auch sie werden am Jüngsten Tag streng gerichtet werden. Gott zeigte mir in einer Vision, wie sie sich Seinem Thron näherten, um das Urteil erteilt zu bekommen. Ich erinnere mich daran, dass an jenem Tag eine Totenstille in der Luft lag, und alles zum Stillstand kam. Alle Seelen, die gerettet waren und den Himmel verdienten, standen zentral um einen Platz herum, der weithin leer blieb. Dann schleppte sich vom anderen Ende dieses weitläufigen Areals eine Unmenge dieser gefallenen Engeln langsam heran, die Füße auf dem Boden schleifend, mit gesenktem Kopf. Der Anblick war unendlich schrecklich und traurig zugleich. Sie sahen aus wie Soldaten nach einem verlorenen Krieg, die in die Gefangenschaft gingen, um dort verurteilt zu werden, völlig kraftlos.»

Dies ist die Botschaft, die ich während der Offenbarung dieser Vision durch Gott bekam:

«Als Meine Engel, denen ich höchste Vollmacht gegeben hatte, gegen Mich rebellierten und das Verderben das Beste aus ihnen genommen hatte, hat Meine Gerechtigkeit sie nicht verschont. Sie wurden in die Unterwelt geworfen, um dort auf den Tag des Gerichts zu warten. Auch sie werden vor aller Augen gerichtet werden … und ach! Was wird das für ein schrecklicher Anblick sein! Ich werde jeden nach dem richten, was er getan hat, und was er unterlassen hat. Jeder wird in Stille und Ehrfurcht vor Meinem Thron stehen, denn der Tag dieses Endgerichts wird so furchtbar sein, dass jeder vor Furcht zittern wird vor dem Höchsten Richter, der Ich Bin.

Ihr werdet eine riesige Anzahl gefallener Engel sehen, die aus dem Himmel vertrieben wurden und voll Bitterkeit und Groll den Erzengel Michael und seine Engel bekämpft haben. Ja, eure Augen werden Meine Rivalen sehen, die Rivalen des Heiligen, des Gesalbten. Ihr alle werdet jene gefallenen Engel sehen, die Anhänger Luzifers, der Urschlange, die versucht hat, alle Meine Söhne und Töchter irrezuführen. Ihr werdet Mengen von denen sehen, die Meinen Namen entehrt und Mein Gesetz übertreten haben; jene, die sich weigerten, von Meiner

Heiligkeit genährt und aufgezogen zu werden und es vorzogen, von dem Betrüger auf ihrer Stirn gezeichnet zu werden … Ja, Vassula, eine furchtbare Vision ist dir gezeigt worden.»[8]

Satan, der zuvor als Engel den Namen Luzifer trug, rebellierte gegen Gott; seine Rebellion umfasste ein Drittel der Engel im Himmel, und als sie fielen, ward ihnen die Hölle als Wohnort geschaffen und zugewiesen. Die Hölle ist ihr Reich, und sie existiert wirklich.

Die Menschen ignorieren heutzutage oft die Existenz Gottes; aber gleichzeitig sind sie auch blind gegenüber der sehr realen Macht des Teufels und seiner Dämonen. Diese Macht des Bösen will nicht, dass wir in direkter Verbindung mit Gott stehen, und tut alles, damit Sein Wille auf Erden nicht geschehe.

Einer meiner Freunde unterbrach mich und warf ein: «Aber wie können wir wissen, ob er hier anwesend ist, mitten unter uns?»

«Ihr müsst immer wachsam sein,» erwiderte ich. «Er kann alles, sogar Kleinigkeiten für sich verwerten. Er ist ein gewiefter Stratege und er ist ein Legalist. Wenn er eine Öffnung in uns findet, entweder in unserer Sündhaftigkeit oder unseren Schwachstellen, besteht er als Legalist darauf, dass es sein völliges Recht sei, sein schmutziges Geschäft in uns und durch uns zu tun, denn die Sünde ist sein Herrschaftsgebiet. Die Sünde gewährt Satan einen Anhaltspunkt. Immer dann, wenn wir den Körper der Verderbtheit aussetzen und uns zu bösen, rebellischen Handlungen hinreißen lassen, sind das Öffnungen für eine Begegnung mit dem Bösen.»

Ein weiterer Freund fragte mich in offensichtlichem Unverständnis: «Was für einen Anhaltspunkt?»

Ich wiederholte:

«Nun die Sünde; die alltägliche Versündigung gegen den Nächsten, wie Lieblosigkeit, Hartherzigkeit, Unversöhnlichkeit, Stolz, Feindseligkeit, Verleumdung, Vorurteil, Überheblichkeit

8. 20. Juli 1992.

und so weiter; ganz zu schweigen von Sünden wie Stehlen, Lügen, Betrügen, Ehebrechen, Töten usw. In seiner Gerissenheit ist Satan, wie ich schon sagte, ein Legalist, und wo er einen Anhaltspunkt findet sagt er: "Aha, dies sind mir die liebsten Sünden, und nun habe ich das legitime Recht, mich hier aufzuhalten, denn dies ist mein Hoheitsgebiet!"»

Zum Beispiel wenn in einer Familie Unversöhnlichkeit herrscht, wenn es an Liebe und Gebet fehlt, kann dies bösen Geistern ein Anlass sein, Zerrüttung herbeizuführen und schließlich die Trennung zu bewirken. Eine Menge an Familienstreitereien ist darauf zurückzuführen, dass wir dem Teufel Raum gegeben, einen Anhaltspunkt gegeben haben in unserem Heim. Ohne Gebet kann er sehr leicht in unsere Häuser und Familien eindringen, aber auch in unseren Körper. Viele Leute verkünden großspurig, dass ihr Körper nur ihnen allein gehört, und dass sie damit tun können, was sie wollen. Aber wir vergessen dabei, dass wir nicht nur Körper sondern auch Seele und Geist sind. Unser Körper ist in Wirklichkeit der *Tempel* des Heiligen Geistes und Seine Wohnung.

Bei diesen Worten wandte sich eine meiner Bekannten ab, und ich sah, dass sie weinte. Ich fragte sie, was los sei, und sie antwortete, dass sie vor einiger Zeit eine Abtreibung hatte vornehmen lassen. Ich bin mir sicher, dass sie nicht die einzige im Raum war, die von dieser Sünde betroffen war, da sie ja heute so weit verbreitet ist. Ich sagte daher ihr und damit auch allen anderen: «Hör zu, diese deine Sünde kann vergeben werden, wenn du sie wirklich bereust.» Sie nickten verständig. Da öffnete ich das Buch mit den Botschaften und las ihnen die folgende Textstelle vor:

«Ich fragte Jesus: "Wirst du mir verzeihen?" Jesus antwortete: *"O Vassula, Ich vergebe dir, schreib nur auf, was du gesehen hast."* Ich schrieb: Sein göttliches Antlitz erhellte sich mit einem breiten Lächeln, sodass man Seine Grübchen sehen konnte, und Er breitete die Arme aus, damit ich mich dareinfallenlassen konnte.

"Vergebung wird immer ohne das geringste Zögern gewährt, und Ich habe dich dazu gebracht, Mich genau wahrzunehmen, damit du Meinen Kindern sagen kannst, wie Ich vergebe."[9]

Satan möchte sich zum Ankläger wegen deiner Sünden machen, und dich in Verzweiflung stürzen. Er wird sich notfalls dabei auch anderer Leute bedienen, um dich zu verdammen. Er wird dabei auch soweit gehen, selbst haltlose Anschuldigungen gegen dich vorzubringen. Nur um dich in Verzweiflung zu stürzen, einzuschüchtern und Unruhe zu stiften, sodass du schließlich denkst: "Nun gut, ich bin ein schlechter Mensch. Ich bin ein Sünder. Was soll's? Ich geb auf."

Gott jedoch will dir Vergebung gewähren. Gott will dir um jeden Preis Seine Liebe und Erlösung anbieten. Jesu Herz bebt vor lauter Liebe. Es tut weh zu sehen, wie viele Leute nicht verstehen, dass das Reich Gottes mitten unter uns ist; und zwar nicht nur, wenn Jesus oder die Jungfrau Maria erscheinen.

Wir alle sehnen uns nach dem Himmel und sollten uns den weltlichen Tätigkeiten mit der nötigen Distanz widmen, aber Tatsache ist, dass Gott uns hier auf Erden aus einem bestimmten Grund hingestellt hat, damit sich unsere Seelen getreulich nach Ihm bilden, sodass uns schließlich die Leere des Grabes, die wir hier auf Erden so stark spüren, umso mehr an das wahrhaftige Geschehnis Seiner Auferstehung glauben lässt.

Wir haben einfach zu viele Zeichen des Übernatürlichen, als dass wir sie unbeachtet und beiseite lassen könnten – Zeichen, die von «Normalen» und nicht Geisteskranken empfangen wurden. Jetzt ist die Zeit gekommen, diese Zeichen zu erkennen und unser Leben ganz Gott zu weihen.»

Da war es ganz still im Raum, da alle darüber nachdachten, was das wohl bedeuten mochte. Ich konnte die starke Wirkung der Worte spüren.

---

9. 6. Dezember 1987.

Etwas später hatte ich ein weiteres Erlebnis mit einer Freundin, die schließlich der Realität der Sünde in ihrem Leben gegenüberstand – auf höchst merkwürdige und verstörende Weise.

Ich lud sie zu einem Gespräch ein, da ich um die Gefahr, in der sie sich durch ihre Lebensweise befand, wusste. Ich sagte zu ihr: «Du musst dich entscheiden, ob du auf diese Weise weitermachen sollst oder nicht, und Du musst dich von den Freunden, die einen schlechten Einfluss auf dich haben, fernhalten. Sie bringen dich vom rechten Weg ab. Siehst du das nicht?»

Zuerst leistete sie Widerstand. Ich wusste, dass es nicht leicht für sie würde. Ich ging zum Kühlschrank, um eine Flasche Sodawasser zu holen und füllte unsere Gläser. Sie wollte noch immer nicht über ihre Sünden sprechen und war bereit, diese zu leugnen und mir die Unwahrheit zu sagen. Aber in diesem Moment offenbarte mir Gott all das Unrecht, das sie beging, sodass ich sie zur Besserung aufrufen und ihr Ratschläge erteilen konnte. Als ich ihr die Sünden verriet, war sie erschrocken, und die Tränen strömten ihr über die Wangen.

Nach einer Weile hatten wir die Gläser geleert, und als ich sie wieder füllen wollte, sahen wir beide Maden in ihrem Glas! Sie waren auf einmal gekommen – zu Hunderten krochen sie im Soda herum. Wir konnten sie genau sehen, denn das Soda war dunkelfarbig und damit in scharfem Gegensatz zu den weißen Maden. Es war ekelerregend.

Aber ich wusste genau, was passiert war. Es war ein Zeichen. Ich sagte zu ihr: «Weißt du, was das ist? Dies ist eine von Satans Unterschriften. Wenn du ihn aufdeckst, gibt er dir seine Unterschrift, sein Siegel, und Maden sind eine Art seiner Besiegelung. Ich offenbarte dir deine Sünden, aber in Wirklichkeit wurde Satan offenbar. Er hat dir Fallen gestellt, und nun zeigt er auf diese Weise seinen Zorn und seine Rachsucht.» Ich wusste, dass diese Frau jenen Tag nie vergessen würde!

Später hatte ich noch ein Erlebnis, das mir half zu verstehen, wie der Teufel in unserem Leben wirkt, und wie Gott uns von dem Übel errettet. Eine gute Freundin hatte schon lange Zeit

Probleme mit ihren Eltern gehabt. Sie lehnten sie immerzu ab, und sie hatte deren Feindschaft jahrelang zu spüren bekommen. Dieser zwischen ihnen stehende Hass und die Bitterkeit hatten dem Teufel Zutritt zu ihrem Heim verschafft. Meine Freundin wurde schließlich arbeits- und obdachlos. Also lud ich sie ein, bei uns zu wohnen, bis sie wieder auf eigenen Füßen stehen konnte.

Eines Tages nahm ich sie mit auf einen Ausflug, der uns in die Nähe des Hauses ihrer Mutter führte. Ich schlug vor, dass sie ihrer Mutter ein paar Geschenke brächte. Sobald wir in der Stadt, wo die Mutter wohnte, ankamen, rief sie bei ihr an, erhielt jedoch nur eine kalte, abweisende Antwort. Meine Freundin musste sie erst dazu überreden, dass sie ihr die Geschenke zuhause überbringen dürfe. Zuerst hatte die Mutter dieses Ansinnen sogar rundwegs ausgeschlagen, aber schließlich gab sie nach unter der Bedingung, dass die Geschenke an der Tür abgelegt würden, womit sie darauf bestand, sie nicht ins Haus zu lassen.

Also fuhren wir zum Haus der Mutter, parkten an der gegenüberliegenden Straßenseite, und sahen sie vorm Haus auf uns warten. Ich getraute mich nicht, mich ihr zu nähern, denn ich wusste, dass sie weder mich noch die Tochter mochte. Als sie uns bemerkte, hieß sie uns jedoch durch Zeichen herüberzukommen und einzutreten. Ich ging hinein, während meine Freundin hin- und herlief, um die Geschenke zu holen.

Die gute Frau breitete vor mir ihre Sorgen aus, während sie Kaffe zubereitete, und vertraute mir unter anderem an, wie sich ihr Sohn von ihr und ihrem Ehemann distanziert hätte. Ich hörte mir die Familienprobleme geduldig an.

Schließlich saßen wir alle drei an einem kleinen Tisch und tranken gemeinsam Kaffee. Der Tisch befand sich unter einem Fenster, das zum Hof hinaussah, und während sie erzählte, sah ich ganz klar einige Dämonen aus dem Fenster springen und von dem Haus flüchten. Sie sahen alle aus wie hässliche Schimpansen, und sie wussten, dass es Zeit war, den Ort zu verlassen.

Nach dieser Begegnung trat der Friede in dieses Haus ein, und es kam nicht nur zur Versöhnung der Eltern mit ihrer nunmehr wieder geliebten Tochter, sondern sie waren auch dankbar über meine Intervention zur Versöhnung mit der Tochter, und nannten mich «eine zweite Mutter». Der Hass, der Satan Raum gegeben hatte, war nun der Liebe gewichen, die das Zeichen des Wirkens des Heiligen Geistes ist.

Ein andermal sah ich fünf böse Geister einem Mann aufsitzen, der Alkoholiker war. Ich sah den Dämon, der den Mann zum Alkoholiker werden ließ, und dass die anderen vier der Geist des Zorns, des Neids, des Starrsinns und des Stolzes waren. Alle marterten sie ihn und ließen nicht ab von ihm. Ich sah sie auf ihm herumklettern wie Schimpansen, und obwohl er sie verzweifelt wegzujagen versuchte, waren es zu viele für ihn, um alleine mit ihnen fertig zu werden. Hier muss ich dazusagen, dass mir diese Vision gegeben wurde, obwohl dieser Mann in einem anderen Land lebte.

Ich wusste, dass sich diese Person in Gefahr befand, und ich wollte ihn warnen; also rief ich in seinem Büro an. Aber seine Sekretärin sagte mir, er wäre nicht da und ich möchte später wieder anrufen. Ich rief dann jeden Tag an, konnte ihn aber nie erreichen. Nach ein paar Tagen erfuhr ich, dass er ernstlich erkrankt war, hauptsächlich aufgrund seines Alkoholmissbrauchs. Leider verstarb er bald darauf.

Der Teufel hasst das Gebet, und fühlt sich unbehaglich, solange gebetet wird. Dies ist nun die Geschichte einer Teufelsaustreibung, eines Exorzismus.

Es war in Brasilien, wo sich eine Menschenmenge von 26 000 Zuhörern in einem Hallenstadion versammelt hatte, um mein Zeugnis zu hören und gemeinsam mit mir zu beten, und wo sich unter der Menge auch ein Besessener befand. Der anwesende Bischof hat den folgenden Zwischenfall, der sich dabei ereignete, nie mehr vergessen. Sobald ich angefangen hatte, von meinen Erfahrungen mit Gott zu berichten und die Botschaften vorzulesen, begann der Besessene, der recht hoch droben Platz genommen hatte, aus sicherer Position wie aus hundert Lautsprechern zu schreien.

«Ich will nicht mehr Gottes Worte hören! Ich weiß, du kommst von Gott, und ich leide, wenn ich sie höre!»

Er wollte sich schon von dieser großen Höhe hinunterstürzen, da wandte sich die ganze Menschenmenge nach Art charismatischer Christen mit einemmal ihm spontan zu, und wie programmiert hoben sie die Hände ihm entgegen und beteten um seine Befreiung. Der Mann fiel hin, schlug dumpf auf und lag eine Zeitlang wie benommen da. Nach einer Weile – wir beteten noch immer über ihm – stand er auf, ein wenig wacklig auf den Beinen und sah sich verdutzt um, als ob er aus dem Schlaf erwacht wäre, und nach einigen weiteren Minuten erhob er die Arme und pries Gott für Sein Erbarmen und dafür, ihn vom Dämon befreit zu haben. Gebete und Lobpreis halten die Dämonen fern. Der Herr ließ diesen Zwischenfall zu, um uns daran zu erinnern, dass die Teufel existieren, und dass es immer einen Weg gibt, durch Gebet von ihnen befreit zu werden.

Ein andermal ging ich nach sehr erfolgreichen Einkehrtagen in Kolumbien auf eine kleine Schar Teilnehmer zu, die nach dem Mittagessen noch am Tisch sitzen geblieben waren, um mich vor dem Aufbruch zum Flughafen noch zu verabschieden. Als ich mich näherte, stand eine junge Dame aus der Gruppe abrupt auf und wich zurück, und hielt sich dabei die Hände vor das Gesicht. Sie zitterte wie Espenlaub und lief wie schutzsuchend weg in die Ecke des Saals und verbarg noch immer das Gesicht. Ich ging ihr langsam nach zur Ecke, verstand jedoch noch nicht das sonderbare Verhalten und berührte sie sanft an der Schulter. Sie winselte, als ob meine Berührung sie verbrannt hätte, und zitternd vor Angst hockte sie sich so tief wie möglich nach unten im Bemühen nicht gesehen zu werden. Da verstand ich: der Dämon in ihr fürchtete sich vor mir. Ich bedauerte zutiefst, dass ich wegen des gebuchten Abflugtermins nicht bleiben konnte, um über sie zu beten und den Dämon auszutreiben. Daher wandte ich mich an einen charismatischen Freund, der alles mitangesehen hatte, und da ich wusste, dass er schon vorher mit Dämonen zu tun gehabt hatte, ersuchte ich ihn:

«Du weißt wohl, was in so einem Fall zu tun ist, nicht wahr?»

«Ja, ich nehm mich der Sache an.»

Ich war beruhigt und fuhr zum Flughafen. Auf dem Weg dahin, kam mir allerdings etwas in den Sinn: Ich wusste, dass Satan ein Lügner und zugleich auch ein Schauspieler ist. Ich wusste auch um meine Fehler, und dass ich weit von der Heiligkeit entfernt war; wie war es also möglich, dass er sich dermaßen vor mir fürchtete, wie er es gerade bewiesen hatte? Könnte es sein, dass er diese Schau für mich abzog, damit ich mich wichtig und so heilig fühlte, dass es nur einfach meiner Anwesenheit bedurfte, um den Dämon bis zur Weißglut zu reizen? Wollte er mich versuchen, auf dass ich in Stolz und Hochmut verfiele? Letztlich fand ich zu dieser Lösung: er hatte wohl nur so getan, als ob er Angst vor mir hätte…

Gott gab mir diese Botschaft hierzu:

«Heute streifen der Böse und die Dämonen mehr denn je an allen Enden dieser Erde umher und versuchen, euch alle zu täuschen; dabei stellen sie euch Fallen, damit ihr stürzt. Das ist der Grund, weshalb Ich euch bitte, ohne Unterlass zu beten. Lasst nicht zu, dass Mein Widersacher euch schlafend antrifft, seid wachsam in diesen Tagen. Lasst ihn zudem auch keinen freien Raum in euch vorfinden, füllt euch mit Meinem Wort, mit Meiner Liebe, mit Meinem Frieden und mit Meinen Tugenden. Kommt oft zu Mir und empfangt Mich in Reinheit in der kleinen, weißen Hostie[10]*, damit ihr nicht der Versuchung nachgebt. Betet ohne Unterlass! Ich kenne eure Bedürfnisse besser als ihr selbst und sogar schon, ehe ihr Mich bittet; Ich kenne euer Herz. Bei jeder möglichen Gelegenheit stellt euch vor Mich und betet …»*[11]

Gott hat uns eine mächtige Waffe gegeben, mit der wir uns vor dem Teufel schützen können, und diese Waffe ist das Gebet.

Diese Erlebnisse waren ein großes Erwachen für mich, denn ich begann, die Bedeutung der Engelmächte des Guten und des Bösen, sowie auch die der Geisteswelt zu begreifen.

So wie der Verkehr mit dem Heiligen fortschritt, so nahmen auch die Veränderungen hinsichtlich des Wissens und der Liebe zu Gott bei mir merklich immer mehr zu.

10. Die Eucharistie.
11. 5. April 1989.

6 KONFRONTATION

Im Zuge all der staunenswerten Geschehnisse in meinem Leben fing ich an, eine nahegelegene Kirche zu besuchen. Es war eine römisch-katholische Kirche, obwohl ich griechisch-orthodox bin. Aber die katholische Kirche war die nächste zu meiner Wohnung – nur ein paar Häuserblocks entfernt. Nach einigen Tagen bat mich der Engel, ins Priesterseminar auf dem Gelände der Kirche zu gehen und einen amerikanischen Priester, der dort wohnte, aufzusuchen. Ich sollte ihm von meinen übernatürlichen Erlebnissen erzählen und ihm die Botschaften, die ich sorgfältig in einem Notizbuch festgehalten hatte, zeigen.

Es dämmerte bereits, als ich durch den Garten zum Priesterseminar ging. Ich sah einen Mann, der einen Plastikeimer voll mit gewaschener trockener Bekleidung trug. Er schien erstaunt, mich um diese Stunde zu sehen, und fragte, ob ich jemanden suche. «Einen amerikanischen Priester,» erwiderte ich. Er antwortete, dass er bald zurück wäre, und fragte, ob ich in seiner Zelle warten wolle.

Er stellte sich als Pater Karl vor, und während wir zu seiner Zelle gingen, begann ich, ihm von meinen Erlebnissen zu erzählen und zeigte ihm vertrauensselig die Botschaften. Da ich naiv in diesen Dingen war, erwartete ich, dass er sich mit mir darüber freuen würde. Stattdessen stellte er den Kopf schief und senkte ihn, und seine Worte verrieten mir, dass er dachte, ich ginge durch eine psychische Krise oder litt unter Schizophrenie. Er fragte mich, wo mein Mann wäre, und ich sagte ihm, dass er sich eine Zeitlang in Europa aufhielte. Er musste daraus wohl schließen, dass ich darüber, allein in Asien zu sein, so traurig und unglücklich war, dass ich daraufhin den Verstand verloren hatte. Er bat mich, ihm meine Handflächen zu zeigen, und als er sie näher begutachtete, war mir klar, dass er nach Anzeichen von Geistesgestörtheit suchte, wie sie sich in manchen solchen Fällen zeigt. Ich tat ihm leid, und er lud mich ein, ihn jederzeit zu besuchen.

Nach dieser ersten Begegnung, ging ich alle paar Tage zu ihm, entschlossen ihm meine Normalität zu beweisen. Eines Tages fragte er mich: «Würden Sie mir erlauben, diesem Phänomen beizuwohnen, während Sie mit dem Himmel sprechen?» Ich betete schweigend, und sofort spürte ich die Nähe Gottes, wie es Seine Art ist. Da sprach Gott zu mir, und ich hielt meine Hand in Schreibstellung, um Seine Worte zu notieren, aber in diesem Moment ergriff mich der Priester am Handgelenk, um zu sehen, ob er meine Hand am Schreiben hindern könnte. Doch sofort verspürte er eine Art Kribbeln wie von Strom durch seinen Arm fahren, und er zog die Hand schnell zurück, und der Schreck stand ihm ins Gesicht geschrieben. Er sagte nichts und sah mir nur schweigend zu, als ich Gottes Worte empfing.

Später fand ich heraus, dass er zu Pater Jim, dem amerikanischen Priester ging, um ihm darüber zu berichten, insbesondere über das Gefühl wie von kribbelndem Strom, das er den ganzen Nachmittag über noch weiter verspürte. Pater Jim hatte mich oft auf dem Gelände gesehen, und als er von diesem letzten Erlebnis hörte, war er sich des teuflischen Ursprungs sicher. Er sagte zu Pater Karl: «Schau mal, kannst du irgendeine Spur von Heiligkeit an ihr erkennen? Mit Sicherheit nicht! Also kann ihre Erfahrung nicht von Gott kommen. Warum bittest du sie nicht hierher zu mir, und ich kann sie dann einer Prüfung unterziehen.»

Pater Karl sagte mir, dass mich Pater Jim zu sehen wünschte. Da der letztere davon überzeugt war, es hier mit einem Dämon zu tun zu haben, besprengte er sein Zimmer vorher mit Weihwasser, ebenso den Stuhl, auf dem ich Platz nehmen sollte, sowie den Schreibtisch und das Papier und den Stift, den ich verwenden sollte.

Ich ging voll Vertrauen hin, aber als ich ankam, bemerkte ich Pater Jims Nervosität und Unruhe. Er wollte die Prüfung schnell hinter sich bringen, also bat er mich ohne Umschweife, «was auch immer» anzurufen, mit dem ich in Verbindung wäre, und «es» aufzufordern, das «Ehre sei dem Vater und dem Sohne und dem Heiligen Geist» niederzuschreiben.

Ich betete still und bat Gott, meine Hand zu benutzen, und dies in der besonderen Schrift zu schreiben, die Er auch für die Botschaften benutzte. Das tat Er auch, aber mit solcher Kraft, dass der Bleistift entzweibrach und ich es mit einem Füller zuende schreiben musste. Sobald der Bleistift zerbrach, sprang der Priester auf, lief durch die offene Tür hinaus auf den Gang und auf und davon. Er kam dann ziemlich erschüttert und ramponiert zurück und fing an, mir allerlei über Satanskult, böse, dunkle Mächte, Magie, Wahrsagerei und Zauberei zu erzählen, und ließ sich nicht davon abbringen, dass ich mit einem finsteren Geist, der sicher nicht von Gott stamme, in Verbindung wäre.

Er gab Pater Karl und dessen Leichtgläubigkeit die Schuld daran, dass er mir geglaubt hatte. Ich konnte sehen, dass er Angst hatte, aber auch wenn dem so war, so gelang es ihm doch, mich zu verwirren und Zweifel in mir hochkommen zu lassen. Als ich mich zum Gehen wandte, wurde er sehr agressiv und befahl mir, nicht mehr das Gelände der katholischen Kirche zu betreten oder der Messe beizuwohnen, bis ich mit dem Schreiben ganz aufhörte. Er hieß mich auch noch, Pater Karl in Ruhe zu lassen. Starr vor Schreck konnte ich gerade noch erwidern, dass Christus niemals jemanden, der Ihn liebte, abweisen oder demjenigen die Tür weisen würde, der bei Ihm sein wollte.

Wie erschlagen von dieser Begegnung, wo ich so viel Unmenschlichkeit und Härte, aber auch Angst verspürt hatte, ging ich auf dem Rückweg schnell zu Pater Karl in der Meinung, dass er zumindest weniger streng wäre. Ich erzählte ihm, was geschehen war, wobei ich hinzusetzte, dass mir sein Freund die Besuche bei ihm und der Kirche untersagt hatte, wenn ich nicht mit dem Schreiben aufhörte. Er senkte das Haupt und schwieg. Es war klar, dass Pater Karl nicht meine Partei ergreifen würde. Vielleicht war er auch erleichtert, dass er sich nun nicht mehr mit mir und dem komplizierten Sachverhalt befassen musste. Ich verstand, dass ich für sie zum Ärgernis geworden war, zu einer großen Belastung, die ihr geregeltes Leben in bisher ruhig verlaufenden Bahnen durcheinanderbrachte. Ich realisierte, dass ich eine *persona non grata* war.

Vor dem Abschied sagte ich noch zu Pater Karl: «Ja, auch ich weiß, dass der Teufel einen leicht täuschen kann, und dass wir auf der Hut sein müssen, weil er so hinterlistig ist, aber der Teufel würde doch niemals für meine Bekehrung zu Gott und zur Buße und zur Rückkehr zu den Sakramenten der Kirche arbeiten. Wie *könnte* es also der Teufel sein?»

Was für eine Gefahr für Seelen, dachte ich bei mir, sich so von Unwissenheit und Angst vor dem Teufel verleiten zu lassen, dem man damit eher die Ehre erweist als Gott! Jahrelang sollte mir dieser Priester zum Stachel werden, dem später noch andere folgten, so sehr, dass ich ohne Gottes Tröstungen unmöglich auf diesem Wege hätte fortfahren können.

Ich fragte mich: «Wie kommt es, dass sie nicht sehen und Gott dankbar sein können für die Barmherzigkeit und Gnade, die Er den Seinen erweist? Es ist so, als ob Christus im Grab geblieben und niemals auferstanden wäre! Warum wollen sie Ihn lieber tot? Warum begeht man diesen Fehler immer wieder? Wie ist es möglich, dass sie sich so leicht täuschen lassen, dass sie Gottes Werke für satanisch halten?»

«Ihr Mächtigen, wie lange noch schmäht ihr meine Ehre, warum liebt ihr den Schein und sinnt auf Lügen?»[12]

Ich wurde ungehalten und hörte mich Pater Karl anschnauzen: «Ich geh jetzt! Und Sie sehen mich nie wieder hier auf dem Gelände!» Und damit ging ich im Glauben, dass sich die katholische Kirche für mich somit auf immer erledigt hätte. Ich kehrte nach Hause zurück und ging nach oben ins Badezimmer. Da saß

12. Psalm 4,3.

ich und blickte die Wand in der Duschkabine an und weinte mir die Augen aus. Da kam der Engel, um mich zu trösten, trocknete mir die Tränen und wischte mir den Schweiß von der Stirn. Ich klagte Gott mein Leid, wie ein Kind, wenn es von einem Halbstarken geschlagen wurde und zum Vater gerannt kommt, um seinen Schmerz herausweinen. Genauso lief ich zu Gott unserem Vater und klagte:

«Ich bin verwirrt, und meine Seele ist unvorstellbar traurig … ich weiß nicht mehr ein noch aus … Du sagst, dass Du es wirklich und wahrhaftig bist. Und doch machst Du mich auch rat- und hilflos. Ich glaubte Dir, denn Du warst so glaubhaft in Deiner göttlichen Güte. Ich fühle Deine Gegenwart um mich und niemand kann mir weismachen, dass es die Gegenwart des Teufels ist. Du überstrahlst alles um mich herum mit Deiner wohlriechenden Präsenz, also wie könnte es Satan sein? Ich hab nicht nach Dir gesucht, sondern Du hast mich gefunden und mich gerufen. Niemand, und sei es die ganze Welt, hätte mich zu Dir bringen können, so weit war ich innerlich von Dir entfernt. Aber nun kamst *Du* und hast meine Seele mit Freude erfüllt. Mein Herz konnte sich unmöglich täuschen, denn ich spürte so sehr Deine Güte über mir. Du hast mich über und über schwelgerisch mit Deinem Namen wie mit Salböl bedacht. *Du hast mich gesalbt.* Du hast mich erhoben und das Gedächtnis meiner Seele wieder hergestellt.. Aber sieh, gerade der Deine leugnet nun Deine Gnade und sieht darin nur Teufelswerk. Wenn Du es wirklich bist, Herr, dann will ich, dass dieser Priester es eines Tages sieht und zugibt, dass diese Mitteilungen göttlichen Ursprungs sind, und dann werde ich vollkommen überzeugt und im Frieden sein!»

Nur einen Moment herrschte Schweigen und dann sagte Gott einfach in sehr ernstem Ton:

«Ich werde ihn beugen.»

Pater Jim hatte mir drei Gebete für jeden Tag zu sprechen aufgetragen. Diese waren das *Gebet zum Heiligen Erzengel Michael*, das *Memorare* des Heiligen Bernhard und eine Novene zum Heiligen Herzen Jesu. Aufgrund der Vorkommnisse war ich unsicher und im Zweifel, aber irgendetwas in mir sagte mir, ich solle diese drei Gebete beten. Ich wiederholte sie jeden Tag und tat genau, was der Priester von mir verlangt hatte: nicht mehr die Botschaften von Gott anzunehmen und sie auch nicht mehr niederzuschreiben. Ich fühlte mich wie eine Gefangene, der man Hände und Füße gebunden hatte.

Es dauerte jedoch nicht lange, bis ich eines Tages, als ich Notizen aufschrieb, plötzlich die Kraft und Herrlichkeit Gottes mich überkommen fühlte und plötzlich meine Hand ergriffen wurde. Gott war mir wieder nahegekommen, gerade als ich es am wenigsten erwartet hatte. Die Nachricht, die ich hörte, erfüllte mich mit unbeschreiblicher Liebe und innerem Frieden. Ich schrieb folgendes:

«Ich, Gott, liebe dich, Tochter, denke stets daran. Jahweh ist Mein Name.»

Ich hatte gar nicht nach einer Botschaft Ausschau gehalten - es war einfach passiert, als ich einen Bleistift und Papier vor mir hatte. Ich war so gerührt und brach sofort in Tränen aus. Da kam gleich darauf die nächste Botschaft von Gott:

«Ich liebe dich, Vassula, denke immer daran. Ich bin es, der dich führt. Jahwe ist Mein Name.»

Mitten in all der Kritik und Maßregelung war Gott gekommen, um mich in meinem «Gefängnis» aufzusuchen. Es war, als ob die Tür zu meinem Gefängnis plötzlich aufgestoßen würde und ein Strahl himmlischen Lichtes meine Zelle erleuchtete, mich umgab und mein Herz mit Hoffnung erfüllte. Er – Der das ganze Weltall in Seiner Hand hält – hatte Sich Zeit und Mühe genommen, mir Seine Liebe und Zuneigung zu zeigen.

Aber sogar auf Entfernung konnte Pater Jim die übernatürlichen Ereignisse um mich herum nicht ertragen. Er schrieb mir Briefe, in denen er ausführte, dass alles, was mir passiert war, Unsinn wäre. Er meinte, dass ich mich kritisch anschauen sollte, dann wäre mir klar, dass eine solche Gnade niemals einer Person wie mir gegeben würde, denn solche Gnaden seien «würdigen» und verdienten Leuten vorbehalten, wie Mutter Teresa. Irgendwie schien er über sich selbst zu reden. Nach so vielen Jahren des Studiums und der Arbeit für Christus als Priester, warum hatte er nicht solch eine Gnade erfahren? Warum hatte Gott so eine Ehre einer weltlich gesinnten und ehedem nicht gläubigen Person wie mir gewährt? Er blieb dabei, dass die Geschehnisse um mich herum nur diabolischen Ursprungs sein konnten. «Es ist sicher übernatürlich, aber es kommt vom Teufel und gewiss nicht von Gott.»

Eine Zeitlang hatte ein Teil von mir Pater Jim wohl geglaubt, denn nach meiner kontroversen Aussprache mit ihm, wehrte ich Gottes Annäherungsversuche buchstäblich jedes Mal vehement ab. Wenn ich innerlich Gott zu mir sprechen hörte: *«Ich, Jahweh liebe dich,»* tat ich jedesmal so, als ob ich Ihn nicht gehört hätte und schrieb nichts davon nieder. Wenn sich Jesus näherte und sprach: *«Friede, Mein Kind,»* ignorierte ich Ihn, und versuchte, seine Worte ins hinterste Stübchen meines Gehirns zu verfrachten, da ich Angst hatte, dass der Teufel zu mir sprechen würde. Ich wurde sogar recht agressiv. Immer wieder verweigerte ich den Kontakt sowohl mit Gott als auch mit Jesus, und so wäre es wohl länger gegangen, wenn nicht mein Engel Daniel dazwischengetreten wäre.

«Wie hatte ich je glauben können, dass Gott, der Allmächtige mit mir auf so einfache und direkte Weise Kontakt aufnehmen und mit mir sprechen würde?» fragte ich mich selber. In meinem ganzen Leben hatte ich noch nie so etwas gehört. Natürlich hatten in der Bibel Menschen wie Moses, Abraham und die Propheten mit Gott gesprochen, aber was war ich schon im Vergleich zu ihnen? Wie hatte ich jemals glauben können, dass es Gott (höchstpersönlich) wäre? Es musste eine Illusion sein. Also lehnte ich immer wieder den Kontakt sowohl mit Gottvater als auch Jesus ab.

Doch trotz dieser Zweifel und Pater Jims Einwänden vertraute etwas in mir weiterhin meinem Engel Daniel. Er kam eines Tages und sagte mir, dass er eine Nachricht von Jesus für mich hätte. Er bot sich als Kurier an und überbrachte die Botschaft.

Allmählich verflüchtigten sich meine Zweifel und meine Wunden begannen zu heilen, und der Seelenfriede stellte sich wieder bei mir ein. Während mein Engel mich weiterhin besuchte, fertigte er manchmal Zeichnungen für mich an, indem er mir die Hand führte – Bilder von sich und mir, manchmal von Kathedralen, und andere Motive. Dann, am 20. Juni 1986, sagte mir mein Engel, dass er eine weitere Nachricht von Jesus für mich hätte. Ich schrieb die Worte ohne darüber nachzudenken auf, und dann, als ich sie auch schon wieder ausradieren wollte, weil die Worte des Priesters mir noch im Sinn waren, bat mich mein Engel, die Worte nicht auszuradieren sondern zu lesen. Dies war meine erste Mitteilung von Jesus, seit meine Krise begonnen hatte. Sie lautete ganz einfach folgendermaßen: *«Ich, Jesus, liebe dich.»*

Nach und nach überredete mich Mein Engel Daniel, weitere Botschaften anzunehmen. Am 9. Juli 1986 erhielt ich eine Botschaft von Gott, die so hieß:

«Ich habe dich genährt [geistlich]. Ich kam, um dir Nahrung zu geben. Hilf bitte den anderen, indem du auch ihnen diese Nahrung gibst… Hilf ihnen und führe sie zu Mir. Ich habe dir Liebe geschenkt, folge Mir also nach. Ich habe dir Meine Gunst erwiesen, indem Ich dir diese Nahrung gab. Schenke sie auch anderen, damit sie sich daran erfreuen können.»

Trotz der anfänglichen Enttäuschung mit den Priestern am Seminar, hatte ich den Umgang mit ihnen nicht ganz aufgegeben. Jedoch hatte ich nicht mehr über die göttlichen Botschaften mit Pater Jim, demjenigen, der mich so rüde abgekanzelt hatte, gesprochen. Schließlich gestand ich ihm doch, dass ich die Nachrichten weiterhin erhielt. Zu dieser Zeit schrieb ich jedoch die Mitteilungen nicht mehr auf Papierfetzen, sondern in Notizbücher, damit sie der Reihe nach erschienen und nicht verlorengingen. Ich entschloss mich, Pater Jim zu uns nach Hause einzuladen, damit ich ihn davon unterrichten konnte, dass ich noch immer mit Gott sprach. Ihm gefiel nicht, was ich ihm zu sagen hatte, aber ich übergab ihm die Notizbücher, damit er sie bei seiner Rückkehr ins Seminar eingehend studieren konnte. Am Tag darauf sandte er mir einen sehr strengen Brief, in dem er mir auftrug, die Notizbücher sofort zu verbrennen, und meinen hierüber eingeweihten Freunden, die einiges davon gelesen hatten, mitzuteilen, dass sie alles Gelesene vergessen sollten. Ich war noch recht unerfahren in religiösen Angelegenheiten, aber hatte genug gelernt, um den Bösen dahinter zu erkennen.

Als ich meinen Freunden von der Beschränktheit in seiner Denkweise und in seinen Aussagen erzählte, waren sie entsetzt und empört. Er erwartete mich am darauffolgenden Tag im Seminar, um ihn über die Reaktion meiner Freunde zu unterrichten und war recht ungehalten, als er hörte, was ich ihm von ihnen zu berichten hatte. Ich bat ihn, meine Notizbücher zurückzuerstatten. Er sagte mir, dass Gott über mich wohl sehr erzürnt sei, weil ich mich auf solcherlei Täuschung eingelassen hatte. Er war überzeugt davon, dass mich Gott nun einem furchtbaren Schicksal überlassen würde, wobei er noch hinzusetzte, dass Gott Geduld mit mir gehabt hätte, nicht einmal, sondern zweimal, aber dass jetzt, wo ich immer noch nicht hören wollte, der Himmlische Vater mich dem Teufel überlassen würde.

Ich dankte Gott dafür, dass er mir die Gabe der Unterscheidung der Geister gegeben hatte – eine Gabe, die mir in dem Moment sehr nützlich war. Ich war vom Teufel bei vielen Gelegenheiten irregeführt worden, aber diesmal sollte dem nicht so sein. Ich erwiderte auf Pater Jims unfreundlichen Brief, dass sein Gott ganz bestimmt nicht der Meine war. Der Gott, den Pater Jim mir offerierte, war ein grausamer Gott, jähzornig, ungeduldig, unduldsam, dem es an Barmherzigkeit und an Liebe mangelte. Sein Gott vergab einem ein- oder zweimal, und wandte dann den Seelen in ihrer Not den Rücken zu und warf sie in die Hölle, wenn sie nicht aufmerkten; während der Gott, Den ich kannte, Der jeden Tag mit mir redete, ganz Liebe, unendlich geduldig, großzügig und gütig war. Ich erklärte ihm, dass Mein Gott langmütig und voll Erbarmen war, und meine Seele mit Liebe erfüllte. Mein Gott, Der mich jeden Tag in meinem Zimmer besucht – Der gleiche, Den er behandelte als ob er der Teufel oder eine dunkle

Macht wäre – umgibt meine Seele mit Frieden, Trost und Hoffnung. Mein Gott, so fuhr ich fort, nährt meinen Geist und baut meinen Glauben an Ihn auf, bis heute. Mein Gott lehrt mich geistige Dinge und offenbart mir die Reichtümer Seines Herzens. Er ist ganz Vergebung; Er vergibt jegliches Verbrechen, wenn wir bereuen. Dies hat er dazu zu sagen:

«Ich will euch wegen eurer Sünden keine Vorwürfe machen, Ich vergebe euch jetzt. Ich will euch nicht die Türe vor der Nase zuschlagen; Ich sage euch wahrheitsgemäß, dass Ich Millionen Mal vergeben kann, und mit offenen Armen stehe Ich vor euch und bitte euch, zu Mir zu kommen und diese Liebe zu fühlen, die ich euch zu geben habe… kommt alle, die ihr Mich meidet und Mich fürchtet, ihr alle, die ihr Mich nicht kennt; kommt näher zu Mir, dann werdet ihr verstehen, dass ich ein Gott voll Liebe, voll Mitleid und voll Erbarmen bin …»[13]

Pater Jim blieb jedoch unnachgiebig und bat mich, mit dem Schreiben aufzuhören, zumindest ein paar Tage lang, um zu sehen, was geschehen würde. Dem kam ich nach, aber zugleich betete ich auch um eine klare Botschaft von Gott betreffend meiner Situation. Als Antwort erhielt ich:

«Ich, Jahwe führe dich.»

Das war alles.

Nach drei oder vier Monaten dieses Hickhacks mit Pater Jim, wurden mein Mann und ich mit Pater Karl näher bekannt, der des öfteren nun zu uns nach Hause zum Essen kam. Er verstand nach und nach, dass ich nicht unter Sinnestäuschungen oder Wahnvorstellungen litt, und dass ich auch kein Interesse hatte, Geschichten zu erfinden. Er überraschte mich eines Tages sogar damit, dass er meinte, dass meine Eingebungen sehr wohl von Gott sein könnten. Als er zu dieser Erkenntnis gekommen war, wollte er dann doch seine Anschauungen Pater Jim, dem amerikanischen Priester, mitteilen.

Nachdem die beiden Priester die Angelegenheit wieder unter sich besprochen hatten, rieten sie mir, einen Ort in Bangladesch,

13. 18. März 1987.

namens Diang aufzusuchen. Sie erklärten mir, wie man diesen abgelegenen Ort erreichen konnte, wo ein katholischer Einsiedler, Pater Dujarrier wohnte, den ich konsultieren sollte. Er war für seine besonderen Charismen bekannt, besonders für die Gabe der Unterscheidung der Geister. Dies würde keine leichte Reise sein, denn zuerst musste ich nach Chittagong fliegen, dann mit dem Kanu den Fluss überqueren, um nach Diang zu gelangen, um ihren Anleitungen nach schließlich den Einsiedler aufzusuchen. Ich konnte mir nicht vorstellen, alleine dahin zu fahren, also erzählte ich alles meiner Freundin Beatrice, und sie bot an, mich auf der Reise zu begleiten.

Nachdem wir in Chittagong gelandet waren, fanden wir einen Rikscha-Fahrer, der uns an den Fluss zu bringen gewillt war. Dort machten wir ein Kanu ausfindig, dessen Besitzer wir um die Überfahrt ersuchten. Zum Glück kannte der Kanufahrer den Fluss und konnte durch seine Wendigkeit die allzu starken Strömungen geschickt umfahren. Es war eine ziemlich aufregende Überquerung.

Als wir an Land kamen, mussten wir uns beeilen, um uns nicht im Busch bei hereinbrechender Nacht allein vorzufinden. Wir sahen eine Rikscha und baten den dazugehörigen Mann, uns zur katholischen Kirche zu fahren. Er lehnte ab und meinte, es gäbe keine Straße, nur einen Pfad, der durch die Regenfälle ziemlich beeinträchtigt war. Wir baten ihn inständig, und endlich sagte er zu, dass er uns so weit wie die Rikscha fahren konnte, transportieren würde, jedoch keinesfalls weiter; dann müssten wir eben zu Fuß weiter. Wir saßen auf und ab ging es; aber nach einer Weile auf diesem holprigen Weg hielt er an und sagte, dass wir den Rest zu Fuß gehen müssten. Wir gingen schnell, denn es dämmerte bereits. Nach ca. zwanzig Minuten kamen wir zu stehen, denn vor uns gabelte sich der Pfad. Wir konnten es nicht glauben. «Was nun? Wie sollen wir weiter?»

Wir entschieden uns für den linken Pfad und hofften das Beste. Inzwischen war der Abend hereingebrochen, und rund um uns schwirrten die Moskitos immer scharenweiser. Ich sagte zu Beatrice: «Wenn dieser Pfad nicht der richtige ist, bekommen wir mächtig Ärger.»

Gott war jedoch mit uns, und wir fanden schließlich zu unserer Erleichterung ein Bauwerk im Busch, wo ein paar Priester wohnten, wie man uns erzählt hatte. Wir gingen geradewegs hinein und trafen einen Priester an, dem die Überraschung, uns zu sehen, im Gesicht abzulesen war. Wir erklärten, dass wir auf der Suche nach Pater Dujarrier waren.

Er bot uns Erfrischungen an und sagte uns, dass Pater Dujarrier nicht hier wohnte, sondern ein paar Minuten Fußwegs weiter in einer kleineren Unterkunft. Er riet uns, sofort aufzubrechen, bevor es völlig dunkel würde. Wir beeilten uns und gingen zügig wieder durch den Busch den Pfad entlang, der zu Pater Dujarriers Behausung führte. Es war eine armselige baufällige Hütte, und wir klopften schnell an die schäbige Tür.

Pater Dujarrier öffnete, und damit kam ein großgewachsener, dünner Mann zum Vorschein. Wir brachten unser Begehr, mit ihm zu sprechen vor, und dass wir einen Schlafplatz brauchten. Er führte uns in einen Raum, wo bloß zwei ganz einfache Bettgestelle standen, die mehr nach Pritschen als nach Betten ausschauten. Es gab außerdem noch zwei dünne zusammengerollte Matratzen, von ungefähr 2,5 cm Dicke. Was machte das schon jetzt, wo wir ihn zum Glück gefunden hatten! Er sagte: «Stellt die Taschen ab und kommt ins Esszimmer, um mit mir einen Imbiss zu nehmen.»

Wir folgten ihm ins «Esszimmer», wie er es nannte. Es gab weder Tisch noch Stühle, nur einfach einen leeren Platz mit ein paar Strohmatten auf dem Fußboden aus Zement. Eine einheimische Bedienstete kam barfuß herein mit einem Blechgefäß und drei Aluminiumtellern, die sie vor uns auf die Strohmatten stellte. Pater Dujarrier hatte die Gewohnheit der armen Leute übernommen, die ihr Essen auf den Boden stellten und mit den Händen aßen.

Nach dem Abendbrot verbrachten Beatrice und ich eine ruhelose Nacht, da wir bemerkten, dass es in unserem Zimmer riesige Spinnen auf den verschlissenen Vorhängen wohnten. Sie hatten genug Futter, denn die Moskitos schwirrten in wogenförmig auftretenden Scharen herum. Wir behielten sie im Blick, bis wir schließlich einschliefen. Als das Tageslicht anbrach, konnten wir sehen, dass die dunkelgrünen Wände in dem kleinen Badezimmer mit riesigen Spinnen buchstäblich gepflastert waren. Wir hatten sie im trüben Licht während der Nacht nicht einmal bemerkt! Das war dann doch zuviel!

An jenem Morgen berichtete ich dem Eremiten alle meine Erlebnisse, und zeigte ihm die Botschaften, die ich empfing. Er studierte sie eingehend, und nach einer Weile sah er auf und meinte: «Sie kommen vom Herzen Jesu. Sie haben eine Gabe erhalten, und Sie dürfen den Anruf Gottes nicht ablehnen. Er möchte uns etwas sagen.»

«Also ist es übernatürlicher und göttlicher Herkunft?» fragte ich.

«Jawohl, das ist es; seien Sie Ihrer Berufung treu,» erwiderte er.

Diese Worte genügten, meine Wunden zu heilen. Sie wirkten auf mich wie wohltuender Balsam.

Uns war leichter ums Herz, als wir nach dem Fluss gingen, der ersten Etappe auf dem Heimweg. Wir wurden bald sehr hungrig, aber es gab hier rein gar nichts, das nach einem Restaurant aussah. Nachdem wir den Fluss überquert hatten, rochen wir allerdings Essen in der Luft. Wir folgten dem Geruch, und fanden einen Mann, der in einem großen Kessel unter seinem Karren Samosas, indische mit Gemüse und Gewürzen oder Fleisch gefüllte Teigtaschen, zubereitete. Ein paar Einheimische saßen an verschiedenen Tischen auf dem kleinen Platz und genossen das schmackhafte Essen. Als sie uns zwei Europäerinnen Samosas kaufen sahen, machten die uns zunächst Sitzenden sogleich Platz, sodass wir uns setzen konnten. Wir hatten somit einen Tisch für uns allein, aber als Beatrice die Kamera herausnahm, scharten sich die Einheimischen gleich um uns herum, damit wir von ihnen ein Foto zu aller Ergötzung machen konnten.

Sobald ich zu Hause in Dhaka angekommen war, eilte ich zum nächsten Treffen mit Pater Jim und Pater Karl, um ihnen zu berichten, zu welcher Erkenntnis Pater Dujarrier gelangt war. Sie hörten mir aufmerksam zu, und ich sah, dass sie die Worte des Einsiedlers wertschätzten. Sie schienen beide erleichtert und von da an änderte sich ihre Einstellung zu mir. Nach einiger Zeit glaubte mir Pater Karl sogar vollkommen und sagte: «Sie haben eine Gabe von Gott, aber Sie tun mir leid!»

Ich fragte ihn, warum ich ihm leidtäte, und er erwiderte: «Weil wenn Gott es ist, Der zu Ihnen spricht, wird Er viele schwere Dinge von Ihnen verlangen; schwierige Dinge. Er wird Sie bitten, das meiste von dem, was Ihnen gefällt, was nicht zu Ihm gehört, aufzugeben, und es wird nicht leicht für Sie sein. Sie werden viel zu kämpfen haben und werden, wenn's ums Verleumden geht, nicht ungeschoren davonkommen. Er wird Sie als Sein Werkzeug benutzen, und Sie werden keine Ruhe haben. Sie werden verfolgt und verstoßen wie alle, die die Gabe der Prophetie und Offenbarung empfingen. Sie haben Glück, in unserer Zeit und nicht in der Vergangenheit zu leben, wo die Inquisition die Macht hatte, solche Leute wie Sie auf dem Scheiterhaufen zu verbrennen und sie Ketzer und Hexen nannten. Aber das *ist* das Zeichen, dass Gott mit Ihnen ist. Sie werden nicht geschont werden; Sie sind keine Ausnahme; doch Gott wird durch Sie triumphieren und verherrlicht werden. Zumindest das kann Ihnen ein Trost sein, dass dies die Art ist wie Er Seine Freunde behandelt. Also sollten Sie es vielleicht von der positiven Seite sehen, dass Gott Sie niemals im Stich lässt und Ihnen immer zur Seite ist. Gott wird immer mit Ihnen sein.»

Seine Worte hätten nicht prophetischer sein können.

Als ich dann eines Tages Ölbilder malte, spürte ich plötzlich Gottes wiederholtes, drängendes Rufen. Ich warf den Pinsel weg, und lief in das Zimmer, wo das Notizbuch mit den Botschaften lag. Es war Jesus. Er erschien als König, majestätisch und machtvoll, der König der Könige, und nichts weniger. Mit einem Lächeln lud er mich ein, Seine Botschaft niederzuschreiben. Aber was ich jetzt hörte, war nicht, was ich erwartet hätte.

7 DIE MISSION

Jesus fragte mich: «*Sag mir, welches Haus ist wichtiger, dein Haus oder Mein Haus?*»

Ohne zu zögern antwortete ich: «Dein Haus, Herr.»

«*Belebe Mein Haus, verschönere Mein Haus und vereine Mein Haus.*»

Ich hatte keine Ahnung, dass das Haus des Herrn – die Kirche – geteilt war. Ich hatte immer geglaubt, dass die Kirche nur eine einzige wäre, und nur die staatliche Zugehörigkeit wechselte.

Ich war erschrocken, als ich das hörte, und beinahe winselnd wand ich ein: «Aber wie denn? Ich kann doch nichts!»

«*Bleibe nichts, denn in deiner Nichtigkeit werde Ich Meine Macht zeigen, Meine Autorität, und dass ICH BIN. Stirb dir selbst und deinem Ego ab und erlaube Meinem Heiligen Geist, in dir zu atmen, erlaube Mir, dich so zu formen und zu modellieren, wie Ich dich haben will.*»

Wie betäubt fragte ich den Herrn: «Was kann ich schon tun? Warum hast Du mich erwählt, die ich doch nichts vermag?»

«*Wusstest du nicht, dass Armseligkeit Mich anzieht?*»

Er setzte noch hinzu:

«Durch deine Erbärmlichkeit werde Ich der Welt Mein Erbarmen zeigen. Komm erfreue Mich; Kinder sind Meine Schwäche, denn sie erlauben Mir, sie zu formen!»

Diese Begegnungen der täglichen Belehrung bereiteten mir eine Zeitlang große Freude und Gnade. Nicht nur war es, als ob ich Jesu Privatschülerin unter Seiner Aufsicht wäre, sondern auch wie wenn ich mich in einer Art geistiger Flitterwochen befände; eine Art Brautwerbung. Es gab nur den Schöpfer und mich; wir waren ganz unter uns. Jedes Wort, das Er zu mir sprach, war Poesie, Religion und Tugendhaftigkeit. Mein Herz war bereit, alles für Ihn zu tun.

Da stellte mir Jesus eines Tages in diesem seligen Freudentaumel eine alles entscheidende Frage; eine Frage, die mir den Boden unter den Füßen wegzog. Furcht bemächtigte sich meiner auf einmal, und ich ließ diese Seine Worte nicht zur Niederschrift werden, als ich sie wie das Übrige der Unterhaltung wahrnahm. Ich hob den Stift und weigerte mich aufzuschreiben, was Er gefragt hatte. Mein plötzliches Misstrauen enttäuschte Ihn, das war offensichtlich im Klang Seiner Stimme, als Er sagte:

«Ich kann in dir wohnen trotz deiner erschreckenden Schwachheit.»

Jesus hatte mich gefragt:

«Bist du bereit, Mir zu dienen? Solltest du Mir dienen, so würde ich in dir nichts als Passion offenbaren.»[14]

Ich wiederholte: «Passion?» ohne zu verstehen; worauf Er sagte:

«Ja, Passion wird...» Da hob ich die Hand vom Notizbuch, da ich nicht schreiben wollte, was als Nächstes kam, obwohl ich alles ganz genau gehört hatte.

Ich sah wohl, dass ich den Herrn enttäuscht hatte, was mich wiederum auch traurig machte, aber ich hatte Angst vor dem Unbekannten. Ich hatte Angst, dass Er mir sagen würde, ich solle zusammenpacken und das Haus verlassen und das Karmelitenkloster oder dergleichen aufsuchen, um dort eine Nonne zu werden.

Ich verbrachte die ganze Nacht damit, über das nachzudenken, was Jesus mich gefragt hatte. Ich erinnerte mich an meine Vergangenheit, und wie Er mir mein sündiges Leben gezeigt hatte, damit ich in Zukunft nicht mehr sündige. Bevor ich dem Herrn begegnete, gehörte ich zum Stamm der Dunkelheit und der Täuschung, aber nun hatte Er mich ins Reich des Lichtes und der Wahrheit geführt; also wovor sollte ich mich fürchten?

14. 23. Mai 1987.

Ich entschloss mich daher, in blindem Vertrauen vorwärts zu gehen, mich Gottes Willen zu ergeben, und mich in eine Welt des Geistes zu stürzen, die mir noch recht unbekannt war. Wie ich später aus der Heiligen Schrift erfahren sollte: «Ist Gott für uns, wer ist dann gegen uns?»[15]

Nachdem ich die ganze Nacht über die Lage nachgedacht hatte, kam ich am nächsten Tag zurück zu Jesus und drehte die Frage um:

«Willst Du, dass ich Dir diene?»

Augenblicklich spürte ich Seine Freude, und bebend vor lauter Gefühl erwiderte Er:

«Ja! Das möchte Ich sehr! Vassula, komm, Ich werde dir zeigen, wie und wo du Mir dienen kannst…»

«Arbeite und diene Mir so wie jetzt; sei wie du bist. Ich brauche Diener, die Mir dort dienen können, wo die Liebe am nötigsten gebraucht wird. Arbeite daher hart, denn wo du bist, bist du mitten im Bösen unter den Ungläubigen, du befindest dich in den abscheulichen Tiefen der Sünde, du wirst deinem Gott dort dienen, wo die Finsternis regiert, du wirst keine Ruhe haben. Du wirst Mir dort dienen, wo alles Gute in Böses verdreht wird.»

«Diene Mir mitten unter der Erbärmlichkeit, inmitten der Gottlosigkeit und den Freveln der Welt. Diene Mir unter Gottlosen Menschen, unter denen, die sich über Mich lustig machen, unter denen, die Mein Herz durchbohren; diene Mir unter denen, die Mich geißeln, unter denen, die Mich verurteilen; diene Mir unter denen, die Mich erneut kreuzigen und Mich anspucken.»

«O Vassula, wie sehr leide Ich! Komm und tröste Mich… mühe Dich und leide mit Mir, teile Mein Kreuz mit Mir …»[16]

Während mir Christus ausrichtete, wie und wo ich Ihm dienen sollte, nahm auch die Geschwindigkeit der mir mitgeteilten Gefühlsbezeugungen zu, und Er wurde immer aufgebrachter. Sein Kummer entging mir nicht. Dann gab mir Christus einen

15. Römer 8,31.
16. 24. Mai 1987.

ganzen Monat lang Visionen Seines Kreuzes. Wo immer ich den Blick hinwandte, sah ich ein großes, braunes Kreuz. Es war von dunkelbraunem Holz in der Größe einer Tür etwa. Wenn ich die Augen vom Teller, aus dem ich aß, erhob, erblickte ich dieses Kreuz. Wenn ich im Bett lag und durch das Moskitonetz aufschaute, sah ich es hinter dem Netz. Diese Vision bedeutete, dass meine Sendung schwierig sein würde, und dies dauerte mit Unterbrechungen einen Monat lang.

Dann gab mir der Herr eines Tages eine Vision.[17] Ich sah drei große Eisenstangen nebeneinanderstehen. Ich erschrak über die Vision. Wenn dir der Herr eine Vision vermittels des Intellekts sendet, lässt Er dich nicht im Zweifel darüber, was es bedeutet. Ich verstand also, was Jesus mir zeigen wollte. Diese drei Eisenstangen bedeuteten die römisch-katholische, die evangelische und die orthodoxe Kirche – die drei Zweige der Christenheit. Gleichzeitig gab mir der Herr zu verstehen, dass Er über ihre individuellen Probleme zu mir sprechen wollte.

«Oh nein!» wehrte ich aufstöhnend ab. Ich wollte nichts von den Problemen der Kirche hören! «Wenn sie Mist gebaut haben, ist das deren Problem, nicht meins.» Von neuem weigerte ich mich zu hören, was Gott mir sagen wollte.

Aber die Vision mit den drei Eisenstangen ging mir nicht aus dem Kopf. Sie blieb da und verfolgte mich. Da packte ich schließlich, ohne etwas zu sagen, meine Geldbörse, lief zu meinem Wagen und fuhr mit größtmöglicher Geschwindigkeit schleunigst davon, als ob jemand hinter mir her wäre. Ich fuhr wie eine Verrückte zum großen Dhaka Freiluft-Markt.

Ja! Das war der beste Ort, um auf andere Gedanken zu kommen. Dort herrscht ein unglaublich geschäftiges, lautes Treiben, mit Hunderten von feilschenden Käufern; nachlaufenden Bettlern, die einem an den Kleidern rütteln, Verkäufern, die einem schreiend die Ware anpreisen; ohrenbetäubender Verkehr von Rickschas, Bussen, Autos, Lastwagen und deren unaufhörlichem

17. 2. Juni 1987.

Hupen; Hühner, die einem zwischen die Füße laufen und Ziegenherden, die zwischen den Menschen frei herumstreunen; der Schmutz am Erdboden, der Gestank von Staub in der Luft vermischt mit dem Aroma von allerlei Gewürzen; die Hitze und hohe Luftfeuchtigkeit taten das ihre dazu. All das würde mich wunderbar ablenken – so dachte ich zumindest. Aber trotz all dem verließ mich die Vision von den drei Eisenstäben nicht, sondern blieb mir vor Augen.

Hoch über dem Lärm des Markts hörte ich plötzlich eine Stimme tief in mir drinnen, die mich laut rief:

«Schülerin!»

Und dann wieder:

«Steh auf, du bist gefallen! Geh zurück und zeichne für Mich die drei Eisenstangen.»

Ich seufzte, da ich merkte, dass ein Davonlaufen zwecklos war; ich hatte mich nun einmal in Gottes Hände fallen gelassen. Daher fuhr ich heim, und tat genau, was der Herr mir befohlen hatte. Dann sagte Er:

«Um euch zu vereinen, müsst ihr euch alle neigen, ihr müsst alle gewillt sein, euch zu beugen, indem ihr weich werdet. Wie könnten ihre Häupter (die kirchlichen Autoritäten) zusammenkommen, wenn sie sich nicht alle beugen?»

Ich hatte verstanden und erwiderte: «Ich habe Angst vor dieser Arbeit.»

«Gib deine Angst auf und höre Mir zu; diene deinem Gott. Ich möchte Meine Kirche vereinen!» befahl Er.

Ich fühlte mich hilflos: «Wie?»

Plötzlich hörte ich Satan wüstest aufheulen und in Höllenpein schreien: «Neiiin...!» Es war, als ob das Höllenfeuer zugenommen hätte und ihn mehr als jemals zuvor versengte. Der Herr hörte nicht darauf, sondern sprach:

«Ich werde dich unterrichten, dich formen und dich einsetzen, stirb also dir selbst ab und erlaube Meinem Heiligen Geist in dir zu atmen. Tue dein Bestes und Ich tue den Rest. Die Vereinigung Meiner Kirche

wird zum Ruhm Meines Leibes führen. Sei in Meinem Frieden und vertraue Mir. Lerne es, mit Mir zu gehen.»

Ich vernahm die Worte, und ich schrieb sie nieder, aber ich war noch immer verwirrt. Wie konnte ich mich auch nur ansatzweise mit innerkirchlichen Angelegenheiten beschäftigen? Ich war doch kein Leiter in der Kirche, und bis vor kurzem war ich sogar nicht in die Kirche gegangen! Und nun sollte ich ihnen erklären, wie man deren Probleme löst? Gott hat wahrhaft Sinn für Humor. Aber mir war nicht zum Lachen zumute!

Nach einigen Tagen rief mich mein Engel und sagte zu meiner großen Überraschung:

«Du wirst in die Schweiz ziehen, wo du Gottes Saat säen wirst.»

Diesen Satz musste ich in riesig-großen Blockbuchstaben schreiben. Aber die Schweiz stand für meinen Mann jenseits aller Möglichkeiten, was einen Arbeitseinsatz betraf. Sein Arbeitsbereich waren immer die Entwicklungsländer gewesen. Also wollte ich zuerst einmal abwarten, ohne meinem Mann etwas davon zu sagen. Zwei Wochen später kam mir mein Mann doch tatsächlich mit der Nachricht entgegen: «Würdest du in die Schweiz gehen wollen? Die Weltnaturschutzunion hat mich gebeten, für sie zu arbeiten.»

«Du wirst mir nicht glauben, wenn ich dir das zeige,» sagte ich ihm hierauf. Hocherfreut lief ich, die Botschaft meines Schutzengels zu holen, um sie Per zu zeigen. Er las die Voraussage und blickte auf's Datum der Botschaft. Da war er genauso verblüfft wie ich.

«Also schickt uns Gott ins Zentrum Europas, damit ich dort mit meiner Berufung beginne,» dachte ich mir im Stillen.

Während der Vorbereitungen für den Umzug arbeiteten die Packer immer bei offenem Gartentor. Als sie gerade mit der Arbeit fast fertig waren und die letzten Gegenstände einpackten, ergriff ein Einbrecher die Gelegenheit, unbemerkt durch die weit geöffnete Eingangstür zu spazieren und das Haus zu betreten.

Ich war nach oben ins Schlafzimmer gegangen, um ein paar Kleidungsstücke zu holen, da sah ich diesen Eindringling vor mir stehen. Er schien starr vor Schreck, als er mich erblickte.

«Wer sind Sie, und was machen Sie hier?»

Er antwortete nicht, und als ich merkte, dass es sich nicht um einen der Packer handelte, schrie ich ihn an, dass er sofort verschwinden solle. Darauf rannte er die Treppe hinunter, während ich ihm nachrief: «Ein Dieb ist da! Haltet den Dieb!»

Die Packer waren durch meine gellenden Schreie aufmerksam geworden und konnten ihn festhalten und fingen an, brutal auf ihn einzuschlagen; einer von ihnen ging so weit, ihn mit einer Stange windelweich zu prügeln. Ich dachte schon, sie würden ihn umbringen, also befahl ich ihnen, aufzuhören und ihn laufen zu lassen.

Ich spürte jemanden neben mir, und als ich mich umdrehte, sah ich Jesus uns beobachten. Er sagte:

«Siehst du? Niemand hat damit gerechnet, dass er kommt. Auf diese Weise werde auch Ich kommen. Ich werde zu euch kommen wie ein Dieb. Bleibt also wachsam.»

Mit diesen Worten verschwand Er.

Am darauffolgenden Tag jedoch kam Er wieder, und da geschah noch etwas Bemerkenswertes. Die Tore waren wieder weit offen, da die Arbeiter noch immer bei uns im Einsatz waren, und ich sah meinen kleinen Hund, einen Pudel, in Richtung Tor und weiter auf die Straße rennen. Ich bekam große Angst und stürzte mich auf ihn, um ihn zu fassen, bevor er vom rücksichtslosen Verkehr überrollt worden wäre. In diesem Moment hörte ich Jesus sagen:

«Siehst du, wie sehr du um deinen Hund gefürchtet hast und gerannt bist, um ihn zu retten? Meine Furcht, Seelen zu verlieren, ist um vieles größer. Um wieviel größer ist Meine Besorgnis um euch, euch vor den Todesgefahren zu erretten!»

Er meinte damit die Gefahr, in der sich die Seele befindet, auf immer verlorenzugehen.

Die Packer waren schließlich weg, das Haus wurde abgeschlossen, und wir waren im Begriff, Dhaka zu verlassen. Ich hatte mir ein paar Gegenstände im Haushalt zur Seite gelegt, weil ich sie vor der Abreise noch der Kirche bringen und mich von den Priestern verabschieden wollte. Ich erblickte Pater Jim im Garten vor der Kirche und ging mit den Geschenken zu ihm. Darunter befand sich eine schöne Öllaterne, und in einer plötzlichen Eingebung überreichte ich sie ihm persönlich. Als ich wegfuhr, sah ich im Rückspiegel, wie er im Kreis ging und gedankenverloren auf die Laterne in seiner Hand schaute.

Vielleicht hatten meine letzten Worte unbeabsichtigt einen Eindruck auf ihn gemacht . Als ich ihm die Laterne übergab, hatte ich gesagt:

«Hier nehmen Sie und behalten Sie die Laterne. Sie wird Ihnen nützlich sein und Ihnen Licht spenden, wenn Sie im Dunkeln sind.»

Ich hatte damit eigentlich gemeint, dass sie ihm wohl nützlich wäre, wenn der Strom ausging, wie es manchmal der Fall war. Aber diese Bemerkung stellte sich für ihn als symbolhaft heraus, obwohl ich ihn eine Zeitlang nicht sehen sollte.

Nach einem knappen Monat zogen wir aus unserem Haus aus und waren auf dem Weg in die Schweiz. Es war eine günstige Gelegenheit, von Bangladesch zurück nach Europa zu ziehen. Damit schloss sich für mich auch gleichsam der Kreis, denn es war wie zu Hause ankommen, zumal wir noch dazu eine Wohnung in der gleichen Straße fanden, wo ich mit meinen Eltern gewohnt hatte, als wir anfangs nach Lausanne kamen.

Als ich mich erst einmal wieder in Europa eingewöhnt hatte, war ich nun in einer günstigeren Ausgangsposition, um die von mir empfangenen Botschaften bekanntzumachen. Mit der Zeit bezogen sich die Botschaften mehr und mehr auf die Einheit der Kirche. Jesus verriet mir nicht gleich alles auf einmal. Meine spirituelle Reise vollzog sich in Phasen: jede Phase vielschichtiger und schwieriger als die vorige.

Eines Tages kam Jesus und erklärte mir in leidendem Tonfall, dass die Lanze, die ihm bei der Kreuzigung die Seite durchbohrte, auf heute übertragen die Teilung der Kirche sei. Er sagte, dass Seine Bevollmächtigten, die nur widerwillig die Versöhnung und Wiedervereinigung betreiben, es seien, die Seinen Körper verstümmelten. Er sagte, dass die Spitze des Speers noch immer tief in Seinem Körper stecke.

«Mein Leib schmerzt - direkt in der Mitte Meines Herzens sitzt das Lanzenblatt...»[18]

Am 26. Juli 1988 sagte der Herr:

«Meine Kirche ist grausam verwundet worden... und in kurzer Zeit werden Ecclesias Grundmauern erschüttert werden. Darauf wird die Austilgung all derer erfolgen, die ihre Wunden verursacht und sich in Meinem Lieb angesammelt haben mit der Absicht, Ihm zu schaden.»

Ich brauchte einige Zeit, um die Metapher der Lanze zu verstehen. Er sagte, dass Er mir die Spitze des Speeres zeigen würde, was bedeutete, dass Er mir zeigen würde, wie die Anhänger der Kirche gespalten sind und nur ungern ihre Eigenliebe aufgeben, um sich zu versöhnen. Christus offenbarte mir, dass einige Beteiligte am Prozess des Dialogs nur so taten, als ob sie für die Einheit arbeiteten, es in Wirklichkeit aber nicht taten. Diejenigen die sich Christi Willen entgegenstellten, waren die Spitze der Lanze und verwundeten Jesu Herz; sie waren die Dornen in Seinem mystischen Leib, der die Kirche ist.

Von da an bat mich Jesus von Zeit zu Zeit, die Dornen und die Speerspitze aus Seinem Körper herauszuziehen und Seine Kirche zusammenzubringen.

Christus gab mir auch zu verstehen, dass die Einheit der Kirche letztlich erreicht werden wird, doch die Frage ist: wird es durch unsere freiwillige Mitarbeit geschehen oder durch ein Strafgericht?

---

18. 29. März 1988.

«Seid ihr bereit, euch in Demut und Liebe zu beugen und euch zu versöhnen und zu vereinen? Wollt ihr dies unter Friedensbedingungen tun oder muss es durch Feuer geschehen?»

Christus will uns damit sagen, dass Er uns trotz unserer Verschiedenheiten geeint haben möchte: *Einheit in Verschiedenheit.* Durch diese Einheit wird der Leib Christi gesunden, zu Kräften kommen und heil werden, und das Gebet des Herrn zum Vater wird damit erfüllt:

«Alle sollen eins sein:, wie du, Vater, in mir bist und ich in dir bin, sollen auch sie in uns sein, damit die Welt glaubt, dass Du mich gesandt hast.» [19]

Ich würde also bis zum Papst hinauf gehen müssen und auch zu den Oberhäuptern der anderen Kirchen, um ihnen die Botschaften Jesu Christi zu überbringen, die ihnen den Schlüssel zur Einheit geben. Aber ich fragte mich immer wieder: «Wie um alles in der Welt sollte es mir gelingen, an sie heranzukommen? Werden sie mich überhaupt anhören – eine "niemand", die behauptet, dass Gott zu ihr spricht?»

Ich wusste, dass aus ihrem Blickwinkel es einfach zu viel wäre, mir zu glauben ohne eine gründliche Untersuchung. Mir war auch sehr wohl bewusst, dass es nicht ohne Kampf abgehen würde. Von da an fanden auch regelmäßig Versuche statt, meinen guten Namen, diese Mission und meine Glaubwürdigkeit in den Schmutz zu ziehen, – durch gezielte Unterstellungen und üble Nachrede, zahllose Verleumdungen, Verbalattacken, Todesdrohungen und endlose Anfeindungen von Seiten des Klerus – einige behaupteten sogar, dass ich ein Ausserirdischer aus einem UFO wäre. Andere behaupteten, ich würde Millionen Dollar verdienen; wieder andere, dass ich mich in Limousinen herumchauffieren ließe und Luxusfahrzeuge besäße. Aber das Schlimmste ist: dass ich eine Art Anführerin eines fremden Kults wäre, die die Leute zwinge, die Botschaften, die ich von Gott erhielte, zu lesen. Der Herr warnte mich am 23. April 1987:

19. Johannes 17,21-23.

«Deine Seele wird der Gottlosigkeit, der Gleichgültigkeit, den Tiefen der Frevel und den schändlichen Abgründen der Sünden dieser Welt ausgesetzt werden. Wie eine darüber hinweg fliegende Taube wirst du die Welt beobachten und mit Bitterkeit alle Taten wahrnehmen. Du wirst Mein Opfer sein, du wirst Meine Zielscheibe sein; wie Jäger ihr Wild jagen, so werden sie dich jagen, ihre Waffen hervorholen und dir nachstellen. Sie werden einen hohen Preis aussetzen für den, der dich vernichtet.»

Ich zitterte und fragte im Flüsterton: «Herr! Was wird mit mir geschehen?

Der Herr antwortete majestätisch:

«Ich will dir folgendes sagen, Tochter, nichts davon wird vergebens sein; die Schatten auf der Erde verblassen und vergehen, Staub wird immer mit den ersten Regentropfen hinweg gewaschen, doch deine Seele wird nie vergehen.»

Also jetzt fängt alles an; die Arbeit für die Einheit beginnt, dachte ich bei mir. Ich befand mich somit auf dem Weg, auf den Herrn zu hören, der mich überschütten würde mit den kontroversen Debatten, ihren Spaltungen, und allem, was so falsch gelaufen war zwischen den Kirchen, und was die meisten Christen dazu gebracht hat, in Unglauben zu verfallen.

Es dämmerte mir allmählich, dass meine bisher gemachten Erfahrungen nur die Spitze eines riesigen Eisbergs gewesen waren. Jetzt zeigte mir Gott den Pfad, den meine Mission nehmen sollte sowie die damit verbundenen Härten und mein Leben in einer schier unglaublichen Schauung, wie wenn man ein altes Schriftstück entrollte, um daraus vorzulesen.

8 DIE TAUBE

Als Gott mein Leben wie eine Schriftrolle vor mir ausbreitete, waren das für mich nur Chiffren und Symbole mit geheimnisvollen Zeichen, deren Bedeutung ich niemals hätte verstehen können, wenn Er sie mir nicht mittels meines Intellekts erklärt hätte. Er zog es deshalb vor, sie mir durch eine Vision verständlich zu machen.

Ich hatte die Vision am 29. Januar 1989. Ich sah mich in eine große Kirche hineingehen, wo man gerade sowas wie eine Feier abhielt. Sie war gerammelt voll mit Menschen, die sehr aufgeregt schienen. Ich stand auf einem erhöhten, kleinen Podium und blickte auf die Menschenmenge. Die Luft war weihrauchgeschwängert; ganze Wolken schwirrten umher. Da erblickte ich inmitten der Menschenmenge einen Priester, der ein wunderschönes Gefäß bei sich trug. Jeder der Anwesenden wusste, dass sich im Gefäß eine ganz besondere Taube befand, und etwas später verstand ich, dass sie den Heiligen Geist darstellte. Der Priester, der Christus repräsentierte, sollte das Gefäß öffnen, um die Taube herumfliegen zu lassen, damit wir uns daran ergötzen könnten! Er wollte uns auch nicht länger warten lassen und machte daher das Gefäß auf, und die Taube kam hervor.

Als die Menschen die Taube über ihnen fliegen sahen, waren sie hoch erfreut, und als die Taube niedriger flog und zu ihnen kam, brachen sie alle in laut vernehmliche «ahhh's aus!» Die Kirche war spürbar von Freude und Erregung erfüllt. Eine Zeitlang flog die Taube weiterhin im Kreis umher. Ich bemerkte, wie die

Taube recht oft mir näherkam. Wir hoben alle die Arme hoch nach oben, in der Hoffnung die Taube würde sich dann eher auf der Hand niederlassen. Wir wussten, dass sich die Taube schließlich für einen von uns entscheiden würde, und wir wussten auch, dass die erwählte Person besonders ausgezeichnet sein würde.

Während die Taube über uns kreiste, hatte ich die innere Gewissheit, dass wir einander kannten und sogar irgendwie befreundet waren, sozusagen «in Verbindung» waren. Die Taube war von himmelblauer Farbe – nicht weiß, und später würde ich erfahren, dass die blaue Farbe «das Göttliche» darstellt. Ich sah die Taube auf mich zufliegen, und in meinem Herzen wusste ich, dass Sie sich auf mir niederlassen würde, denn ich spürte die zwischen uns bestehende Verbindung. Als sich die Taube schließlich auf meine Fingerspitzen setzte, fühlte ich nicht nur eine große Vertrautheit mit Ihr, sondern auch das Vorhandensein einer tiefen und innigen Liebe zwischen uns.

Aller Augen richteten sich auf mich. Einige waren erstaunt über die Wahl der Taube; andere hatten sich ernstlich erhofft, dass die Taube zu ihnen fliegen würde; wieder andere freuten sich, dass Sie schließlich Ihre Wahl getroffen hatte. Nach einigen Augenblicken flog die Taube weg, und nachdem sie in der Kirche herumgeflogen war, machte sie noch eine Runde und flog dann wieder zu mir und setzte sich mir auf die Finderspitzen. Diesmal ließ es die Taube zu, dass ich Sie in meinen Händen hielt; ich schmolz vor Freude dahin, hob Sie vorsichtig und ganz zart in die Höhe und drückte sie an meine linke Wange nahe dem Ohr. Ich konnte Ihrem schnellen Herzschlag lauschen, da Ihr Herz sehr laut klopfte.

Dann fand ich mich plötzlich alleingelassen – auf einem Pfad spazieren. Entlang dem Weg befanden sich unbekannte kleine Tiere, ähnlich den Eichhörnchen. Sie verschlangen einander ohne jegliches Erbarmen. Vor mir sah ich eine große Ratte auf dem Pfad, die sich in ein kleines Tierchen verbiss und drohend in meine Richtung schnellte, um mich zu erschrecken. Ich hatte jedoch keine Angst, und um der Ratte zu beweisen, dass ich die

Situation «in der Hand hatte und zu meistern wusste», wandte ich mich schnellen Schrittes ihr zu. Sie merkte sofort, dass ich mich ihr querstellte, bekam Angst und wechselte schnell die Richtung, um ein Tierchen ähnlich einem Eichhörnchen von hinten anzugreifen und mit einem unschönen gurgelnden Laut zu verschlingen. Dann sah ich unweit davon eine Schlange vom einen Wegrand zum anderen ausgestreckt, die mir den Weg versperrte. Ich dankte Gott dafür, dass Er mich die Schlange sehen ließ, zumal sie durchsichtig wie aus Zellophan war, was es nicht leicht machte, sie zu erkennen, und wäre ich auf die Schlange getreten, hätte sie mich gebissen. Ich hatte jedoch keine Furcht. Ich hatte mir vorgenommen, einfach weiterzugehen und darüber hinwegzusteigen.

Als ich an ihr vorbeikam, konnte ich ein leises Geräusch hinter mir vernehmen. Eine weitere Schlange, die behende herbeiglitt, hatte mich eingeholt. Sie war ganz anders als die erste, und ich spürte, dass diese angriffslustig und bereit zum Kampf – gegen was auch immer – war. Auch sie war durchsichtig, bis auf ein unscheinbares dunkles Zickack-Muster auf dem Rücken. Sie musste wohl 3 m lang sein und in etwa fingerdick. Ich fühlte mich in einer Falle gefangen, aber etwas Wunderbares geschah mit einem mal: Gott kam mir zu Hilfe und hob mich hoch über den Erdboden. Aber ich hatte noch immer Angst, denn ich spürte ihre böse Absicht und fürchtete daher, sie würde sich aufbäumen, um nach mir zu fassen. In diesem Moment hob mich mein Himmlischer Vater schnell nach vorne, wie vom Wind vorwärts geblasen, und ich gelangte sicher über die Schlangen hinweg und kam neben einer meiner Freundinnen auf den Erdboden zu stehen.

Meine Freundin und ich standen nun am Ende des Pfads, mit dem Gesicht zu einer Wand. Wir hatten keine Angst, aber ich vernahm ein Geräusch und wandte den Kopf leicht nach rechts, wo ich die erste Schlange sah, die den Weg versperrt hatte. Ich verstand, dass sie auf der Suche nach Nahrung war und uns noch nicht bemerkt hatte. Meine Freundin hatte die Schlange nicht gesehen, daher flüsterte ich ihr zu: «Beweg dich nicht; bleib stehen.» Ich sagte ihr nichts von der Schlange, damit sie sich nicht bewegte und somit deren Aufmerksamkeit erregt hätte, da sah ich, wie die lange, dünne Schlange an die erstere herankroch. Behende und mit wilder Entschlossenheit griff die erste Schlange die dünne an, ohne ihr irgendeine Möglichkeit zur Verteidigung zu geben, und verschlang sie mit ekligen Gurgellauten. Ich fühlte mich erleichtert und sicher im Bewusstsein, dass die Schlange nun satt und zufrieden war, nur noch schlafen wollte und uns in Ruhe lassen würde, und dass damit die Gefahr gebannt war. Damit endete die Vision.

Ich hatte diese Vision nicht völlig verstanden, aber mit der Zeit offenbarte mir Gott, was das alles zu bedeuten hatte. Die Taube stellte symbolisch den Heiligen Geist dar. Als die Taube auf meiner Hand landete, bedeutete das, dass Gott mich erwählt hatte, um mir Seine Botschaften für diese Generation zu geben: eine besondere Mission, die ich in meinem Leben ausführen sollte.

Die Ratte und die Schlangen standen dafür, dass ich auf diesem Wege meiner Sendung Schwierigkeiten, Meinungsverschiedenheiten, Hindernissen und Menschen, die mich im Verborgenen aus dem Hinterhalt zu schädigen versuchten, begegnen würde. Sie würden dabei heuchlerisch und aus Furcht vor Entdeckung im Geheimen vorgehen, sodass niemand ausfindig machen kann, wer die Feinde wirklich sind. Daher zeigten sich die Schlangen auch ganz transparent wie Zellophan, *«ein Ebenbild der Pharisaeer»*[20], wie es Christus einmal ausgedrückt hat.

Diese Vision wurde mir genau vor meinem allerersten öffentlichen Auftreten gegeben, wo ich als Zeuge öffentlich über die Botschaften sprach, die ich erhalten hatte. Wie es zu diesen Bezeugungen kam, war recht interessant.

Ich lebte zu der Zeit in der Schweiz. Eines Tages nahm ich an einer Versammlung teil und wollte gerade wieder gehen, als mich eine ältere bucklige Dame ansprach, die früher einmal Nonne ge-

20. 1. September 1987.

wesen war, und mich mit sympathischer, zarter Stimme fragte: «Sind Sie die Vassula aus Pully, die Botschaften von Christus und Unserer Lieben Frau empfängt?» Sie hatte durch Freunde von mir gehört.

Erstaunt erwiderte ich: «Ja, das bin ich...»

Sie fuhr fort: «Oh, könnten ich und ein paar Freunde Sie zu Hause besuchen kommen, damit wir Ihre Geschichte erfahren?» Ich antwortete, dass ich einverstanden wäre, und wir machten einen bestimmten Termin aus.

Als es dann an jenem Tag an der Tür klingelte und ich öffnete, standen ungefähr dreißig Leute da! Unsere Wohnung war winzig klein, und sie füllten das Wohnzimmer, quollen noch hinaus über den Vorraum bis hinein zur Küche. Ich war vor lauter Freude aus dem Häuschen! Ich begann also meine Geschichte zu erzählen, indem ich erklärte, wie alles angefangen hatte, zuerst mit meinem Schutzengel, dann mit Gottvater, dann mit Jesus und der Jungfrau Maria. Sie hörten mir alle aufmerksam schweigend zu, nickten dann und wann und zeigten sich verständig und beifällig.

Eine Dame, die mir gegenüber saß, stellte sich vor. Sie organisiere Pilgerfahrten zu bedeutenden Wallfahrtsorten, wo heilige Erscheinungen stattgefunden hatten, vor allem vor nicht allzu langer Zeit. Am Ende meines Vortrages ergriff sie sofort das Wort, ganz offensichtlich in freudiger Erregung. Mit einem Aufblitzen in ihren Augen meinte sie: «Dies ist wirklich ein wunderbares Zeugnis, und die Botschaft scheint *so* wichtig ...» Alle pflichteten ihr bei, und gemeinsam erwogen sie, wie man einen Ort finden könnte, wo ich noch mehr von den Botschaften Unseres Herrn mitteilen könnte.

Später wurde entschieden, dass wir dieses größer angelegte Treffen im Pfarrgemeindesaal einer Ortskirche stattfinden lassen wollten. Sie hatten mit dem Priester gesprochen und seine Erlaubnis erhalten und versprachen, sie würden die Arbeit übernehmen, das Ereignis bekanntzumachen.

Etwa ein Monat vor diesem ersten öffentlichen Treffen sah ich den Herrn in der Nähe stehen während ich in der Küche war. Er schaute mich an, als ich an der Küchentür nah an Ihm vorüber ging, und murmelte: *«Jetzt sende Ich dich aus wie ein Schaf mitten unter Wölfe...»*

Dann verschwand Er. Ich erinnerte mich an die Vision von der Taube und verstand Jesu Worte als Warnung. Dies war eine Bestätigung, dass ich es nicht leicht haben würde...

Ich kann nicht behaupten, dass mich Gott nicht mehrmals gewarnt hätte, dass dieses Apostelamt schwere Prüfungen mit sich bringen würde.

Als der Tag meines ersten öffentlichen Zeugnisses herankam, beschlich mich eine Versuchung. Ich begann mich zu fragen: «Habe ich meine Freiheit aufgegeben?» Ich merkte, wie mein früheres, sorgloses Leben dahinschwand. Ich vernachlässigte gewisse Freunde und meine bevorzugten Steckenpferde, wie Tennis und Malen. Ich verlor das Interesse an Parties und Bridge spielen. Ich verlor das Interesse an allem, was mich von Gott ablenkte. Früher hatte ich mich über solche Leute lustig gemacht – aber wer hätte das gedacht? – fing ich jetzt an, so zu werden wie sie? War ich dabei, ein Frömmler zu werden? Eine Besserwisserisch-Scheinheilige, wie ich solche Leute immer gesehen hatte? War ich im Begriff, meine Freiheit zu verlieren und gezwungen zu werden, ein heiliges Leben zu führen, anstatt einfach zu tun, was ich wollte?

Da ich wusste, dass man vor Gott seine Gedanken nicht verheimlichen kann, brachte ich das Thema vor den Herrn.

Ich sagte ihm, dass mein Leben vor Seinem Erscheinen ein weltliches, jedoch voller Frieden und Freude gewesen war. Ohne Sorgen und Nöte. Ich spürte jedoch immer mehr, wie das Wort Gottes schwer zu wiegen anfing – und es war diese Verantwortung, die auf mir lastete, besonders wenn Gott, wie es dann und wann der Fall war, sagte: *«Ich betraue dich mit Meiner Botschaft.»*

«Dein Wort, mein Gott, wiegt so *schwer*! Wo ist jetzt meine Freiheit?»

Unser Herr antwortete wie ein geduldiger Vater:

«Ich, der Herr, will dich wissen lassen, was Freiheit ist; schreibe: Freiheit ist, wenn deine Seele sich von irdischen Sorgen löst und Mir

entgegen eilt – zu Mir. Ich, Gott, bin gekommen und habe dich befreit, du bist jetzt frei. Vassula, als du noch der Welt anhingest, warst du eine Gefangene all ihrer Versuchungen, aber jetzt ist deine Seele befreit worden wie eine Taube. Du warst eingesperrt, Liebes, eingesperrt in einen Käfig. Lass deine Seele frei fliegen, lass sie diese Freiheit spüren, die Ich all Meinen Seelen gegeben habe. Doch wie viele von ihnen lehnen diese Gnade ab, die Ich geschenkt habe. Lass dich nicht wieder einfangen, binden und in den Käfig sperren, Ich habe dich befreit.»[21]

Es würde dauern, aber ich war dabei zu lernen. Ich lernte, dass *dort* wo der Geist des Herrn ist, wahre Freiheit ist. Ich lernte auch, dass Gott nicht in dunklen Ecken spricht, sondern die ganze Wahrheit in hellem Licht und leicht verständlich offenbart. Er ist so sehr bereit und sehnt sich sogar unvorstellbar danach, uns zu geben, was wir von Ihm erbitten. Er gibt viel mehr als was wir erbitten! So großzügig ist Er. Ich wusste, dass ich nicht wusste, wie man Gott liebt, jedenfalls nicht so, wie Er es sich wünscht, das heißt, bedingungslos und grenzenlos.

Schließlich kam der Tag meines ersten öffentlichen Treffens. Ich hatte noch nie von einem Podest gesprochen, und ich fürchtete mich davor. Als ich zum Gemeindesaal kam, waren beinahe dreihundert Leute dort! Als ich sie alle sah, überfiel mich Panik. Ich ging hinüber zur daneben liegenden Kirche, kniete mich vor ein riesiges Kreuz und klagte: «Herr, was soll ich sagen? Schau, in was du mich hineingezogen hast. Wie soll ich reden? Was soll ich sagen? Ich habe noch nie öffentlich bezeugt oder gesprochen…» Ich seufzte. «Ich brauche Deine Hilfe.» Und wieder: «Herr, schau, in was für eine Lage Du mich gebracht hast. Ich habe nicht darum gebeten, das weißt Du … Wenn Du mir nicht hilfst, werde ich nicht nur mich, sondern auch Dich blamieren! Und das wollen wir doch nicht! Nimm mir diese Angst und Unsicherheit; berühre meine Lippen und gib mir die Fähigkeit zu reden. Du musst mich jetzt ermutigen und mir die richtigen Worte in den Mund legen.

21. 23. April 1987.

Ich brauche Deinen Heiligen Geist der Gnade, damit ich Dich verherrlichen kann und Dich nicht lächerlich mache...»

Da erinnerte ich mich, wie oft Er mir gesagt hatte:

«Mach dir keine Sorgen, Ich werde dich führen, und du wirst Mich nicht enttäuschen... wo es bei dir mangelt, werde Ich ausgleichen... Ich werde Meine Worte auf deine Lippen legen, Ich werde deine Sprache anreichern; deine Rede wird Meine Rede sein...»

Dann antwortete mir der Herr und sagte als einen Befehl:

«Die Zeit ist da, Mich zu verherrlichen; geh!»

Ich stand auf und machte mich sogleich auf in den Pfarrgemeindesaal. Als ich eintrat, hatte ich nur einen Gedanken im Kopf, und das war, mein Bestes zu geben, um Gott zu verherrlichen. Christus hatte mir auch gesagt, wie Er es uns allen sagt: *«Gib dein Bestes, und Ich werde das Übrige tun ...»*

Da spürte ich auf einmal meine Füße nicht mehr. Ich schwebte gleichsam nach vorne wie im Traum, im Zeitlupentempo. Dann überkam mich ein unbeschreiblicher Friede, der mich wie eine warme Flüssigkeit durchfloss von meinem Kopf bis hinunter zu den Füßen, jeden Teil meines Körpers erfüllend. Es fühlte sich an, als ob Jemand Seinen warmen Atem in mich hineinblies und mich vollkommen beruhigte; eine majestätische Macht, die nicht die meine war, und tiefer Friede in meiner Seele. Ich wusste, dass Gott Seinen Heiligen Geist der Gnade in mich hineingoss. Diesen übernatürlichen Vorgang konnte ich physisch spüren.

Ich öffnete den Mund, und die Worte sprudelten hervor. Es war, als ob ich mich selbst sprechen hörte und mir war klar, dass nicht ich es war, die sprach. Ich wurde geführt, da ich selbst nicht in der Lage gewesen wäre, solches von mir zu geben. Viele Leute waren tief ins Herz getroffen, und nach dem Vortrag sagte meine Cousine: «Vassula, ich hab dich noch nie so erlebt! Du warst wie ein Fisch im Wasser. Du hast gesprochen, als ob du dein Lebtag schon gepredigt hättest!» Sie wusste, dass ich niemals Katechismusunterricht gehabt noch Theologie studiert noch in der Öffentlichkeit gesprochen hatte.

Nach diesem Glaubenszeugnis wurde ich um weitere, regelmäßig stattfindende Termine gebeten. Wir einigten uns auf ein einmal im Monat stattfindendes Programm in der Schweiz, das auch Gebetstreffen beinhaltete. Diese Gebetstreffen wurden zahlreichen Menschen bald zu einer Quelle der Freude und Bekehrung. Menschen kamen per Bus aus den benachbarten Ländern, wie Deutschland, Italien und Frankreich in die Schweiz. Der Herr rief jeden einzelnen! Sie brachten ihre Familien, ihre Freunde; sie brachten die Kranken, die Besessenen, und es kam zu vielen Heilungen. Jesus scheute sich nicht, Seine Gnaden jedem zukommen zu lassen. Auf ein einfaches Lächeln hin würde er vergeben und vergessen; ein Seufzer des Bedauerns und der Gewissenserforschung, und der ganze Himmel würde jubilieren und feiern! Dies sind Seine eigenen Worte:

«Komm! Du, der du noch immer in dieser Wildnis umherirrst und sagst: "Ich habe meinen Erlöser gesucht, aber Ihn nicht gefunden." – Finde Mich, Mein Geliebtes, in der Reinheit des Herzens, indem du Mich ohne Eigennutz liebst. Finde Mich in der Heiligkeit, in der Ganzhingabe, die Ich von dir ersehne. Finde Mich, indem du Meine Gebote hältst. Finde Mich, indem du Böses durch Liebe ersetzt. Finde Mich in der Einfachheit des Herzens. Sündige nicht mehr. Höre auf, das Schlechte zu tun; lerne, das Gute zu tun. Suche nach Gerechtigkeit; hilf den Bedrückten. Lass diese Wildnis und diese Dürre frohlocken, lass deine Lauheit sich zur feurigen Flamme wandeln. Lass deine Teilnahmslosigkeit hinter dir und setze Glut an ihre Stelle. Tue all dies, damit du sagen kannst: ,Ich habe meinen Erlöser gesucht und Ihn gefunden. Er war die ganze Zeit in meiner Nähe, doch in meiner Finsternis konnte ich Ihn nicht sehen. O, Ehre sei Gott! Gepriesen sei unser Herr! Wie konnte ich nur so blind gewesen sein?' Dann werde Ich dich daran erinnern, Meinen Grundsätzen zu folgen und sie zu schätzen, damit du leben kannst.»[22]

Als meine Freunde, höchst erstaunt von der Geschindigkeit, mit der sich die Botschaften rund um den Erdball verbreiteten, mich fragten, wie ich mich nun fühlte, erwiderte ich:

---

22. 9. August 1989.

«Niemand sollte es wagen zu sagen: “Was hat Gott für uns getan?” In Gottes Augen ist die ganze Welt nur wie ein Staubkorn, das auf der Waagschale zu liegen kommt, wie ein Tropfen morgendlicher Tau, der auf den Boden fällt. Doch Gott ist barmherzig mit allen, denn Er kann alles tun und übersieht die Sünden der Menschen, wenn sie nur bereuen.»

Ich konnte die Bewegung oben im Himmel spüren. Gott teilte überaus großzügig aus und überschüttete uns mit Seinen Gnadengeschenken. Er sagte, dass niemand Ihn fürchten sollte, es sei denn, man lehnte sich gegen Ihn auf. Er sprach zu uns allen, ohne Ansehen des Bekenntnisses oder der Herkunft. Priester und Nonnen fingen an, sich uns anzuschließen zum Gebet und um die Botschaften zu hören. Wir alle konnten Ihn in unserem Herzen spüren!

Ich erinnere Menschen daran, dass Gott nicht ein Gott der Vergangenheit, sondern der Gegenwart ist. Gott hat nicht Seine Koffer gepackt und uns verlassen, um Ferien zu machen. Er ist der Lebendige Gott, ein Vater, der sich um jeden von uns sorgt; sanft und zärtlich. Und Christus ist wahrhaft auferstanden: das ist kein Mythos.

Nach einigen Monaten begann es in der Schweiz viel Lärm um meinen Namen zu geben, und von dort breitete er sich in andere Länder aus. Die Botschaften unseres Herrn, die nun bei meinen Zeugnistreffen vervielfältigt und verteilt wurden, begannen Wirkung zu zeigen, genauso wie Gott und mein Engel es vorhergesagt hatten. Sie breiteten sich aus wie ein Lauffeuer. Viele Menschen mit schwachem Glauben wurden gestärkt, und die ohne Glauben empfingen und entdeckten Jesus Christus. Die Leute rannten die Beichtstühle ein und empfingen wieder die Heilige Kommunion. Jene, die nie gebetet hatten, fingen an, inbrünstig zu beten. Jene, die niemals die Heilige Schrift gelesen hatten, stürzten sich auf die Bibel und verschlangen sie vom Anfang bis zum Ende. Jene, die aus diesen oder jenen Gründen die Kirche verlassen hatten, kehrten zu ihren Kirchen zurück, entdeckten wieder die Sakramente und entdeckten wieder den Allmächtigen Gott.

Gott öffnete die Türen zu Seinen Himmlischen Vorräten und erlaubte Menschen, die geistig verhungert waren, dieses «himmlische Manna» zu kosten und zu essen, um sie wieder-herzustellen und zu heilen. Wo immer Er geistig Tote fand, ließ Er sie ohne zu zögern wieder auferstehen, wenn ihre Herzen nur offen waren für Seine Gnade. Er war bereit zu vergeben und zu vergessen.

«Wir alle spiegeln mit enthülltem Angesicht die Herrlichkeit des Herrn wider und werden so in sein eigenes Bild verwandelt, von Herrlichkeit zu Herrlichkeit, durch den Geist des Herrn.»[23]

Als sich die Nachricht nun immer mehr verbreitete, erreichte sie schließlich auch die Ohren des Bischofs von Freiburg. Er erhielt Briefe, die ihn von den weitflächigen Gebetstreffen in Kenntnis setzten; wie großartig diese wären, und dass er mich doch kennenlernen sollte. Bevor er jedoch einwilligte, fand es der Bischof angebracht, einen Priester, einen Theologen angelsächsischer Herkunft, zu bitten, die Sache zu untersuchen und den Inhalt der Botschaften zu prüfen. Der Theologe setzte sich mit mir in Verbindung und besuchte mich in Begleitung eines weiteren Priesters zu Hause. Während wir uns unterhielten, hörte er plötzlich auf zu sprechen und starrte mich unvermittelt an. Sein Begleiter fragte ihn: «Sehen Sie etwas?» Er antwortete ihm: «Ich sehe das Antlitz Christi auf ihrem Gesicht. Er trägt die Dornenkrone und lächelt mir traurig zu.»

Dieses Phänomen (das ich in späteren Kapiteln erklären werde) war ein Zeichen von Jesus; ich persönlich hatte keine Kontrolle darüber. Es ist schon oft eingetreten. Der Priester fragte mich: «Warum zeigt sich mir Christus? Und warum ist Er traurig?» Ich versicherte ihm, dass ich es wirklich nicht wüsste. Als er ging, nahm er Fotokopien der Hefte mit, um sie sich näher anzusehen, wie er es dem Bischof versprochen hatte.

Nach einigen Tagen schrieb er mir und bestätigte, dass er nichts in irgendeiner der Botschaften gefunden hätte, was gegen den katholischen Glauben verstoße, und dass alles, was er gelesen

23. 2. Korinther 3,18.

hatte, der Heiligen Schrift und der katholischen Überlieferung entspräche. Er meinte noch, dass er in den Schriften Demut und Liebe vorgefunden habe.

Weiter berichtete er, dass er seinen Bischof zufällig getroffen hatte, der ihn nach den Untersuchungen fragte. Er hatte geantwortet, dass seiner Meinung nach der Inhalt der Schriften göttlichen Ursprungs zu sein schienen. Der Bischof kam ihm darauf etwas bestürzt vor, hatte er doch wohl eine solche Antwort nicht erwartet noch war er anscheinend sehr glücklich über diese Nachricht. Trotz dieses positiven Ergebnisses der Untersuchung und des entsprechenden guten Berichts wandte sich der Bischof gegen mich und verfolgte unsere Arbeit in der Schweiz.

Es gingen Gerüchte um, dass ich es an Demut mangeln ließ, dass ich mich für eine Theologin hielt, und dass ich auf meine eigene Art eine Parallelkirche zu errichten versuchte. Diese ablehnende Strömung erreichte schließlich sogar den Vatikan und richtete uns großen Schaden an. Gottes Warnung hallte mir wieder in den Ohren:

«Du wirst Mein Opfer sein; du wirst Meine Zielscheibe sein; wie Jäger ihr Wild jagen, so werden sie dich jagen, ihre Waffen hervorholen und dir nachstellen. Sie werden einen hohen Preis aussetzen für den, der dich vernichtet.»[24]

Zu jener Zeit begegnete ich dem Metropoliten der griechisch-orthodoxen Kirche von Genf, der sogar von sich aus auf mich zukam und mich kennenlernen wollte. Es traf sich, dass er gerade die orthodoxe Kirche in Lausanne besuchte, wo ich damals wohnte, um die Liturgie zu feiern, und als er mich sah, lud er mich überaus freundlich lächelnd in sein Büro ein. Er war bereits von anderen, die mir begegnet waren, gebeten worden, mich näher in Augenschein zu nehmen und zu befragen.

Ich trat ein, und wir setzten uns und unterhielten uns, und ich erzählte ihm in Umrissen meine Geschichte. Er erschien mir angenehm und höflich. Obwohl mir bewusst war, dass es ihm

---

24. 23. April 1987.

schwerfiel, mir Glauben zu schenken, fragte ich, ob ich ökumenische Gebetstreffen mit Griechisch-Orthodoxen und unseren Brüdern, den Katholiken und Protestanten abhalten dürfe. Ich sagte ihm dabei, dass es eins der bedeutendsten Elemente meiner Mission sei, die Kirchen zusammenzubringen. Wie erfreut war ich, als er sagte, dass er gar nichts dagegen hätte.

Leider hielt unsere gute Beziehung nicht an, da der Bischof von Freiburg daran wirkte, unsere Gebetstreffen ganz einzustellen. Priester, die an diesen Treffen teilgenommen hatten, konnten den Beschluss des Bischofs nicht verstehen, aber sie waren ihm gegenüber zum Gehorsam verpflichtet.

Die Botschaften verbreiteten sich jedoch trotzdem. Eines Nachts gab mir der Herr eine Vision. Ich sah eine groß Schlange, wie eine Anakonda, also eine Riesenschlange; aber noch größer; der Kopf war größer als der eines großen Hundes. Ich hatte unvorstellbare Angst, denn die Schlange ringelte sich um mich herum. Der Kopf der Schlange kam näher, und ich konnte die Giftzähne sehen. Sie kam auf meine rechte Hand zu und schnappte mit dem Mund nach drei meiner Finger, jenen Fingern, die die orthodoxen Christen fürs Kreuzzeichen gebrauchen. Die Schlange hielt die Finger fest und sog mit aller Macht daran, bis es so wehtat, dass ich darüber aufwachte. Der Schmerz war tatsächlich vorhanden, denn er hielt eine Zeitlang an.

Einen Tag nach diesem Alptraum sollte ich wieder bei einem Treffen sprechen, das von der Genfer Gebetsgruppe organisiert worden war. Es war die Woche der Einheit, vom 18 bis 25. Januar, und unser Treffen sollte am frühen Nachmittag stattfinden. An demselben Tag hielt auch der Metropolit ein Treffen in seiner Kirche ab, aber später am Nachmittag, nach meiner Veranstaltung. Wir hatten bewusst unser Treffen so geplant, dass unsere Veranstaltung sich nicht mit seiner überschneiden würde. Als der Metropolit erfuhr, dass zweitausend Menschen bei meinem Treffen teilgenommen hatten, während nur eine kleine Ansammlung an seinem teilgenommen hatte, war er sehr verärgert. Er beschuldigte mich des Konkurrenzkampfs, und sagte, ich hätte ihm Leute abspenstig gemacht und wäre dabei, eine Parallelkirche zu schaffen. Er beschuldigte mich sogar, gegen die Kirche zu wirken.

Am nächsten Tag rief meine Cousine an und sagte: «Vassula, es gibt Gerüchte unter den Griechen, dass man dich exkommunizieren will. Sei vorsichtig; unternimm einmal eine Zeitlang nichts mehr. Verhalte dich fürs erste unauffällig.»

Ich fragte sie: «Auf welcher Grundlage sollten sie mich exkommunizieren?»

«Wir kennen ihre Beweggründe nicht, aber mit Sicherheit ist ihnen die Beliebtheit deiner Zusammenkünfte ein Dorn im Auge.»

«Was ist falsch an Gebetstreffen? Wollen sie Leute vom gemeinsamen Gebet abhalten?»

En paar Tage später bekam ich einen Anruf von Beatrice, der Freundin die mich nach Diang in Bangladesch begleitet hatte, und die auch in die Schweiz gezogen war und eine Arbeit im Weltkirchenrat in Genf angenommen hatte. Sie berichtete mir: «Einige hiesige Theologen sind nach Konstantinopel aufgebrochen, um mit dem Ökumenischen Patriarchen Gespräche zu führen. Sie werden auch ein paar Vertreter der römischen Kurie vom Vatikan treffen. Erinnerst du dich, dass ich dir einmal von einem orthodoxen Priester hier erzählte, der an deine Botschaften glaubt? Nun, seine Frau hat deine Botschaften gelesen und glaubt ebenfalls daran. Sie ist Theologin und ist sehr beunruhigt, da einige hier vor Ort Tätigen dir schaden wollen. Auf der Reise nach Konstantinopel zeigte ihr ein orthodoxer Priester die Tagesordnungspunkte, die mit dem Patriarchat zu diskutieren wären, und sagte: "Schauen Sie, bezüglich dieser Vassula, die als Theologin auftritt, werden sie die Angelegenheit mit dem Patriarchen besprechen, um unsere sogenannte Theologin zu exkommunizieren."»

Ich empfing diese Nachricht und bat Gott: «Wenn Du es so haben willst, dann lass es zu, aber wenn du anderer Meinung bist, dann lass es nicht zu …» Ich überließ mich ganz Seinem Willen. Ich wusste ja um die Wirkung, die die Botschaften bereits hatten, und wie verzweifelt der Teufel mich aufhalten wollte, und wie er Spaltung zwischen mir und den Kirchenführern schaffen wollte, um meinen Wirkungsbereich einzuschränken.

Mein Herz füllte sich plötzlich mit Freude. Ich schmiss den Telefonhörer auf die Gabel, sprang in die Luft und hüpfte und tanzte vor Frohlocken, lachte und jauchzte: «Wie wunderbar, dass sich Satan vor mir fürchtet! Es bedeutet, dass ihm das, was ich tue ein Gräuel ist, eine echte Bedrohung. Wow! Wie schön, dass ich ihm ein gefährlicher Feind bin und für Gott arbeite! Wie wunderbar, dass ich ein Werkzeug Gottes bin, um den Teufel zu bekämpfen, der die Kirche vernichten will! Freuet euch!»

Der Alptraum mit der Schlange war Wirklichkeit geworden. Die Riesenschlange wollte die drei Finger, mit denen ich mich bekreuzige, vertilgen – mit anderen Worten mich exkommunizieren.

Aber als das Treffen in Konstantinopel stattfand, war es, als ob nichts geschehen war. Sie kehrten ohne Beschlussfassung zurück, und die ganze Sache schlief ein.

Trotzdem kamen ein paar orthodoxe Geistliche zu mir und meinten: «Sie haben doch Familie, nicht wahr? Also widmen Sie sich doch lieber Ihrem Mann und Ihrer Familie, gute Frau; erledigen Sie doch Ihre Hausarbeit und den Küchendienst, und überlassen Sie uns die kirchlichen Angelenheiten.»

«Am Gerichtstag,» antwortete ich, «werden Sie nicht in meiner Haut stecken und für mich antworten, wenn ich jetzt auf Sie höre. Der Herr wird nämlich *mich* auffordern zu erklären, warum ich Ihm nicht gehorcht habe und nicht die Dinge ausgeführt habe, die Er mir mitgeteilt und befohlen hat zu tun! Haben Sie den weitverbreiteten Glaubensverlust gesehen und wie die Menschen die Kirchen verlassen? Ist das für Sie nicht ein genügend deutliches Zeichen? Sein Weingarten wurde vernachlässigt und ist vertrocknet, und aus diesem Grund beruft Christus in Seiner Vollmacht und Kraft solche unbedeutende Personen wie mich, um sie zu formen und als Werkzeuge zu gebrauchen, eine entchristlichte Gesellschaft zu christianisieren. Christus stieg von

Seinen Ikonen herab, um Seine Kirche zu reformieren und wieder zu beleben. *Er* ist es, Der Seinen Weingarten wieder bewässert; *Er* ist Der Eine und Einzige, der die Kirchen dazu bringen wird, sich miteinander zu versöhnen und dieser Welt Frieden zu bringen. Christus ist es bekanntlich, der die, die sich für sehend halten, blind macht und die Blinden sehend!»

Darauf gaben sie zur Antwort: «Wenn Sie wirklich von Gott gesandt wurden, dann beweisen Sie Ihre Demut, indem Sie sich und all diese Aussagen verborgen halten, hören Sie auf, sich und Ihre Aussagen in der ganzen Welt vorzuführen...»

Jahre später riet mir der Herr, solchen Leuten folgendermaßen zu antworten:

«Ich will nicht wie der schlechte Knecht sein, der sein Talent versteckte und dann verurteilt wurde, weil er nichts damit getan hatte. Im Gegenteil, Ich werde mein Talent vermehren und Dem Ehre erweisen, der es mir anvertraut hat. Ich werde nicht nur dieser jetzigen Generation dieses großartige Wunder weitergeben, sondern die Engel werden die Worte Gottes weitertragen und fortfahren, sie weiter zu verbreiten wie einen Regen von Samen, der sich von oben herab über alle zukünftigen Generationen ergießt, um Gottes Schöpfung zu erneuern und Seine Kirche zu verschönern; um den Mund Seiner Kinder lieblich zu machen und ihren Mund zu öffnen, damit sie Ihn preisen; um ihnen die Augen zu öffnen, damit sie fähig werden, ihre Herzen zu prüfen. Ich bin über und über versiegelt mit dem Göttlichen Namen unseres Herrn, und ich fürchte mich nicht. Ich bin Sein Lautes Buch, das dieselben Wahrheiten verkündet, die unser Herr uns gegeben hatte; es ist also nichts Neues. Ich habe nichts Neues, das von mir selbst wäre, Brüder, sondern alles, was mir gesagt wird, kommt aus Göttlicher Erkenntnis und aus dem Mund des Dreieinen Gottes. Dies sollst du ihnen in Meinem Namen sagen.»[25]

Der Herr hat in der Vergangenheit gesagt:

«Vassula, du wirst dich schweren Prüfungen stellen müssen... wenn Ich sehe, wie so viele Meiner Priesterseelen Meine Zeichen und

25. 7. August 2002.

Werke abstreiten und wie sie diejenigen behandeln, denen Ich Meine Gnaden gegeben habe, damit sie die Welt daran erinnern, dass Ich mitten unter euch bin, dann tut Mir das weh... Sie verleugnen Mein Tun und schaffen so Wüsten, anstatt das Land fruchtbar zu machen!»[26]

Als ich sah, wie betrübt unser Herr über sie war, wagte ich, etwas zu erwidern, und auch um sie zu rechtfertigen, sagte ich:

«Herr, wenn sie Deine Werke in Abrede stellen, so muss es hierfür Gründe geben!»

Er antwortete:

«Sie sind geistlich tot, sie sind selber Wüsten, und wenn sie in diesem großen Ödland, das sie geschaffen haben, eine Blume erspähen, stürzen sie darauf los, trampeln darauf herum und vernichten sie.»

«Warum?»

«Warum? Das passt ihnen nicht in ihrem Ödland, sie setzen alles daran, dass ihre Wüste öde bleibt! Ich finde keine Heiligkeit in ihnen, gar keine, was können sie Mir anbieten?»

Ich konnte einwerfen: «Schutz, Herr! Den Schutz, dass Dein Wort nicht entstellt wird.»

Hierauf erwiderte Er sogleich:

«Nein, sie schützen Mich nicht, sie verleugnen Mich als Gott, sie leugnen Meinen Unendlichen Reichtum, sie leugnen Meine Allmacht, sie stellen sich auf eine Stufe mit Mir. Weißt du, was sie tun? Sie leisten dem Atheismus Vorschub; sie vermehren die Zahl derer, die Mich geißeln; sie verstärken die geistige Taubheit; sie verteidigen Mich nicht, sie verhöhnen Mich! Trotz ihrer Verleugnungen habe Ich ihnen helfen wollen, damit sie ihrerseits Meinen Lämmern helfen und sie nähren.»

Es machte mich traurig, Gott so zu sehen ... Er antwortete:

«Liebes, trauere um die Welt und was aus ihr wurde ...»

Dies soll nicht heißen, dass alle Geistlichen und Kirchenführer schlecht sind. Es gibt viele, die gut sind, und viele, die den Willen des Herrn tun. Tatsächlich vergleicht Gott die Hirten in

---

26. 7. Juli 1987.

einigen der Botschaften mit Kain und Abel. Kain gefiel Gott nicht, denn er tat nicht Gottes Willen; aber Abel tat den Willen Gottes.

Ich begann die Vision von der Taube zu durchleben und durchlief somit den schwierigen und gefahrvollen Weg, den ich in der Vision gesehen hatte.

9 ÜBERNATÜRLICHES

Jedwedes Wirken der Gnade ist übernatürlich. Alle übernatürlichen und mystischen Erfahrungen, die ich hatte, können auf Gott zurückgeführt werden. Gott bedient sich dieser übernatürlichen Mitteilungen, Gunstbeweise und Gaben ohne irgendein Zutun meinerseits. Diese Visionen, geistlichen Träume, Wunder, Wohlgerüche und Erkenntnisse wurden so reichlich gewährt *zu Seiner Ehre* und uns und der Kirche zum Nutzen und Wohle.

Gott erklärt es so:

«Ich möchte dich wissen lassen, wie Ich arbeite. Hast du nicht gehört, dass Ich durch Träume, Visionen und Zeichen spreche? Ich spreche zuerst in einer Art und Weise, dann in einer anderen, bis Ich gehört werde.»[27]

Doch nicht alle Träume sind Botschaften von Gott – nur geistliche Träume, oder was man die «Schlafsprache Gottes» nennt. In der Bibel nennt Gott Seine Propheten: «Traum-Seher»[28] . Der Vorteil eines Traums ist, dass Gott durch einen schnell abrollenden Film mit einem Minimum an Einmischung des Bewusstseins zu uns reden kann. In meinem Fall habe ich zahlreiche geistige Träume gehabt, die ich manchmal «Visionen» nenne.

Vor weiteren Erläuterungen über dieses Thema möchte ich meine Erfahrungen und Unterhaltungen mit Gott beschreiben, da allein dies wirklich übernatürlich *ist*. Ich werde meine Ängste, meine Bedenken und meine Schwächen beschreiben, und wie

27. *Mein Engel Daniel*, 19. Januar 1987.
28. Deuteronomium 13,2.

Gott genau durch diese Mängel Seine machtvolle Hand und Seine große Liebe zeigt.

Eines Tages im September 1987, dem Jahr als wir in die Schweiz gezogen waren, begann ich mich frustriert zu fühlen, weil ich noch keine Gelegenheiten bekommen hatte, die Botschaften von Gott weiterzugeben und mitzuteilen. Es war, als ob Er mich zum Reden darüber «drängte», und dennoch gab Er mir in Seiner absoluten Weisheit keine offene Tür, denn Er hatte Seine eigene Zeit. Ich verlor die Geduld und sagte Jesus: «Du bittest mich darum, Deine Botschaft bekannt zu machen, aber ich tue ja gar nicht viel! Bis jetzt mache ich nur Fotokopien davon, die ich an ein paar Verwandte und Freunde gebe, die sie lesen wollen.» Jesus antwortete ruhig:

«Du wirst viel mehr tun als ein paar Fotokopien machen.»

Tagelang bat ich Gott, mir den Grund zu nennen, warum Er mich, eine «berufsmäßige Sünderin» erwählt hatte und bat Ihn, statt meiner eine heilige Nonne zu nehmen und ihr diese Botschaften zu geben.

Er hörte mir geduldig zu, ließ mich endlos weiterplappern, und meinte dann einfach nur:

«Nein... Nein! Ich möchte dich. Du bist der Prototyp deiner Generation.»

Ich wusste, dass dies nicht gerade ein Kompliment war. Spiegelte ich wirklich so deutlich wider, was heutzutage aus uns geworden ist?

Ich fühlte mich jedenfalls noch nicht ausreichend vorbereitet, um zu höheren Dingen berufen zu werden. Gott jedoch tat viel für meine Seele und erhob meinen Geist, damit ich die höheren Sphären des Himmels und die Ehre um Ihn herum verkosten konnte. Er sagte[29]:

«Komm und stütze dich auf Mich, die Zeit ist noch nicht gekommen; in der Zwischenzeit bleibe auf der Hut und sei wachsam.»

29. *Mein Engel Daniel*, 2. Dezember 1986.

Es besteht nämlich die Gefahr, dass man sich ablenken lässt, wenn der Geist nicht wachsam bleibt. Gott wollte mich an meine Vergangenheit erinnern, sodass ich den Unterschied merken würde. Er erklärte es mir folgendermaßen:

«Ich freute Mich, dass du, obwohl du Mich scheinbar vergessen hattest, Meine Stimme vernahmst. Ich wollte, dass du Mich liebst. Ich wollte, dass du verstehst, wie sehr Ich dich liebe. Lerne, dass Ich, Gott, immer Meine Ziele erreiche.»[30]

Seine Worte trösteten mich, und ich war sehr erleichtert. Er fuhr fort und sagte:

«Als Ich dir das erste Mal erschien, hielt Ich dich so, dass du deinen Kopf heben und den Einen anschauen musstest, der vor dir stand. Als du deinen Kopf hobst, schaute Ich in deine Augen und sah, wie ungeliebt du dich fühltest.»[31]

Er meinte damit, ungeliebt von Gott. Viele glauben noch immer, dass Gottes Liebe aufgrund ihrer Sündhaftigkeit und Armseligkeit weniger wird. Ja, auch ich hatte nicht gewusst oder verstanden, dass Gott jemanden wie mich lieben konnte, die ich doch nie betete, oder den Glauben praktizierte, mit Sünden beladen war und mich gegen Seine Gebote auflehnte. Ich dachte immer, dass Er diejenigen liebte, die Ihn liebten, Ihn anbeteten, und ein Leben in Heiligkeit führten. Die meisten Menschen denken so wie ich und glauben, wir müssten in den Augen Gottes vollkommen sein, um von Ihm geliebt zu sein. Ich erinnere mich an eine Seiner Botschaften[32], die so lautete:

«Warte nicht, bis du erst einmal Heilige bist, um Mir deine Liebe zu schenken, komm so, wie du bist!»

Tatsächlich wusste Er bescheid um meine Schuld und meine Bosheit, da Er uns ins Herz schaut, und ich tat Ihm leid. Es ist die Sünde, die Er hasst.

30. *Mein Engel Daniel*, 2. Dezember 1986.
31. *Mein Engel Daniel*, 2. Dezember 1986.
32. 19. August 1988.

Mehrmals zeigte mir Gott, wie schwach wir sind, und wie leicht wir von Seinem Licht abirren und in fortwährender Dunkelheit leben, und es nicht einmal merken. Hier stand ich nun, und ward neu zu Gott bekehrt, und trotz dieses gewichtigen Gnadengeschenks war ich noch immer verwirrt, schwach und unsicher.

Da platzte es mir gegenüber dem Herrn heraus:

«Alle jene, die Du beriefst, wurden geschmäht und verspottet und für verrückt erklärt! Einige verbrannte man am Scheiterhaufen. In unserer modernen Gesellschaft wird man mich verachten! Manche könnten sogar soweit gehen, mich als besessen hinzustellen.»

Gott erwiderte geduldig[33]:

«Lass sie nur kommen, jene, die über dich lachen wollen, sie haben kaum eine Ahnung wie schwer ihre Anklagen wiegen, denn sie lachen über die von Mir gegebenen Worte. Ich werde Mich später mit diesen befassen; habe Glauben an Mich. Ich werde dich wieder rufen, um dir Lehren in dein Ohr zu flüstern. Ich werde deinen Mund mit Meinen Worten füllen. Ich Jahwe bin deine Kraft.»

Dann wie um mich zu beruhigen, sprach Er noch mit Nachdruck folgendes: *«Ich werde dir genug Stärke geben, damit du über deine Unterdrücker hinwegsehen kannst, die sehr zahlreich sein werden, Mein Kind.»*[34]

Ich wimmerte, denn ich bemerkte, wie Gottes Stimme auf einmal verändert ernst und unendlich traurig geworen war. Es klang wie die eines Vaters, der gezwungen war, einen seiner geliebten Söhne zu opfern, der in den Krieg ziehen musste, obwohl er wusste, dass er gequält würde und vielleicht sogar nicht lebend zurückkehren würde. Er fuhr fort:

«Aber Ich werde dich mit Meinem Schild bedecken. Niemand wird dir ein Leid antun können.»

Ermutigt durch diese Worte dachte ich, mein Gott und mein Alles, mit welcher Genialität streckt sich Deine Zuneigung und

33. *Mein Engel Daniel*, 2. Dezember 1986.
34. Siehe 16. Dezember 1986.

väterliche Liebe aus, um Deine Geschöpfe zu erreichen und dich um die zu kümmern, die in der Vergessenheit und im Tal des Todes liegen als Folge Ihres Abfalls vom Glauben.

In meinem Innern wusste ich, dass Gott mich nicht nur darauf vorbereitete, größeren Prüfungen, sondern auch dem Feind zu begegnen: das alles kann einem das Herz vor Schmerz bluten lassen. Ich begann, die Folgen dieser Botschaft zu spüren, und wieder fing mein Herz an, unruhig zu werden. Ich hatte Angst davor, mich dem Spott der Leute auszusetzen. Meine menschliche Schwäche gewann wieder die Oberhand über meinen Geist. Ich machte Einwände:

«Mein Herr und König, auch wenn Du mir einen der vornehmsten Prinzen aus Deinem himmlischen Hofstaat geschickt hast, um mich zu Dir zu führen, einen der höchsten Prinzen und Erzengel, um meine Seele zu verführen, Dir zu folgen, so fühle ich mich trotzdem ganz und gar untauglich zu dieser Aufgabe. Ich bin doch so verabscheuenswürdig, mit Flecken auf meiner Seele und voller Fehler und Schwächen. Wie willst Du Dir den Sieg durch solche Armseligkeit erringen? Setzest Du nicht Dein Zepter herab? Wir haben jetzt das Jahr 1987! Einige Leute werden diese Offenbarung nicht annehmen wollen. Sie werden sagen: "Wir haben doch die Bibel zum Lernen."»

Worauf Gott erwiderte:

«Diese kirchlichen Botschaften sind eine Erinnerung, denn in Meinem Herzen war ein Tag des Erbarmens. Die Stunde Meiner rettenden Hilfe ist da, bin Ich schließlich nicht Vater? Bin Ich nicht die Rettung Meines Samens?... Ich möchte euch erinnern, dass Mein Wort dazu bestimmt ist gelesen zu werden. Mein Wort ist gesegnet. Ich bin der Allmächtige Gott und habe die Freiheit hervorzutreten, wann immer es Mir gefällt. Warum dachtest du, Tochter, dass Ich irgendeinen Unterschied machen werde, weil du dich im Jahr 1987 befindest? In deinem Zeitalter liegt kein Unterschied für Mich. Höre, für Mich sind tausend Jahre wie gestern. Meine Tür wird immer offen bleiben...»[35]

35. *Mein Engel Daniel*, 1. Januar 1987.

«Jesus sagte uns einst, dass ein Prophet nie angenommen wird in seinem Vaterland. Viele werden mich nicht als Deine Überbringerin annehmen. Die meisten Deiner Boten wurden als Narren behandelt oder man behauptete, sie seien besessen; sie wurden ermordet.»

«Lebe in Frieden Tochter, stütze dich auf Mich. Ich, Gott, werde deine Kraft sein. Bei Mir brauchst du keine Angst zu haben, Ich werde dir helfen...»

Hier war ich nun, ich erhielt die Worte Gottes, doch trotz all der guten Dinge, die ich erlebt hatte, war ich beunruhigt und fühlte mich instinktiv gefangen. Selbst nach so einer unglaublichen Vereinigung mit Gott, fehlte es mir noch an Vertrauen.

Jeden Tag wurde ich gerufen und ich schrieb Hefte voll mit göttlichen Lehren, die mir von unserem Herrn voller Freude diktiert wurden, und ich wusste nicht, wo dies mich hinführen würde. Das Natürliche und das Übernatürliche griffen bei mir ineinander. Gleichzeitig gab Er mir ständig Visionen und Prophezeiungen für unsere heutige Zeit, und doch wusste ich Ihm nicht recht darauf zu antworten.

Während dieser Schwächetage gab Gott mir einen geistlichen Traum, um mich zu ermutigen. In dem Traum sah ich mich auf einer holprigen Strasse gehen, auf der ich nach einer Weile stolperte und hinfiel. Ich erhob die Augen und sah die bloßen Füße Jesu. Er beugte sich zu mir nieder und zog mich hoch. Ich drehte mich um und erblickte eine vertraute Gestalt – einen Mönch. Er sprach auf Italienisch zu mir und gestikulierte mit den Händen. Obwohl ich ihn nie zuvor getroffen hatte und ihn nur vom Hörensagen kannte, identifizierte ich den Mönch als den Heiligen Pater Pio, der im 20. Jahrhundert in Italien gelebt und die «Stigmata», die Wundmale Christi, an seinen Händen und Füßen getragen hatte. Pater Pio gab mir zu verstehen, dass ich nicht aufgeben sollte, den Weg zu gehen, den Gott für mich bestimmt hatte, und er schien ziemlich bestürzt darüber, dass ich solche Zweifel hegte. Neben ihm, aber noch näher bei mir, sah ich den Heiligen Franziskus von Assisi, und neben ihm eine sehr lange Leiter, die in den Himmel führte. Als ich nach oben schaute, sah ich weit über mir an der Spitze der Leiter die Silhouetten vieler Heiliger, die mir bedeuteten, hinauf zu steigen. Da merkte ich erst, dass ich ganz unten stand und meinen Fuß noch nicht einmal auf die erste Sprosse der Leiter gesetzt hatte. Ich hatte noch gar nicht mit dem Aufstieg begonnen.

Am Tag nach diesem Traum antwortete ich auf einen Anruf vom Himmel, und es stellte sich heraus, dass es Pater Pio höchstpersönlich war. Er ermutigte mich mit den Worten: «Io sono con te,» was bedeutet: «Ich bin bei dir.» Ich war verwundert. Ich fragte Jesus: «Ist er bei Dir?» Er erwiderte: *«Ja, er ist bei Mir, Vassula und durch Mich selig gesprochen…»*[36]

Gott gibt uns übernatürliche Träume wie diesen und andere übernatürliche Zeichen, um uns Seiner Anwesenheit zu versichern. Ich habe aus meinen Erfahrungen gelernt, zwischen Gottes übernatürlichem Wirken im Gegensatz zum natürlichen oder nur außergewöhnlichen Wirken zu unterscheiden. Unsere Seele kann das Natürliche leicht sehen, denn es hat mit der materiellen Welt zu tun. Zum Beispiel kommt es vor, dass wir beim Anblick einer schönen Landschaft in der Natur an Gottes überirdische Schönheit erinnert werden.

Das Außerordentliche ist das Handeln jenseits des natürlichen Gefüges des stofflichen Weltalls. Die Frucht einer Handlung durch eine engelhafte oder dämonische Natur nennt man das Außerordentliche.

Aber Gott kann darüber hinausgehen – Er kann geistige Gnadengeschenke gewähren, wie Reue, Lobpreis, und Danksagung aus tiefster Seele, und einen in Sekundenschnelle vollzogenen radikalen Wandel herbeiführen. Er kann unser Herz berühren, uns bekehren und bewegen, ein Leben des Gebets zu führen. Das kann nur durch Gnade geschehen.

Es gibt verschiedene Arten, wie ich mit Gott in Verbindung trete. Die häufigste Art ist, wenn Er mich ruft. Und ich spüre

36. 27. September 1987.

Seinen Ruf – entweder höre ich Seine Stimme, oder ich fühle es nur – und ich weiß sofort, dass Er mich bittet, Ihm zuzuhören. Diese Art der Kommunikation nennt man Lokution (innere Einsprechung). Ich werde dann etwas unruhig bei allem, was ich in der materiellen Welt tue. Ich möchte schnell fertig werden, damit ich für die geistliche Welt frei bin. Gott ist wie ein Magnet, der mich anzieht, und wenn ich erst einmal in Verbindung bin, möchte ich mich nicht davon trennen.

Mein Herz ist erhoben und freut sich unendlich, wenn Er mich in Seinem erhabenen Stil einlädt, Seine Botschaft niederzuschreiben. Wenn ich zum Stift greife, verspüre ich ein Prickeln im Arm wie von Strom, und ich beginne, seine Botschaft zu hören. So wie ich es höre, schreibe ich. Er diktiert mir, und ich schreibe wortwörtlich auf, was Er mir sagt. Wenn er den Mund zum Reden öffnet, kommt ein Lichtstrahl heraus und fällt auf mich. Dann fängt er an, mit melodischer Stimme zu sagen:

«Möchtest du weiterhin mit mir auf diese Weise zusammensein und schreiben?»

und erinnert mich somit daran, dass wir frei sind, zu entscheiden. Zitternd und schwach, völlig überwältigt von Seinem Blick auf mir, vergesse ich dann alles um mich herum vor diesem wunderbaren Anblick. Sein überweltliches (transzendentes) Licht kann auf jeden fallen, der bereit ist, Ihm den eigenen Willen darzubringen. Ja, jedermann, ohne Ausnahme.

Während ich die Botschaft empfange, falle ich nicht in Trancezustand, wie es jenen passiert, die mit Okkultem oder «automatischem» Schreiben zu tun haben. Es ist auch anders im Vergleich zu Erfahrungen von «Extase», wie man es nennt und was manche erlebt haben, wenn sie die übernatürliche Welt schauen. Wenn jemand «in Extase» ist, wie einige Heilige es beschrieben haben, sind sie völlig «weg». Man könnte sich ihnen nähern und sie zwicken, und sie würden es nicht merken. Sie sind vollständig in der geistigen Welt.

Man fragt mich oft, besonders von Seiten der Geistlichkeit: «Warum verändert der Herr Ihre eigene Handschrift, und er-

Vassula im Alter von zwei Jahren anno 1944.

Abdruck der Briefmarke von «Seiner Kaiserlichen Majestät Haile Selassie».

Ein Briefumschlag auf dem 9 von insgesamt 19 verschiedenen Ausgaben der Briefmarke ersichtlich sind.

Nationale Tennismeisterschaft in Dhaka im Damen-Doppel.

Foto einer Modeschau.

Die Familie in Bangkok auf Urlaub.

Katholische Kirche und Seminar in Dhaka.

Im Kanu auf dem Weg nach Diang.

Unsere Betten in Diang.

Abendessen mit dem Einsiedler Fr. Dujarrier in Diang.

Auf dem Weg zurück nach Dhaka: Einkehr im Dorf Diang
mit leckeren «Samosas».

Verteilung von Saris und Decken an hurricane-geschädigte
Dorfbewohner in Bangla-Desh.

Platzieren der Botschaft von Christus in der Schärpe des nunmehr Hl. Papstes Johannes Paul II., 3. August 1988. (© O.R.)

Ein Treffen in Indien, anno 1998.

Zeugnisgeben in Indien.

Das Teilen um einen Altar herum während der Pilgerreise in Jordanien.

Kinder im Dorf Kulun, Bangla-Desh,
wo wir für sie eine Schule bauten.

Kinder vom Armenspeisungshaus «Beth Myriam» in Dhaka.

Telesphore Kardinal Toppo (Indien)
während unserer Pilgerreise.

Vorstellung mit dem (Anglikanischen) Erzbischof von Canterbury,
Rowan Williams, 2006.

Papst Shenouda III. (1923 – 2012), der 117. Papst und Patriarch der Koptischen Kirche von Alexandria segnet mich für meine Mission.

Patriarch Theodoros II. von Alexandrien und Ganz Afrika segnet mich für meine Apostolische Arbeit.

Im Gespräch mit Patriarch Theodoros II.

Vassula in Privataudienz bei Josef Kardinal Ratzinger kurz bevor er zum Papst Benedikt XVI. gewählt wurde. Dieses Treffen war die Folge eines fruchtbaren Dialoges mit dem Vatikan, 22. November 2004. (© Hvidt)

Papst Benedikt XVI. erhält das Buch mit den Botschaften von *Das Wahre Leben in Gott,* 30. Januar 2008. (© O.R.)

Ein Treffen in Mymensingh mit Muslimischen Eliten und dem Imam namens Moulana Aboul Haque.

Mein Treffen mit Muslimischen Geistlichen im Hotel Mustafiz in Mymensingh.

Seine Exzellenz, Premier Minister von Bangla-Desh, Scheich Hasina, der mir die «Peace Award Medal» («Friedensmedaille») übergab.

«Peace Award Medaille» für interreligiöse Harmonie und Frieden.

Jüngstes Ökumenisches Treffen im Heiligen Land.

Archbishop Kissag Mouradian übergibt Papst Franziskus meinen Brief sowie unser Magazin und das Buch mit Auszügen aus den Botschaften über die Einheit von Jesus Christus. (© O.R.)

Monsignore Rene Laurentin, der berühmte Mariologe.

12

them the chance to repent; courage! I am telling you this daughter: whoever will listen let him listen; whoever will not, let him not ... ΙΧΘΥΣ 

20. 7. 90

O Lord, let Your Spirit rest upon me and invade me.

let Me bless you 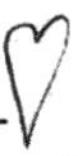 I give you My Peace; let My Spirit rest on you; I the Lord will grant you the safety you sigh for; keep firm in your faith because I am faithful to My Promise; I will put My Love Law into the hearts of your nations and I

Handschrift der Botschaften von *Das Wahre Leben in Gott*.

greift sogar Ihre Hand?» Worauf ich offen und ehrlich antworte: «Ich weiß es wirklich nicht.»

Aber einmal habe ich selbst dem Herrn diese Frage gestellt, und bei Seiner Antwort musste ich lächeln. Er sagte einfach: *«Ich mag es so.»*[37]

Recht so; dann habe ich dem nichts hinzuzufügen.

Aber da so viele Leute durch das veränderte Schriftbild fasziniert sind, möchte ich doch darauf hinweisen, dass es sich nicht um automatisches Schreiben handelt. Pater Curty aus Frankreich, ein bekannter und erfolgreicher Exorzist wie auch ein Grafologe, befasste sich mit meinem Fall, sowie auch weitere Grafologen. Sie wussten aus Erfahrung auf diesem Gebiet, dass Leute, die das automatische Schreiben zur Bewusstseinserweiterung benutzen, mit bestimmten Folgeerscheinungen zu kämpfen hatten und schließlich sogar besessen werden können.

Sie fanden heraus, dass die Handschrift der Botschaften, die ich empfange, nicht automatisches Schreiben ist. Pater Curty beschrieb einige grundsätzliche Unterschiede zwischen meiner Art, zu schreiben, und dem automatischen Schreiben. Er bezeichnete die Handschrift der Botschaften als «hieratisches Schreiben», was soviel wie heiligmäßiges Schreiben bedeutet. Ich erfuhr im Zuge dessen, dass neben einigen anderen bekannten Mystikern, die heilige Teresa von Avila Entrückungen des Körpers oder manchmal zumindest von Teilen des Körpers erlebte. Ich glaube, dass das, was ich in meinen Händen erlebe, eine abgeschwächte Form der Entrückung ist, und vertraue dem Herrn, dass Er schon wissen wird, wozu sie dienen soll. Wie ich schon sagte, der Herr lehrt uns auf einfache Art und Weise, indem Er sich dem Einzelnen anpasst.

Wenn ich mich mit Gott in der geistigen Welt unterhalte, weiß ich noch immer, was um mich herum in der körperlichen Welt geschieht. Ich befinde mich in beiden Welten, der körperlichen *wie auch* der übernatürlichen, gleichzeitig.

37. 7. November 1989.

Einmal in Bangladesch, kam, während ich eine Lokution hatte und die Botschaft niederschrieb, meine Haushälterin und rief irgendwas von einem Telegramm, dessen Empfang ich unterschreiben müsste. Es war so eine Störung mitten in meiner Unterhaltung mit Jesus, dass ich der Hereinkommenden entgegenrief: «Raus!» Aber da wies mich der so gütige Jesus sanft zurecht. «Bleib ruhig,» sagte Er. Und er tat dies auf so liebe Art, dass es wie eine angenehm-ernüchternde Dusche auf mein erhitztes Gemüt wirkte. Und ich verstand wieder einmal, wie sanft und demütig Er ist.

Bei anderer Gelegenheit kann ich diese Kommunikation mit Gott beginnen, indem ich einfach ins Gebet gehe. Ich beginne dann zu beten, genauso wie es jeder tut,und schreibe meine Gedanken an Ihn nieder. Aber wenn ich das tue, antwortet Er mir direkt, und ich beginne, die Worte aufzuschreiben, die Er mir sagt. Dies ist ein einzigartiger Aspekt der Gabe, die Gott mir gegeben hat. Er hat mich wissen lassen:

«Im Unterschied zu anderen, die Mein Wort als Gabe empfangen und die Ich besuche, wenn Ich es wünsche, habe Ich dir eine einzigartige Gabe verliehen, nämlich die, Mich jederzeit rufen zu können, wenn du es wünschst. Siehst du? Ich habe dir dieses besondere Vorrecht gewährt im rechten Verhältnis zu der Aufgabe, mit der Ich dich betraut habe und im rechten Verhältnis zu der Last, die Ich dir auferlegt habe. Siehst du, wie Ich alles gut bemessen habe, als Ich dies plante? Nicht, dass du aus dir selbst für diese edle Aufgabe, Mein Haus zu beleben und zu vereinen, qualifiziert gewesen wärest, alle deine Qualifikationen kommen aus Meiner Freigebigkeit, sie kommen von Mir. Ich habe dich zu dem Gefäß gemacht, das diesen gewaltigen Schatz birgt, zerbrechlich, doch so wird es deutlich, dass solch überwältigende Macht nicht von dir kommt, sondern von Mir, deinem Gott.»[38]

Wie lange diese Begegnung auch dauert, sie muss schließlich immer doch einmal enden. Und wenn es dazu kommt, ist es wie eine Rückkehr in die Profanität; ich würde sie sogar schmerzlich

38. 29. August 1998.

nennen. Man stelle sich vor, man ist an einem glanzvollen prächtigen königlichen Hof und wird dann jäh in Ruß und Dunkelheit herunter gezogen. Wenn das dann geschieht, dann blicke ich mich um, und wie es Gott einmal nannte, «noch tropfnass von Himmlischem Tau»[39] sehe ich die körperliche Welt mit erweitertem Bewusstsein und der rechten Einschätzung, wie unbedeutend die Dinge hier sind. Dinge, die mir auf Erden wichtig und maßgeblich vorkamen, sind nichts im Vergleich zur Herrlichkeit Gottes.

Einmal befand ich mich in der Gesellschaft einer guten Freundin, als Gott mich rief. Er erhob meine Seele zu seinem himmlischen Hof, während Er mir eine Botschaft gab. Als die Botschaft beendet war, kam meine Freundin rüber zu mir und umarmte mich. Obwohl wir nahe Freunde waren, fand ich ihre Berührung in dem Moment unerträglich, wie immer bei solchen Anlässen. Ihre Umarmung verletzte mich nicht von außen, aber innerlich hatte meine Seele ein unangenehmes Gefühl des Unbehagens.

Manche Leute fragen, wie ich «weiß», wer zu mir spricht, wenn ich Botschaften empfange. Ich habe keine Schwierigkeit, zu erkennen, ob es sich um den Vater, Jesus Christus, die Jungfrau Maria oder einen Engel handelt, die zu mir sprechen, weil ein Licht des Verstehens in meinem Intellekt hineingegeben wird.

Gott passt sich uns auf eine so sehr feinfühlige Weise an. Die Offenbarungen, die Gott mir gegeben hat, sind einfach, fast menschlich möchte ich sagen. Dies geschieht, damit wir uns nicht erschrecken. Gott offenbart sich durch die Visionen, indem er menschliche Gestalt annimmt. Dies dient dazu, dass ich mich nicht fürchte, wenn Er sich mir nähert, und damit sich das Göttliche und Menschliche, das Übernatürliche und das Natürliche verflechten. Jesus drückte es in einer Botschaft einmal so aus:

«Ich möchte dir deutlich machen, dass Ich Mich dir auf übernatürliche Weise nähere, um dir Meine Botschaften zu geben. Vergiss nicht, dass Ich ein Gott des Erbarmens bin, und dass Ich dich liebe trotz

39. 30. November 1998.

deiner Erbärmlichkeit und deiner früheren Gleichgültigkeit Mir gegenüber; Ich habe dir dieses Charisma gegeben, damit du direkt von Meinen Lippen lernst. Vassula, in deinem Herzen zu ruhen, tut gut.»[40]

Jemand hat einmal behauptet, dass da nichts Übernatürliches an meinen Erfahrungen wäre, und dass es einfach meine eigenen privaten Betrachtungen wären. Ich sagte dieser Person: «Was ist für Sie der Beweis eines übernatürlichen Geschehens?» Ich bekam darauf keine Antwort.

Aber ich wusste die Antwort. Übernatürlich ist ein Vorgang, der sich jenseits jeder geschaffenen Natur vollzieht. Diese Art der Wirksamkeit gehört nur zu Gott. Das Übernatürliche ist die *spontane* Bekehrung des Herzens, die zur Reue und Umkehr führt. Dies geschieht, wenn der Heilige Geist unsere Herzen anrührt und uns zu einem Leben des Gebets veranlasst. Es geschieht, wenn wir unser ganzes Leben Christus übergeben. Es geschieht, wenn Gott durch Seine Gnade in uns ein Feuer entzündet und uns in lebende Fackeln verwandelt, die wiederum bereit sind, die ganze Welt in Brand zu setzen und sie zur reuevollen Besinnung zu bringen. Nur Gottes übernatürliches Handeln kann eine Seele zu ständigem Lobpreis und Anbeten erheben. Solche Dinge sind nicht natürlich – es sind die Früchte übernatürlicher Gnade.

Einige meiner alten Freunde, die nichts über Gott wussten, meinten einmal: «Vielleicht kommt das alles aus dir selbst. Weißt du, so was wie außersinnliche Wahrnehmung, oder dein Unterbewusstsein wirkt hier – man kennt ja, wie einem das Unterbewusste Streiche spielen kann.»

«Tut mir leid,» antworte ich ihnen, «mein Unterbewusstsein war leer was geistliche Angelegenheiten betrifft. Also kann doch diese Gotteserfahrung nicht von einem leeren Blatt kommen.»

«Vielleicht hattest du in deinem Innern den Wunsch, Nonne zu werden, und dies ist die Folge deines unterdrückten Wunsches und deiner Vorstellungkraft,» sagten sie dann.

40. 8. März 1987.

Ich bin immer frei gewesen und habe mich nie unterdrückt gefühlt. Wie erklärt ihr denn die Kenntnis von geistichen Dingen bei jemandem wie mir, der noch nicht mal eine einzige Stunde Katechismusunterricht gehabt hat? Kommt das von meiner Vorstellungskraft? Und was ist mit den Bekehrungen so vieler Menschen, die mit den Botschaften in Kontakt gekommen sind? Ist das auch eine Folge meiner Vorstellungskraft?

Einige Geistliche haben entschieden, dass all diese geheimnisvolle Geschehnisse nicht aus meiner Vorstellungskraft oder von meiner Gottesbegegnung herrühren, sondern eher auf Tricks des Teufels beruhten, wie auch mein alter Freund, Pater Jim gemeint hatte. Aber diesen Kritikern halte ich entgegen: «Hat sich also Satan etwa bekehrt? Denn diese Begegnungen haben mich zu einer Gott Liebenden und Ihm Dienenden bekehrt, und sie haben dasselbe auch bei vielen anderen getan. Ich hatte, bevor dies anfing, nie die Absicht, mein Leben zu ändern. Würde Satan jemals diese Umkehr zu Gott bei mir und Tausenden anderen wollen? Wer sonst als Gott könnte eine solche Verwandlung bei mir und so vielen bewirkt haben? Wer sonst außer Gott könnte die Kranken geheilt und Dämonen ausgetrieben haben? Wer sonst könnte es gewesen sein, der uns ruft, uns liebt und uns warnt?»

Während einige religiöse Führer Zweifel hegten, haben viele andere die Botschaften angenommen. Wieder andere nehmen eine abwartende Haltung ein. Es gibt keine wissenschaftliche Methode, um zwischen natürlich und übernatürlich, zwischen dem was als «von Gott» im Gegensatz zu «nicht von Gott» angesehen wird, zu unterscheiden. Die kirchlichen Behörden nehmen normalerweise bei Privatoffenbarungen wie den meinen zu Lebzeiten des Empfängers keine Wertung vor. So wie wir ja auch ein Buch nicht anhand von einigen aus dem Zusammenhang gerissenen Zitaten bewerten können, wartet auch die Kirche, bis das Gesamtwerk des Betroffenen vollendet ist.

Ich weiß, es ist schwer für Menschen zu akzeptieren, dass jemand wie ich Botschaften von Gott erhält. Ich nehme es diesen

Leuten nicht übel, dass sie zweifeln. Aber wenn sie die «Früchte» dieses Wirkens sehen, wünschte ich doch, sie würden sich freuen und Gott die Ehre geben für die Gnaden, mit denen Er Menschen beschenkt.

Zusätzlich zu den Botschaften, die ich erhalte, gibt es noch weitere übernatürliche Begebenheiten, die ich mitteilen kann.

Vor einiger Zeit machten wir eine Wallfahrt ins Heilige Land. Während wir auf dem See Genezareth fuhren, baten mich einige schwedische Pilger aus unserer Gruppe um einen kurzen Vortrag. Wir versammelten uns also in einem der Salons, und im Laufe der Gespräche hatte ich offensichtlich sehr überzeugend von mir gegeben: «Ich muss nach Norden und auch dort den Leuten Zeugnis abgeben.» Ich wollte damit sagen, dass ich beabsichtigte, noch weiter nördlich als Schweden zu reisen. Sie sahen mich erstaunt an, und einer meinte lachend:

«Da ist doch niemand dort, nur Bären und Rentiere!»

Man sagte mir später, dass ich ihn anstarrte und sehr feierlich sagte:

«Doch, da gibt es eine Seele da oben.»

Jeder, der mich gut kennt, weiß, dass ich kaltes Klima hasse. Ich bin ein «Mittelmeer und Wüsten» Mensch. Daher würde es nicht meinem Charakter entsprechen, an Orte zu reisen, wo Polarbären zu Hause sind. Doch nach dieser Reise, als wir bereits alle wieder zu Hause waren und ich eines Abends gerade das Abendbrot anrichtete, rief mich einer der Schweden an und sagte:

«Sie hatten recht auf dem Schiff. Es gibt jemanden da oben in Lappland, der angerufen hat und Sie eingeladen hat, Ihr Zeugnis dort zu geben.»

Ich war ziemlich verblüfft.

«Was meinen Sie?»

Soweit ich mich erinnern konnte, hatte ich Lappland oder irgendwas, was mit dieser gefrorenen Landschaft zu tun hatte, nie erwähnt. Als der Anrufer meine Fassungslosigkeit bemerkte, beharrte er und erzählte noch einmal alles, was während unseres kleinen Vortrags auf dem See Genezareth gesagt worden war.

Ich seufzte und gab klein bei und legte den Hörer auf. Ich wusste sehr wohl, wer dahintersteckte! So sei es; für Gott war es eine Kleinigkeit, mich dorthin zu schicken, wo die Bären und Rentiere lebten.

Offensichtlich hatte Gott es auf diese Weise arrangiert, damit es Wirklichkeit wurde. Da Er damit auf mich zählen konnte, freiwillig meine Stiefel und Anorack anzuziehen und gen Nordpol zu fahren, legte Er mir Worte in den Mund, und meine Freunde nahmen mich beim Wort. Gott hat einen großen, heiligen Sinn für Humor und kennt uns nur zu gut. In solchen Momenten weiß ich, dass Streiten keinen Sinn hat, und mit einem Schulterzucken fand ich mich darein, auf die Einladung nach Lappland zu warten. Diese kam auch bald darauf, und ich machte mich auf zum Treffen mit den Brüdern und Schwestern in Lappland.

Ein Freund begleitete mich, und bei unserer Ankunft schauten wir herum, um zu sehen, wer uns abholte und erblickten eine fröhliche, füllige Dame, die uns quer durch die Ankunftshalle entgegenlief, um uns willkommen zu heißen. Wir fuhren gleich zu unserem Hotel, um dort gemeinsam mit einem Geistlichen aus Stockholm und seinem Freund mittagzuessen. Das Restaurant war leer, und ich fragte mich, wo die Einheimischen waren, und wieviele wohl am Veranstaltungsort des Zeugnistreffens sein würden. Der Geistliche und sein Freund waren noch beim Kaffee, als man mich bereits bat, zum Veranstaltungs-Saal aufzubrechen.

Als sie schließlich das Restaurant verließen, waren sie bereits spät dran und mussten im Laufschritt zum Saal. Als sie so die leeren Straßen entlangliefen, sahen sie einen alten Mann auf sie zuschlendern. Es war, als ob er zufällig auf sie gestoßen war. In dem Augenblick als er bemerkte, dass es sich um Fremde handelte, rief er ihnen im Vorbeigehen zu:

«Meine lieben Gesellen, woher kommt ihr?»

«Aus Stockholm.»

«Aber warum habt ihr's denn so eilig, ihr lieben Leute?» stieß der alte Mann beharrlich fragend nach.

«Wir sind in Eile, weil wir auf dem Weg zu einer Prophetin sind, die wir hören wollen.»

«Ein Prophet in unserer Stadt?» Man hätte den alten Mann durch einen leichten Stoß wie nichts umhauen können, so erstaunt war er.»

«Ja, und wir haben uns verspätet, möchten Sie mit uns kommen?»

«Mein ganzes Leben hab ich geglaubt, dass es Propheten nur in der Bibel gibt. Sagen Sie mir etwa, dass es sie noch gibt – und in meiner Stadt?»

«Wollen Sie mitkommen oder nicht?» riefen ihm beide ungeduldig zu.»

«Ja, ich komm mit!»

Fast einhundert Leute hatten sich im Saal versammelt und hörten meinem Zeugnis aufmerksam zu. Viele waren bis ins Herz getroffen. Südländer betrachten die Nordländer oft als ziemlich gefühlskalt und ausdruckslos, daher war es ganz erstaunlich, so viele Menschen zu sehen, denen Tränen übers Gesicht rannen, was zeigte, wie tief die Botschaften sie berührt hatten.

Manchmal kommt es vor, dass Gott nicht selbst zu uns spricht, sondern Sendboten gebraucht. Er mag sich der unwahrscheinlichsten Menschen bedienen, um zu uns zu sprechen, oder sogar den Platz eines Freundes oder eines Fremden einnehmen. Er mag einen Engel senden, der menschliche Gestalt annimmt, um Seine Botschaft zu überbringen.

Ich erinnere mich, wie ich eines Tages einen mir völlig Fremden traf, der nichts über mich wusste, aber mir mit ein paar Worten Mut zusprach, als ich dies am meisten brauchte. Mir war von meinem behandelnden Arzt gesagt worden, ich müsse wegen der Bandscheibenvorfälle in meinem Rücken drei Monate im Bett bleiben. Ich benötigte eine Untersuchung mittels Magnetresonanzabbildung (MRT-Scan), und meine Freunde fuhren mich zum Krankenhaus, wo man mich in einen Rollstuhl setzte, und wo wir dann gemeinsam in einem weiten Korridor warten mussten. Ein in Lumpen gekleideter, unrasierter Mann näherte sich meinen Freunden und wollte ihnen Taschentücher und Feuerzeuge verkaufen. Nachdem einer meiner Freunde ein paar Artikel gekauft hatte, ging er weg, drehte sich jedoch plötzlich noch einmal um und kam direkt auf mich zu. Er sah mir geradewegs in die Augen und sagte:

«Die Ärzte hier sind sehr gut, und es wird Ihnen bald wieder gut gehen, denn *Ihre Mission* ist noch nicht beendet.»

Ich war sprachlos, und meine Freunde waren es auch. Weder ich noch sie hatten diesen Mann jemals zuvor gesehen, und er wusste mit Sicherheit nichts über mich. Mit der Zeit wurde ich klüger, was Gottes Wege anbelangt, und ich verstand, dass die Worte des Fremden von irgendwo weit jenseits des Krankenhauses kamen. Ob wir es merken oder nicht, und unabhängig von den Umständen, seien sie nun übernatürlich oder vollkommen profan, Gott lässt uns nie allein – wir sind niemals im Stich gelassen.

Das war nicht das einzige Mal, dass mir unser Herr Mut zusprach. Einmal war ich in England auf dem Land eingeladen, Zeugnis abzugeben. Ein Ortspriester hatte Erlaubnis gegeben, dass ich im Pfarrgemeindesaal sprechen dürfe, und dann eine Messe in der daneben gelegenen Kirche gehalten würde. Es war ein Treffen in der Mitte der Woche, an einem Winterabend als der Himmel dunkel war. Ich erinnere mich so gut an diese Veranstaltung.

Während ich sprach, sah ich die Gesichter der Anwesenden und mein Blick fiel ständig auf Leute, die gähnten. Es waren über zweihundert Zuhörer da, und alles was ich sehen konnte, waren weit geöffnete Münder, die gähnten, was ich deprimierend fand. Natürlich hatten sie den ganzen Tag gearbeitet, aber es lenkte mich ab, und mich beschlich das Gefühl, als ob vielleicht der Heilige Geist mein Zeugnis nicht inspiriert hatte. Keiner bewegte sich, sie sahen nur einfach müde und erschöpft aus.

Nach dem Vortrag war ich traurig, und irgendwie aus der Fassung gebracht durch das dumpfe Gefühl, dass die Botschaft etwa nicht wirklich bei den Leuten angekommen war. Ich sah es aus der menschlichen anstatt aus Gottes Perspektive. In einem Anflug von Selbstmitleid bejammerte ich mich innerlich: «All diese

Opfer, all diese Reisen, lang aufbleiben, fast zwei Stunden hier stehen, ich bin total geschafft!»

Nach Beendigung des Vortrags gingen alle langsam zu einer Tür, die zur Kirche führte, wo die Messe stattfinden sollte. Es war beinahe zehn Uhr, und ich trat als Letzte ein. Alle hatten bereits Platz genommen, und die Bänke waren besetzt. Ich fuhr fort mich zu beklagen und dachte, «Nun vielen Dank für eure Rücksichtnahme, ihr alle! Ihr habt mir nicht einmal einen Sitz frei gelassen.»

Ich stand mit dem Gesicht zur Menge und suchte nach einem Platz, als ich einen kleinen Jungen von ungefähr zehn Jahren stehen sah, der mir Zeichen gab, zu ihm herüber zu kommen. Er war in der zweiten Reihe links in der Kirche. Ich schleppte mich zu ihm hinüber und bemerkte, dass er einen Platz für mich frei gehalten hatte. Am anderen Ende der Bank sah ich einen asiatischen Mann sitzen, der Junge war zwischen uns.

Ich dachte mir: «Es ist spät für ihn; wo sind seine Eltern?» Aber der Junge schien allein zu sein. Es war doch ein Schultag, und ich fragte mich, wie er so lange aufbleiben konnte, als der Junge sich auf den Bank nah an mich heranschob und meine Hände nahm. Während er sie hielt, zeigte er auf meinen mit einem Rosenkranz beringten Finger und fragte mich: «Was ist das?» Ich antwortete: «Das ist ein Rosenkranzring.» Darauf zeigte er auf einen anderen Finger, wo ich noch einen Rosenkranzring trug. Er fragte wiederum: «Und das?» Ich erwiderte: «Das ist noch ein Fingerrosenkranz, den mir ein Seher gegeben hat.»

Ich dachte mir, dass er nun glauben müsse, ich sei verrückt nach Rosenkränzen, wenn ich damit mehrere meiner Finger schmückte. Immer wenn ich sprach, sah er mich aufmerksam an, und ich bemerkte, dass er große, mandelförmige blaugrüne Augen hatte. Dann kam der Priester und begann mit der heiligen Messe. Zu dem Zeitpunkt fühlte ich mich, dank der Gegenwart des Jungen, schon etwas besser.

Als wir die Eröffnungshymne sangen, sang die hinter uns sitzende Haushälterin des Priesters so laut und falsch, dass der

Junge kicherte, und ich auch. Tatsächlich musste ich mich zurückhalten, nicht laut herauszuprusten. Schließlich war es Zeit für die Heilige Kommunion, und als ich aufstand und mich zu dem Jungen umdrehte, bereit ihm zum Altargeländer zu folgen, war er – schuppdiwupp – vor meinen Augen aus meinem Gesichtsfeld verschwunden! Ganz einfach weg. Ich konnte es nicht glauben! Ich habe ihn in der Kirche nicht mehr gesehen.

Wenn der Herr die Gnade der Prophetie gibt, dann geht damit ein weiteres Geschenk einher, nämlich die Gabe der Unterscheidung. Diese beiden Gaben gehen Hand in Hand, und ich muss gestehen, dass die Gabe der Unterscheidung, also imstande zu sein, die Geister «unterscheiden» zu können, oder Herkunft und Ziel der Geister beurteilen zu können, von entscheidender Bedeutung ist. Hier ist ein Beispiel:

Bei einem Besuch in den Philippinen, wobei er nicht der erste war, wohin ich eingeladen worden war, um Vorträge zu halten, hörte ich von einem jungen philippinischen etwa vierzehnjährigen Mädchen. Wie ich erfuhr, erhielt auch sie Botschaften von Christus. Die Leute waren begeistert, dass eine der ihren diese Gabe empfangen hatte und erzählten mir, dass ihre Botschaften den meinen sehr ähnlich waren. Sie brachten sie mit, wo immer wir hinfuhren – sie war die ganze Zeit in meiner Nähe.

Als ich meine geplanten Zeugnisversammlungen und andere Verpflichtungen erfüllt hatte, war gerade noch ein Tag übrig, mit den Organisatoren und anderen Freunden zusammen zu sein. Der Priester, der mich begleitet hatte, nahm die Gelegenheit zu einer gemeinsamen Messe für uns alle wahr.

Ich stand während der Messe neben dem jungen Mädchen, und es kam mir in den Sinn, ihr etwas von mir zu schenken. Ich trug einen Rosenkranzring, der mir ehrlich gesagt nicht besonders gefiel. Er war aus Metall, und ich hatte vor, einen aus Silber oder Gold zu besorgen. Er war auch etwas zu eng für meinen Finger, und da sie schmächtiger war, dachte ich mir, dass ich ihr den Ring geben könnte. Ich versuchte, ihn vom Finger zu ziehen, aber er bewegte sich nicht von der Stelle. Ich nahm mir vor, dass ich während des Mittagessens auf die Toilette gehen und den Finger einseifen würde, um dann den Ring runterzuziehen.

Die Messe war vorbei, und das Mädchen begleitete uns zum Restaurant. Wir hatten alle bereits Platz genommen, da fiel mir der Ring ein. Ich legte meine Hände auf die Tischplatte, um aufzustehen, da sah ich, dass der Ring weg war! Er war von meinem Finger verschwunden. Er hatte doch unmöglich vom Finger rutschen können, denn dafür saß er viel zu fest. Ich schnappte nach Luft, und der Priester, der meine Fassungslosigkeit bemerkte, fragte mich, was los sei. Ich erzählte ihm, was passiert war, worauf er ruhig feststellte: «Die Jungfrau Maria wollte den Ring nicht der Person geben, die Sie dafür beabsichtigt hatten. Sie hat ihn weg genommen.»

Das machte mich sogleich misstrauisch, und ich bat darum, die Botschaften des Mädchens sehen zu dürfen, um deren Echtheit zu prüfen. Als ich sie las, realisierte ich, dass sie die Botschaften, die ich erhielt, kopierte. Sogar der «Engel» hatte bei ihr den gleichen Namen wie mein Schutzengel. So verhielt es sich also. Ich berichtete meinen philippinischen Freunden davon, und sie waren bestürzt. Später, nach meiner Abreise von den Philippinen, erfuhr ich dass dieses Mädchen eine Betrügerin war, und schließlich glaubte ihr niemand mehr. Sie war aufgedeckt. Ich verstand, wie der Herr mich davor bewahrt hatte, getäuscht zu werden.

Früher dachte ich mir manchmal: «Ich wünschte, Er könnte den Schleier ein klein wenig lüften, den Schleier, den Jesus mir, wie Er einmal sagte, auf mich gelegt hatte, wenn Er bei mir war. Ich würde gerne sehen, was sich hinter dem Schleier befindet!» Aber Gottes Weisheit ist unendlich, und Er weiß, was Er tut. Gott wusste immer schon, dass ich mit Sicherheit sterben würde, wenn Er den Schleier vollkommen wegnehmen würde. Mein ganzer Körper, Geist und alles würde zusammenbrechen.

Einmal hob Er den Schleier ein klein wenig. Es war eine der überwältigendsten mystischen Erfahrungen, die ich jemals hatte und die ich niemals vergessen könnte! Was da geschah, war unverdient und herrlich.

10 DER SCHLEIER WIRD GELÜFTET

Eines Nachts war ich allein. Mein Sohn schlief im Bett, und mein Mann war auf Dienstreise in Afrika. Es war schon spät. Der Verkehr draußen war weniger geworden, und ich saß auf dem Teppich im Wohnzimmer. Ich schrieb gerade eine Botschaft von Jesus nieder, und während Er zu mir sprach, fragte ich Ihn unvermittelt: «Kannst Du nicht einfach den Schleier ein wenig heben, sodass ich Dich sehen kann?»

Ohne Vorwarnung folgte Jesus meiner Bitte! In diesem Moment fühlte ich stärker als jemals zuvor diese ehrfurchtgebietende, herrliche Präsenz um mich herum. Die überwältigende Macht dieses gewaltigen Gottes kam über mich wie ein Blitzschlag und hieb mich flach auf den Boden! Dort lag ich dann eine Zeit lang und konnte nicht aufstehen. Ich spürte nicht mehr die Gegenwart eines «Jemand», sondern sah stattdessen wie in einem plötzlich aufblitzenden Lichtstrahl etwas in seiner Macht Furchterregendes, Schreckliches, Überwältigendes. Ich merkte, dass ich zitterte, aber nicht vor Furcht. Ich war durch die Wahrnehmung dieser schier unerklärlichen Macht erschüttert worden. Mein ganzes Sein war von Gottes Macht und Größe durchdrungen. Nichts um mich herum hatte noch irgendeine Bedeutung, und ich war plötzlich durch und durch von einer immer größer werdenden, alles beherrschenden, allumfassenden, alles übersteigenden seligen Freude ergriffen.

Ich bemerkte nicht, dass mir Tränen die Wangen hinunterliefen. Ich weinte nicht; es waren Tränen des Überwältigt-Seins. Ganz schwach von dieser mächtigen Vision, schaute ich mich mit tränenverhangenen Augen um und erblickte die Unmenge an

Notizheften, die Gottes Botschaften enthielten. Plötzlich überkam mich eine neue Erkenntnis, und alles wurde kristallklar. Ich fragte mich: «Habe ich das wirklich alles mit Gott geschrieben – wie kann das sein?» Es war zu diesem Zeitpunkt, dass ich mir der Führung Gottes erst echt und ganz bewusst wurde, und dass die Notizhefte wirklich und wahrhaftig die Worte des Allmächtigen enthielten!

Wenn es vorher noch winzig kleine Reste von Zweifel gegeben hatte, jetzt waren sie blitzartig verschwunden.

Dann hatte ich in jenem Augenblick ein Bild des ganzen Universums vor Augen. Das gewaltige Ausmaß von allem schien wie nichts, wirklich nichts an Größe und Wunder im Vergleich zu Gottes ehrfurchteinflößender Macht und Größe. Ich realisierte, dass Gott unleugbar der Allmächtige Geist über der Welt des Geistes ist, und der Schöpfer dessen, was Er aus dem Nichts (*ex-nihilo*) erschuf. Er ist der Ewige. Er ist Herr über alles, und für Ihn ist das Universum wie ein Staubkörnchen. Und doch ist dieser große Gott so voll Schlichtheit, Sanftmut, Liebe und Erbarmen, dass niemand von uns es jemals annähernd wird begreifen können! Mir wurde klar, dass es für Gott ein Leichtes wäre, das ganze Universum mit einem einzigen Gedanken zu zerschmettern, und die ganze Schöpfung würde in sich zusammenfallen und verschwinden!

Wenn wir an Jesus Christus denken, können wir mit Ihm in Beziehung treten, weil Er menschliche Gestalt angenommen hat. Wir vergessen dabei seine Gewaltigkeit, seine Allmacht und dass Er ebenso Gott ist.

In diesem übernatürlichen Bewusstsein erkannte ich auch, dass die ganze Erde ein Nichts ist aus Gottes Blickwinkel gesehen! Und doch kommt dieser Grosse Gott, der alle Wesen umspannt, ohne von deren Begrenzungen, eingegrenzt zu sein, mit Seinem Herzen in der Hand, um es mir, *ja uns allen* anzubieten! Er spricht offen mit einfachen Worten, nicht in dunklen Winkeln, und seine Stimme ist wie Musik in meinen Ohren. Er spricht zu uns durch Frömmigkeit und Dichtung und mit majestätischer Vollmacht. Seine Gedanken erleuchten meinen Verstand, damit ich den verborgenen Sinn seiner Sprüche begreife. Mit seinem Lächeln und mit Wonne bricht Er die Siegel der geheimnisvollen Reden im Buch des Lebens, die bisher vor unseren Augen verborgen gehalten waren.

Ich verstand mit der Zeit, nachdem ich Ihn reden gehört hatte, dass Gott auch ein Künstler, ja ein Dichter ist! Er selbst bestätigte das in einer Seiner Botschaften:

«In dieser Zeit der Gnade komme Ich mit Erbarmen und rede in poetischer Form zu euch. Meine ausgesprochenen Worte sind Religion und Tugend. Mit dem Öl der Freude salbe Ich alle, die zu Mir kommen, und setze Mein Siegel auf ihre Stirn.»[41]

Die Art und Weise wie Er die Schönheit sowie auch die Natur erschafft, mit all ihren Wundern an verschiedenen Farben, zeigt mir, dass Gott «guten Geschmack hat», und dass Er sich freut an dem, was Er tut; Er verbirgt auch gar nicht seine Befriedigung über das Geschaffene, denn alles was Er erschafft, nennt Er «gut» und ist glücklich darüber. Aber vor allem erfreut sich Gott daran, uns all diese «guten» Dinge, die Er erschafft, zu schenken, umsonst, damit wir uns daran erfreuen und Er die Herrlichkeit Seiner Schöpfung mit uns teilen kann.

So schnell wie diese Gotteserfahrung begonnen hatte, endete sie auch. Jesus sagte mir:

«Siehst du, wie du dich gefühlt hast, und warum Ich deine Augen mit einem Schleier bedeckt halte? Du wärest nicht in der Lage, normal zu verkehren. Ich habe nur einen Zipfel des Schleiers gelüftet nicht den ganzen.»

Ich dankte dem Herrn für die Gewährung all jener Gnaden und sowie dieses letzten Geschenks, was ich alles gar nicht verdient hatte. Ich begann zu verstehen, dass Gott mich bei diesem Auftrag niemals alleinlassen wird, und erinnerte mich an bestimmte Worte, die Er zu mir gesprochen hatte, wie zum Beispiel:

41. 21. Mai 2001.

«Verkünde Meine Heiligen Werke, ehre Mich, indem du Mein Licht auf das Dach deines Hauses stellst, so dass jeder Es sehen kann. Lass Es von allen gesehen werden. Wenn sie dieses Licht bemerken, werden sie aus großer Ferne zusammenkommen. Sie sollen von dir erfahren, wie Ich zu dir kam und dir dieses Licht schenkte.»[42]

Nach dieser Schauung verlief das Leben weiter wie gewöhnlich, bis eines Tages ein Bekannter fragte, ob ich Interesse hätte, Vorlesungen über Mystik zu besuchen, die von einem Theologen gehalten würden. Dieser Theologe war offenbar ein Fachmann auf diesem Gebiet. Das interessierte mich, denn ich nahm an, dass seine Ausführungen mir auch größeres Verständnis für Meine eigene Situation geben würden. Mein Bekannter hatte den betreffenden Theologen vorher über meine Erfahrungen in Kenntnis gesetzt, und der war so sehr angetan davon, dass er anbot, die Botschaften vom Englischen ins Französische zu übersetzen. Der Theologe sah es auch als günstige Gelegenheit, mich mit Mönchen eines Benediktiner Klosters hoch oben in den Schweizer Alpen bekannt zu machen. Er war mit ihnen gut bekannt, und sie hatten ihm für die Zeit seiner Einkehr jederzeit bei ihnen bereitwillig eine Zelle zur Verfügung gestellt.

Ich freute mich auf die Begegnung mit den heiligen Mönchen. Nachdem man mich ihnen vorgestellt hatte, waren sie sehr daran interessiert, meine Geschichte zu hören. Als sie mir zugehört hatten, freuten sie sich, dass Gott mich so gesegnet und mir Botschaften für unsere Zeit gegeben hatte. Sie luden mich ein, sie oft zu besuchen, damit wir zusammen beten könnten. Ein paar Tage darauf suchte ich sie wieder auf und brachte dem Abt ein Kruzifix mit, das von Jesus auf besondere Weise gesegnet war. Dieses Geschenk erfreute ihn sehr, zumal es auf solch besondere Weise gesegnet war.

Doch, die Dinge änderten sich bald. Die positive Atmosphäre war nicht von langer Dauer, denn wieder einmal mischte sich der Teufel ein. Ich hatte erfahren, dass der Teufel, um eine Seele zu

42. 24. Januar 1988.

entmutigen, sowohl Menschen als auch Gegenstände benutzt, um sein Ziel zu erreichen. Er wendet alles zu seinem Vorteil und gebraucht Lügen und Täuschung, um die Leute zu blenden und sie zu Verfolgern der Seele zu machen, hinter der er her ist. Der Teufel nutzt nicht nur menschliche Schwäche, um Drangsal, Verwirrung und Streit herbeizuführen, sondern benutzt auch Naturgesetze zu seinem Vorteil, um Störung und alles Mögliche bis hin zu Katastrophen. Genau das geschah in dem Kloster.

Die Mönche waren mit einer älteren Dame bekannt, die sie als «ihre Mystikerin» betrachteten. Auch sie behauptete, echte Gotteserfahrungen zu haben und hatte das Kloster und die Mönche seit Jahren dadurch geleitet. Voll Freude stellten die Mönche mich ihr vor; doch was eine freundliche Begegnung zwecks Erfahrungsaustauschs hätte werden sollen, fiel ziemlich anders aus. Sie schien darüber verärgert, dass ich überhaupt da war. Die ganze Zusammenkunft war eher ein Verhör als eine freundschaftliche Begegnung. Ihre Kälte und Feindseligkeit mir gegenüber passte nicht zu dem Bild, das ich mir von ihr als Mystikerin gemacht hatte, und ihre schroffe Haltung traf mich unerwartet und verletzte mich.

Offensichtlich begrüßte sie das Interesse, das die Mönche an mir hatten, nicht. Um mich im Kloster auszuschalten, das sie ganz klar als ihr Hoheitsgebiet betrachtete, erzählte sie den Mönchen, ich wäre eine üble Schwindlerin. Sie sagte, alle meine Behauptungen über die Botschaften und meine Beziehung zu Gott und Jesus wären frei erfunden. Und dem Abt empfahl sie, sich so schnell wie möglich des Kruzifixes zu entledigen, das ich ihm geschenkt hatte, denn es hätte dämonische Kräfte. Später hörte ich, dass er ihr geglaubt hatte und es aus einem Klosterfenster die Felswand hinab geworfen hatte.

Das alles tat mir sehr weh. Ich glaube, diese Frau dachte, meine Anwesenheit würde zu ihrer Entmachtung und einem Verlust an Glaubwürdigkeit bei den Mönchen führen, obwohl das natürlich nie meine Absicht gewesen war. Dieser Vorfall ärgerte meinen Theologen-Bekannten so sehr, dass er das Kloster auf dem Berg nicht mehr besuchte. Von da an tat der Abt dieses Klosters alles Mögliche, um die Leute gegen mich aufzubringen, sowohl in der Schweiz als auch im Ausland.

Er nahm sogar zu einem bekannten Priester in Italien Verbindung auf und gab ihm falsche Auskunft, um dadurch die Botschaften als unglaubwürdig hinzustellen. Durch Gnade empfing dieser italienische Priester Botschaften von der Jungfrau Maria, die für die Priester der Gegenwart bestimmt waren, und er hatte eine Bewegung für die Priesterschaft ins Leben gerufen, die auf seinem Charisma gründete. Daher war er auf der ganzen Welt bekannt und genoss das Vertrauen vieler Priester und Bischöfe, die Teil seiner Bewegung waren. Es war nun so, dass der Abt für diese Bewegung in der Schweiz zuständig war, und seine falsche Auskunft führte dazu, dass der italienische Priester auch auf internationaler Ebene großen Schaden anrichtete und viele Priester gegen Gottes Botschaften beeinflusste.

Pater Bordeau, einem heiligmäßiger Mönch in den Vereinigten Staaten, waren Fotokopien einiger der Botschaften gegeben worden und er las sie mit großem Interesse. Leider sprach er darüber mit dem italienischen Priester, der ihm erklärte, die Botschaften seien vom Teufel, wobei er auf italienisch «*diabolo!*» ausrief. Später erfuhr ich, dass Pater Bordeau unbeschreiblich traurig war, als er dies hörte, denn die Botschaften hatten zu seinem Herzen gesprochen. Er hatte wirklich Gott darin gespürt.

Einige Tage nach diesem Tiefschlag, wurde Pater Bordeau eingeladen, nach Medjugorje zu reisen, einem kleinen Dorf in Bosnien-Herzegowina, wo die Jungfrau Maria täglich sechs Kindern erschien, und wo sich nunmehr Millionen zum Gebet versammelten. Betrübt reiste er an diesen Ort und bat Gott um ein Zeichen. Er betete: «Herr, wenn Vassula von Dir kommt und wenn wahrhaftig Du ihr ihre Botschaften gibst, würde ich gerne heute einen Blumenstrauß bekommen, als ein Zeichen.»

Nach diesem Gebet schloss er sich den anderen Priestern an, die außerhalb der berühmten Kirche von Medjugorje Beichte hörten. Plötzlich kam ein sehr großer Mann auf ihn zu, der einen

Strauß Wiesenblumen in der Hand hielt. Erstaunt starrte er auf die Blumen und fragte voll Ehrfurcht: «Was bedeuten diese Blumen?»

Der Fremde erwiderte: «Sie sind für Sie – nehmen Sie sie.» Noch immer erstaunt über so eine schnelle Antwort von Gott, brachte er noch die Frage heraus: «Wo haben Sie die bekommen?» Der Mann antwortete: «Während ich heute Morgen spazierenging, sah ich ein paar Kinder auf der Wiese spielen. Als sie mich bemerkten, fingen sie an, Wiesenblumen zu pflücken und liefen dann zu mir, um sie mir zu schenken.»

Da er nun keine Zweifel mehr in seinem Herzen hatte und erkannte, wie Gott sein Gebet beantwortet hatte, wurde dieser Mönch ein großer Apostel für die Botschaften in den Vereinigten Staaten.

Als Ostern herankam, ließ Jesus mich wissen, dass Ihm die lieblose und ablehnende Haltung des Benediktinermönchs mir und den Botschaften gegenüber großen Kummer bereiteten.

Jesus bat mich, dem Mönch zu schreiben und um einen Friedensschluss zu bitten. Trotz all der Wunden, die der Mönch mir zugefügt hatte durch die Verleumdungen und falschen Anschuldigungen, die er verbreitet hatte, war ich bereit, ihm zu vergeben und ihn wissen zu lassen, dass ich keinen Groll gegen ihn hegte.

Da Jesus mich dazu ermutigt hatte, schrieb ich ihm eine Karte zu Ostern. Er antwortete nicht. Ich glaube, der Herr wollte ihm noch ein Chance geben wegen der weiteren Vorkommnisse, die da kommen sollten.

Inzwischen fand der italienische Priester, den der Schweizer Mönch falsch unterrichtet hatte, die Wahrheit über mich heraus, durch eine verlässliche Quelle, einen anerkannten Theologen, Monsignore René Laurentin, dessen Meinung über die Botschaften sehr positiv war und immer noch ist. Der italienische Priester war bestürzt darüber, dass er falsch informiert worden war. Als er das nächste Mal durch die Schweiz fuhr, rief er seinen Dolmetscher an, der zufälligerweise genau derselbe Schweizer Mönchs-Abt war, und machte ihm Vorwürfe, weil er ihn getäuscht hatte.

Das war peinlich für den armen Mönch, aber es war noch nicht das Ende der Geschichte.

Am nächsten Tag hielt der italienische Priester eine offizielle Versammlung für Laien ab. Meine Freunde wollten hingehen und baten mich mitzukommen. Ich war nicht sicher, ob ich hingehen sollte, aber ihr hartnäckiges Bitten überzeugte mich schließlich, an der Veranstaltung teilzunehmen.

Mitten im Vortrag des italienischen Priesters sagte er, dass niemand mich verfolgen solle, und dass jeder seine eigene Gabe von Gott erhalten habe, was man Charisma nennt. Er fuhr fort, dass jedermann frei wäre, Anhänger eines Menschen zu werden, der ein Charisma wie Prophetie oder die Gabe der Heilung oder die Gabe der Erkenntnis oder andere Gaben von Gott erhalten hat. Er warnte allerdings davor, sie zu vermischen – was heißt, dass jedes Charisma eigenständig wirken sollte. Ich bemerkte, wie der Mönch rot wurde, als er gezwungen war, diese Worte, die sich auf mich bezogen, zu übersetzen. Nach dem Vortrag ging ich zu dem italienischen Priester und dankte ihm. Er stand neben dem Mönch und obwohl klein von Wuchs gelang es ihm, den Mönch am Nacken zu packen, ihn auf seine Größe herunter zu bringen, und sagte dabei: «Jetzt, wo ich hier bin, nimm sie in den Arm, gib ihr einen Kuss und mach Frieden mit ihr!» Als wir uns umarmten, flüsterte der Mönch mir ins Ohr: «Ich habe Ihre Karte erhalten, möchte aber nicht darauf antworten.»

Inzwischen wurde der Theologe so angewidert von der Sturheit und Verfolgung des Mönchs mir gegenüber, dass er seine Zelle im Kloster aufgab.

Einige Jahre darauf wurde der Mönch schwer krank. Eine Freundin von mir, die ihn kannte, ging oft zum Kloster, um ihm während seiner Krankheit Gesellschaft zu leisten. Bei jedem Besuch erzählte sie ihm über meine Sendung und wie es weiter ging, und sie erzählte von den guten Früchten die die Mission trug. Bevor er starb, gab er schließlich seinen Fehler zu und bereute. Ich sah darin die Hand Gottes, denn der sterbende Mönch bat meine Freundin, ihm die Hefte mit den Botschaften nochmals zu bringen. Dies war mir eine Lehre, denn ich begriff, dass Gott uns in seinem großen Erbarmen vor dem Tod immer noch eine Möglichkeit gibt, zu bereuen und Vergebung zu erlangen.

Eines schönen Tages, als Frühlingsduft in der Luft lag und die Sonne vom wolkenlosen blauen Himmel schien, beschloss ich, mein Mittagessen draußen auf unserer kleinen Veranda mit Aussicht zum Genfer See einzunehmen. Als ich anfing zu essen, sah ich mit den Augen meiner Seele Jesus auf dem Stuhl neben mir sitzen und auf mein Essen starren. Ich fühlte mich etwas unbehaglich, da Er zuerst kein Wort sprach. Ich hörte auf zu essen. Indem Er auf den Teller zeigte, fragte Er mich:

«Ist das gut?»

«Oh ja, Herr!» platzte es aus mir heraus, und ich hatte dabei zu meiner Beschämung noch immer einen Bissen im Mund.

«Möchtest du nicht, dass Ich es segne?» fragte Er. Ich verstand und konnte gerade noch sagen:

«Ja, Herr ...»

Er segnete das Essen und blieb bei mir, bis ich fertiggegessen hatte, und ließ mich damit verstehen, dass ich Ihm am Ende meiner Mahlzeit danken sollte, was ich auch tat. Ich bin überzeugt, der Herr erschien so, um mir zu zeigen, wie gern Er uns allen seinen Segen gibt.

Seit einiger Zeit hatte ich meiner Schwester auf Rhodos Fotokopien der Botschaften geschickt, und sie war dort zu einem wahren Apostel der Botschaften geworden. Sie verteilte sie regelmäßig auch an Freunde und Nachbarn, die ihr gespannt zuhörten und gerne die Botschaften lasen. Viele, die in ihrem spirituellen Leben nachlässig geworden waren, wurden wieder zu glaubenseifrigen Christen und kehrten zur Kirche zurück. Meine Schwester brannte vor Eifer, und nichts konnte sie davon abhalten, die Botschaften zu verbreiten. Sie rief sogar alte Freunde in der Schweiz an und erzählte ihnen von meinen Erfahrungen.

Das veranlasste eine von ihnen, bei mir anzurufen und um ein Treffen zu bitten; also lud ich sie in meine Wohnung ein. Ich erzählte ihr meine Geschichte, und während ich sprach, bemerkte ich, dass sie dann und wann in eine bestimmte Richtung schaute, zu einem Schrank, in dem ich all meine Notizhefte aufbewahrte. Schließlich fragte sie mich, wo die Rosen wären, die das Wohnzimmer so stark mit Duft erfüllten, da sie im Zimmer keine sehen konnte. Ich versicherte ihr, dass keine Rosen da wären. Darauf meinte sie, dass ihr deren Duft in die Nase steche. Als ich den Schrank öffnete, um ihr die Hefte zu zeigen, stand sie auf und sagte:

«Von hier kommt der Rosenduft!»

Die ganze Zeit über hatte ich nichts gerochen. Sie war von diesem Erlebnis so angetan, dass sie als erstes sogleich ihren Kollegen davon erzählte, als sie zurück ins Büro kam. Ihr Chef war sehr interessiert und fragte, ob er mit ihr herüber kommen dürfte um mich kennenzulernen. Es ging ihm mehr darum, etwas von Jesus zu hören als ein übernatürliches Wunderzeichen zu erleben.

Ihr Vorgesetzter war gebürtiger Italiener und hatte den größten Teil seines Lebens in der Schweiz gewohnt. Er war ein typischer Lebemann, verbrachte seine Zeit im Spielcasino, auf Parties und mit Essen in eleganter Gesellschaft. Obwohl er römisch katholisch getaufter Katholik war, ging er selten zur Kirche, denn sein Glaube war verkümmert. Gleich beim Betreten meiner Wohnung rochen beide Weihrauchduft und fragten, ob ich die Räumlichkeiten eingeräuchert hätte. Ich versicherte, dass ich keinen Weihrauch hätte. Er sah dies als ein Zeichen Gottes. Es war spätabends, als sie sich von mir verabschiedeten, und anstatt schnurstracks nach Hause zu gehen, ging er, noch immer fasziniert von seiner neuen Erfahrung, in die erstbeste Kirche, die er offen fand. Als er sie betrat, waren die Lichter bereits aus, und da er niemanden sah, war ihm etwas unheimlich. Er ging durch das leere Kirchenschiff zum Altar und kniete sich vor Christus hin. Voller Ergriffenheit stellte er Ihm sieben persönliche Fragen und bat um ein Zeichen. In diesem Augenblick vernahm er hinten einen knarrenden Laut. Aber er sprach zu Gott: «Das ist nicht genug, um mich zu überzeugen.»

Also stand er wieder auf und ging. Währenddessen hatte ich keine Ahnung, dass er in einer Kirche gewesen war, noch wusste ich, dass er Jesus Fragen gestellt hatte. Früh am nächsten Morgen rief mich Jesus und bat mich, eine Botschaft für ihn aufzuschreiben. Ich rief sein Büro an, und erzählte ihm, dass ich für ihn eine Nachricht von Jesus hätte, die er sich bei mir abholen könne. Ich hatte vergessen, dass die Menschen bestürzt sind, wenn sie hören, dass sie ein Wort direkt von Gott erhalten haben, und ich, in meiner Vergesslichkeit, hatte ihn auf sehr lockere Art davon unterrichtet.

Ich muss noch immer lächeln, wenn ich mich an seinen Gesichtsausdruck erinnere, als ich ihm die Tür öffnete. Er machte ein Gesicht, als ob er verprügelt worden wäre – seine Augen voller Schuldbewusstsein. Eingedenk der Art, wie er die Nacht davor die Kirche verlassen hatte, erwartete er wahrscheinlich schwerste Vorwürfe von Christus. Er ging gekrümmt und schien so geschrumpft zu sein, dass er gar nicht mehr so groß aussah, wie er eigentlich war. Es war, wollte er, dass die Erde sich öffnen und ihn verschlingen sollte! Ich weiß wirklich nicht, wie er so sehr schrumpfen konnte. Er kam wortlos herein, und als ich ihm die Botschaft gab, sah ich, dass seine Hand zitterte.

Ich beobachtete dann, wie sein ganzes Aussehen anfing, sich aufzuhellen und sich allmählich verwandelte, als ob ein Lichtstrahl auf ihn gefallen wäre, während er die Botschaft las. Er war noch immer im Schockzustand und sagte einfach nur tonlos: «Christus hat mir alle meine sieben Fragen von gestern abend beantwortet.»

Von da an änderte sich sein Leben vollkommen. Er fühlte sich in Vergebung angenommen. Er wurde zu einem überzeugten Christen und Zeugen der Liebe Christi. In seiner neu gewonnenen Freude wollte er, dass auch sein bester Freund, der in der Nähe in Frankreich lebte, Gott fände. Er rief seinen Freund an, der nicht weniger Playboy war, als er selbst es gewesen war, und bat ihn, übers Wochenende in die Schweiz zu kommen. Aber als sein Freund hörte, dass er Gott entdeckt hatte, war er darüber gar nicht erfreut. Der, mit dem er jede Nacht die Casinos und ausgelassenen Partys besucht hatte, sprach jetzt von Gott? Was für eine grauenvolle Vorstellung!

Aber schließlich nahm der Franzose die Einladung zum Wochenende an und erklärte sich sehr zögerlich auch damit einverstanden, in meine Wohnung zu kommen, um mich kennenzulernen, «die Hexe», wie er mich bereits nannte, als ob ich eine Art Zauberin wäre.

Als sie bei mir ankamen, fand der Franzose, dass ich aussah wie eine normale sportliche Frau, in Jeans und weißem T-Shirt, woraufhin er gleich einmal seine «Hexen» Anspielung sein ließ. Am Anfang unserer Zusammenkunft hüllte er sich allerdings in Schweigen. Ich lud sie zum Mittagessen auf der Veranda ein. Nach dem Essen ging ich zum Schrank und holte eins der Notizhefte heraus, um ihm die Handschrift der Botschaften zu zeigen. Er hatte noch immer kein Wort von sich gegeben. Er nahm es in seine Hände und blätterte schnell die Seiten durch, bevor er es mir zurückgab, worauf ich hineinging und es auf den Wohnzimmertisch legte.

Das Essen war vorüber, und ich sammelte draußen die Teller ein, als ich einen ganz wunderbaren intensiven Geruch genau dort wahrnahm, wo er gesessen hatte. Es schien sich um eine unsichtbare Duftsäule zu handeln, und außerhalb jenes bestimmten Platzes war keine Spur davon. Ich rief sie herbei zu dem Platz mit dem Duft. Sie kamen auf die Veranda, und nachdem sie geschnuppert hatten, sagte unser Freund aus Frankreich seelenruhig: «Ja, das ist der Duft, der aus Ihrem Heft kam.»

Ich wusste, dass er glaubte, ich hätte mein Heft parfümiert, deshalb sagte ich: «Ich parfümiere meine Hefte nie; das ist ein Zeichen für Sie, damit Sie glauben.» Ich nahm ihn an die Hand und führte ihn zu dem Heft, das noch immer auf dem Wohnzimmertisch lag, und bat ihn, es aufzuheben und daran zu riechen. Ich wusste, dass er dort nichts riechen würde, und in der Tat roch er gar nichts.

Er war der Typ Mensch, der seine Gefühle nicht zeigt, aber innerlich war er zerrissen. Als sie weggingen, bat er, bei einer Kirche anzuhalten und zum Staunen seines Freundes kniete er dort ohne jede Scheu nieder und betete. Christus hatte seinen Glauben durch ein geringes Zeichen augenblicklich wiederhergestellt, indem Er sich nur durch eine Duftnote zu erkennen gab.

Gott wusste, was der Mann brauchte, und dieses Zeichen genügte schon. Gott passt sich auf wunderbare Weise jedermann an. Er weiß, was wir zum jeweils gegebenen Zeitpunkt brauchen. Er nähert sich uns auf eine Art und Weise, die am geeignetesten ist, unsere Aufmerksamkeit zu erreichen – manchmal durch Zärtlichkeit, um uns nicht abzuschrecken, und andere male auf drastischere Weise, damit wir «aufwachen». Die Fülle Gottes ergießt sich über jedes Geschöpf. In unserer so schwierigen Zeit, wo Rationalismus und Materialismus jeden Aspekt des geistigen Leben durchdrungen haben und aus einst Gläubigen Ungläubige machen, indem sie ihre Gedanken mit allem außer Gott überfallen, hat jedoch der Gott, den sie vergessen haben, sie niemals vergessen. Gott Selbst sagt:

«Sage ihnen, dass der Gott, den sie vergessen haben, sie nie vergessen hat.»[43]

Gott dehnt Seine Göttliche Barmherzigkeit aus, indem Er Sich uns anpasst, um mit unverdienten Gaben zu uns auf unser so verarmtes geistliches Leben herabzusteigen. Gott ist auf der Suche nach jeder einzelnen Seele, wie Er sagt:

«Als Ich einmal an einem Fluss entlang spazieren ging, fiel Mein Blick auf ein Stück Treibholz, das mit der weltlichen Strömung dahintrieb. Ich beugte Mich und nahm es aus dem Strom. Ich nahm es mit nach Hause und pflanzte es in Meinen Wonnegarten. Ich machte aus dir, dem trockenen Holzstück, einen Baum. Ich sprach: "Wachse! Wachse und schlage Wurzel in Meinem Garten, in Meinem Eigentum, und lass deine Blüten einen Duft verströmen, der Meine Gerechtigkeit besänftigen kann." Ich sprach: "Jeden Monat sollen Früchte rei-

43. 27. Mai 1993; 28. Januar 1995, 19. August 1996.

fen, und deine Blätter werden das Heilmittel sein für viele." Hie und da erfreut es Mich, dich zurechtzustutzen. Meine Freude ist es, Blumen in der Blüte zu sehen und deine Früchte in stetigem Wachstum. Aber allein das Wasser von Meinem Heiligtum kann dir Wachstum und Leben schenken. Ich, Jahwe, werde darauf achten, dass du gedeihst. Es macht Mir Freude, unterwegs ab und zu ein Stück Treibholz aufzulesen. Ganz gleich, was Ich unterwegs auflese, Ich kann es lebendig machen.»[44]

44. 13. November 1991.

11 VISIONEN UND ZEICHEN

Schauungen wie solche der Taube kamen ständig vor. Alle Visionen, die mir gegeben wurden, kamen aus der Quelle der Göttlichen Weisheit und waren ein Geschenk des Heiligen Geistes. Die meisten der Visionen waren symbolischer Natur, und viele wurden Realität.

All die Jahre hatte ich viele Begegnungen mit Freunden, die daran interessiert waren, mehr über Gottes Handeln und Wirken zu erfahren. Sie stellten immer viele Fragen, und ich gab mein Bestes, sie zu beantworten. Im folgenden sind einige dieser Unterhaltungen angeführt:

«Bevor wir über Visionen und Zeichen reden, würde ich gern mehr über die Persönlichkeit Gottes wissen; können Sie uns aus Ihren Erfahrungen etwas darüber sagen?»

Zuerst einmal, Gott passt Sprache und Vorgehen demjenigen an, zu dem Er spricht. Das heißt nicht, dass Er sich ändert – denn Gott ist unwandelbar. Es ist so, dass ALLE Persönlichkeit von Gott kommt. Er ist unendlich kreativ; daher kann Er aus Seinem Schatzkästlein unendlich vieler Eigenarten schöpfen, um sich der Person, mit der Er in Verbindung tritt, mitzuteilen. Dies geschieht der Person zuliebe, die Er als Werkzeug benutzen möchte, damit er oder sie verstehen kann, was Er sagt; auf diese Weise sprechen wir «dieselbe Sprache».

Wenn ich Gott sprechen höre – hinreißend! Seine Worte sind wie Poesie! Es gibt keinen Zweifel, Gott ist Der Poet, und Der Künstler schlechthin, und wenn wir Seine Botschaften lesen, finden wir auf jeder Seite diese poetische Sprache. Einige Seiner

Worte erinnern an Hymnen. Dann und wann nennt Er Seine Botschaften sogar «Meine Liebeshymne».

Die Bibel ist der Liebesbrief Gottes. Die Art und Weise wie Er Schönheit und Natur mit all den verschiedenen Formen und Farben schafft, die Farben des Regenbogens zum Beispiel, zeigt mir, dass Gott Schönheit liebt, und dass Seine Majestät sich an dem freut, was Er erschafft. Wenn man bestimmte Geschöpfe anschaut – zum Beispiel komische Vögel – muss man einfach einen Sinn für Humor haben. Warum erschafft Er solche seltsamen Kreaturen? Weil zur gleichen Zeit, wie Er Reines Licht und Herrscher über Alles ist, auch ein freudvoller Gott ist, ein lächelnder Gott, Er ist froh und glücklich. Gott verbirgt nicht Seine Zufriedenheit, wenn Er Dinge schafft; bei allem, was Er erschafft, sagt Er sich: «Das ist gut.» Und vergesst nicht, all jene guten Dinge, die Er erschafft, sind *für uns!* Er freut sich, wenn Er sie uns schenken kann, damit wir sie genießen und mit Ihm an der Herrlichkeit seiner Schöpfung teilhaben. Zweimal habe ich gesehen, wie Jesus mir von einem Fresko

«Des Allmächtigen» (= «Pantokrator») zublinzelte, das sich üblicherweise unter der Kuppel griechisch-orthodoxer Kirchen befindet. Beide Male geschah es, als ich mich in einer Situation glaubte, in der es «keine Lösung» gab. Als ich meine Augen hob und auf das Fresko des Allmächtigen blickte, zwinkerte Er mir plötzlich zu. Ein Freund, der beim ersten Mal, als das passierte, neben mir stand, hatte ebenfalls das Auge blinzeln gesehen. Beide Male war die schwierige Situation sofort nach diesem humorvollen Zeichen augenblicklich gelöst. Ich verstand mit dem Zuzwinkern, dass Christus mir sagte: «Wart nur ab, und sieh was Ich tun werde…»

Am Anfang, als ich das «Vater Unser» ordentlich beten lernte, während Gott Selbst mir zuhörte, fragte Er mich ein paar Tage später: «*Hast du Mir etwas zu geben?*» Also begann ich darüber nachzudenken, was ich Gott geben könnte, das Ihm gefallen würde. Da unterbrach mich Gott und sagte: «*Alles Gute, das du Mir geben wirst, kommt von Mir.*» Ich überlegte, was ich Ihm geben könnte, das von mir käme. Ich sagte also: «Ich weiß, ich kann Dir ein Bild malen – eine Ikone, und sie der Kirche schenken.» *«Die Gabe der Kunst, Vassula, kommt auch von Mir.»*[45] «Ja natürlich», dachte ich; deswegen sagte ich: «Dann hab ich nichts Eigenes, das ich Dir schenken kann.» *«Doch, das hast du»* antwortete Gott. *«Schenke Mir deinen Willen.»* «Meinen Willen? Aber den hab ich Dir vor einer Woche gegeben!» *«Ja, mein Kleines, aber ich möchte es jeden Tag hören!»*

Vor allem ist meine Antwort, dass Gott majestätisch ist, souverän, wundervoll und wunderschön. Sogar der Mond nimmt sich gegen Seine Herrlichkeit fahl aus. Gott ist prächtig und ohnegleichen. Wenn Er spricht, spricht Er als Majestät.

Die Seele ist versucht zu fragen, so wie ich es tat: «Wohin führst Du mich?» Er antwortete: *«Zur Wahrheit.»* Bei einer anderen Gelegenheit fragte ich: «In was hast Du mich da hineingezogen?» *«In Meinen Leib,»* war Seine Antwort. Er brachte mich dazu, in Seinen Mystischen Leib, der die Kirche ist, einzudringen.

«Jetzt erzähl uns, was für Visionen du gehabt hast?»

Ich habe zahlreiche Visionen verschiedener Art gehabt. Jene der spirituellen Natur ließen meine Seele körperlose Phänomene sehen, wie Engel, Lichter, Wahrheiten, Seelen und Gott selbst. Andere Visionen, die ich hatte, betrafen verborgene oder zukünftige Ereignisse, und einige davon haben bereits stattgefunden. Um uns zu warnen, gab Gott Prophezeiungen. Visionen meiner eigenen Seele wurden mir gegeben, damit ich den Zustand meiner Seele sehen kann. Schauungen von Himmel, Fegefeuer und Hölle wurden mir ebenfalls gezeigt.

Visionen, die mir auf intellektuellem Weg oder in Träumen gegeben werden, kommen unerwartet und spontan, wenn Gott es wünscht. Die Augen meiner Seele nehmen nur Dinge wahr, die Gott mich zu sehen und zu begreifen wünscht. Eine der großartigsten Visionen, die mir je gewährt wurden, und die

45. Siehe 29. Mai 1987.

mich erschauern ließ, war jene von Gott Vater. Gott Vater erlaubte mir, Ihn so zu sehen, wie Er ist. Mir fehlten die Worte, um die Herrlichkeit des Vaters zu beschreiben. Ich weiß, dass viele Leute Gott gerne gesehen hätten, aber wenn wir Gott sehen, werden wir sterben, sagt die Heilige Schrift. Dies war jedoch nur eine Vision, und das ist etwas Anderes. Das Folgende schrieb ich am 25. September 1997 in mein Heft, während ich Jahwes Namen anrief:

«Mit einem Mal erschien mir eine herrliche Gestalt, die genauso wie der Menschensohn bei Seiner strahlend leuchtenden Verklärung aussah. Jahwe, der Herr der Herren, ist mir erschienen, gekleidet in Seiner ganzen Pracht; Sein himmlisches Gewand schimmerte und war doch farblos, so glitzernd, als sei es mit Diamanten und anderen Edelsteinen besetzt. Und als ich verdutzt und verwirrt auf diese bezaubernde Erscheinung von Huld und unvergleichlicher Schönheit starrte, während Jahwe so zart und mit solch anmutiger Bewegung hinter den Wolken hervorkam, da fühlte ich mein Herz erblühen.»

«Seine Majestät erinnerte mich an einen Bräutigam, der aus einem Pavillon hervortritt. Seine Gegenwart strahlte eine solche Güte aus, die ich mit Worten niemals beschreiben könnte, auch wenn ich es noch so sehr versuchen würde. Seine Gegenwart strahlte gleichzeitig Liebe und so viel Süßigkeit und Zärtlichkeit aus, dass meine Seele völlig überwältigt wurde. Sein schönes Haupt war leicht zur Rechten geneigt, wie bei diesen Herz-Jesu-Statuen. Du bist schön, mein Gott; obwohl ich nur durch einen Schleier sehen kann, sehe ich Dein Haar in dunklen Locken auf Deine Schultern fallen, und Dein schönes Antlitz mit der Blässe von Elfenbein bezaubert das Auge. Jahwes Haltung war wie die von jemand, der ein wenig schüchtern ist, doch versteht mich nicht falsch, es war keine Schüchternheit, sondern eine Art von Anmut und Majestät.»

«Wie muss es erst sein, Dich im Himmel den ganzen Tag lang mit bloßen Augen anzuschauen? Wie und wo soll ich die richtigen Worte finden, um Deine Huld und Schönheit zu beschreiben? Worte können das gar nicht ausdrücken, besonders diese leichte Bewegung, die Du machtest, um hinter den Wolken hervor zu kommen.»

Bei einer anderen Gelegenheit, als ich gerade eine Botschaft von Christus aufnahm, wurde mir ganz unerwartet eine machtvolle Offenbarung der Heiligen Dreifaltigkeit zuteil. Während ich auf Jesus schaute, sah ich deutlich zwei andere Personen gleichzeitg aus Ihm hervortreten: eine aus Seiner linken, die andere aus Seiner rechten Seite. Ich wusste, dass ich auf die Heilige Dreifaltigkeit schaute, die gekennzeichnet ist von gegenseitiger Liebe, Kommunikation und Erkenntnis. In dem Augenblick begriff ich, dass alle drei Personen, die nur ein einziger Gott sind, nur einen Willen, eine Macht, eine Herrschaft besitzen. Sie verschwanden so schnell wie sie erschienen waren, indem sie wieder in die Gestalt Christi eingingen. Letztlich haben wir, obwohl es Drei sind, nur Einen Schöpfer: «Drei in Einem und Einen in Dreien.»

«Hatten Sie auch irgenwelche Visionen vom Himmel oder vom Fegefeuer?»

Am 26. März 1987 rief mich Gott, und sagte mir in wenigen Worten, dass der Himmel, was Höhe, Weite und Tiefe und alle Ausmaße anbelangt, bei der Schöpfung aufs Genaueste ausgemessen und für vollkommen befunden worden war. Des weiteren sagte Er, dass jedwedes noch so kleines Lebewesen von Ihm käme, und alles Ihm gehöre. Er sagte, dass alles Leben von Ihm kommt und Sein Atem das Leben ist. Dann fragte Er mich sanft, ob ich mehr über Seine himmlischen Werke erfahren wollte, worauf ich mit «Ja, Herr», antwortete. Da sprach Er:

«Lass uns einen Ausflug machen in Meine Herrlichkeit.»

Ich befand mich im Geiste in der Gegenwart Gottes gehend, in einem schönen, farbenprächtigen Garten. Ringsherum war alles lichtdurchflutet, was jedoch nicht von einer normalen Sonne kam. Während wir so wanderten, bemerkte ich eine riesige Lichtkugel, die den Horizont beinahe berührte. Es sah aus wie eine große Sonne, aber man konnte es ansehen ohne sich die Augen zu verbrennen. Gott fragte mich:

«Wie fühlst du dich, Tochter?»

Da ich völlig in Staunen und Bewunderung versank, sagte ich: «Es ist wunderbar und alles so ungewöhnlich!»

Er fragte: «*Was siehst du?*»

«Diese Art "Sonne".»

«Ja, das ist Meine Heilige Wohnstatt; und was siehst du um dieses Licht herum?»

Zuerst erschien es mir, als ob um diese «Sonne» herum Flecken auftauchten. Da gab es eine klar erkennbare Bewegung, aber bei näherem Hinsehen erkannte man, dass diese «Flecken» aus Myriaden von Engeln bestanden, die das Licht umschwirrten. Gott sprach:

«Das sind die Cherubim, die Meine Herrlichkeit umkreisen. Was siehst du noch?»

Ich zögerte und sagte einfach: «Stufen, die in die "Sonne" führen?»

«Wir wollen dieses Licht betreten; bist du bereit? Zieh deine Schuhe aus, denn wir betreten heiligen Boden; jetzt sind wir im Innern des Lichtes.»

Ich dachte, wenn ich eintrete, würde ich mich in einem sehr hellen Licht wiederfinden, aber nein, alles war von blauer Farbe. Doch was mich am meisten beeindruckte, war die Stille und das Gefühl von Frieden und Heiligkeit. Es war faszinierend! Im Inneren war alles im Kreis angeordnet! Die «Außenwand», war keine Wand, sondern aus lebenden Wesen, es waren Engel, eine Wand aus Engeln, die die «Decke» wie eine Kuppel abschlossen … alle von blauer Farbe. Es waren Millionen, Billionen, einer dicht am anderen. Es waren große Engel, einer über dem anderen, dicht aneinander, so dass sie eine feste Wand bildeten. Es waren ihrer Millionen, Myriaden und sie alle standen aufrecht und still und stumm mit gefalteten Händen, wie in Anbetung. Der Herr sprach:

«Meine Seraphim bewachen diesen Heiligen Ort und beten Mich unablässig an; kannst du sie hören?»

Mit einem Mal hörte ich: «Du Heiliger der Heiligen. Heilig ist unser Gott der Höchste.» Gott, der mich auf etwas aufmerksam machen wollte, fragte:

«Wer ist dieser da mit dem goldenen Schwert, das so schön aussieht?»

Ich sah noch einen Engel, der sich von den anderen unterschied, denn er war von «normaler Farbe». Er stand genau inmitten des «Kreises» und trug ein langes, glänzendes Gewand von reinstem Weiß. Er hatte goldenes, schulterlanges Haar und hielt ein schönes goldenes Schwert in der Hand. Gott sprach:

«Das Schwert ist Mein Wort; Mein Wort ist rein; Es durchbohrt und erleuchtet.»

Plötzlich öffnete sich die «Kuppel» wie eine Blume.

«Schau, Kleines, und versuche zu erkennen; Ich bin bei dir und helfe dir; über dir wirst du jetzt die Heilige Schlacht sehen, die kommen soll. O Tochter, schau ständig mit Wachsamkeit um dich und sei dir bewusst, dass der Böse existiert. Kannst du etwas sehen?»

Als sich die «Kuppel» öffnete, sah ich ein riesiges Bild. Es war, als ob man hineingezoomt würde, damit man besser sähe. Da waren Pferde über mir mit schwarzen, samtenen, wild dreinblickenden Augen. Ich konnte nur die Augen und einen Teil des Gesichts sehen. Das Bild entfernte sich, als ob das Zoomen nun umgekehrt stattfände. Ich sah, dass eine Schlacht zwischen den guten und bösen Engeln im Gange war. Der Herr sprach:

«Meine Armee wird gegen Satan und seine Gefolgschaft kämpfen einschließlich derer, die versucht haben, Mein Gesetz zu vernichten. Denke daran: Ich bin das Alpha und das Omega, der Erste und der Letzte; Mein Wort besteht ewig. Was siehst du jetzt?»

«Ich sehe ein Reptil, etwa wie eine große Schlange, das vom Pferd geworfen wird.»

Gott sprach:

«Dieser Drache unter der Lanze Meines Heiligen[46] *wird besiegt werden. Wenn das vollbracht ist, werden auch alle seine Anhänger fallen. Vassula, Ich werde dir jetzt Meinen Gerichtssaal zeigen.»*

Ich sah einen großen Saal, aber noch befand sich niemand darin. Auf einmal hörte ich Kettenrasseln, das aus einer Ecke kam. Ich sah mich um und erblickte eine kleine Gruppe von Seelen, «Toten». Sie sahen unbeschreiblich abgehärmt aus und waren dabei durch schwarze Flecken verschmutzt, als ob sie sich in Kohle gewälzt hätten. Sie kamen einem unglücklich und zugleich verstört vor, und verunsichert über ihren Verbleib. Sie schienen uns nicht zu sehen. Gott gab folgende Erklärung dazu:

«Hast du diese Vielzahl von Seelen gesehen? Sie sind gerade aus der Unterwelt angekommen; es sind gepeinigte Seelen, die befreit worden sind; sie waren an den Toren Satans[47]*.»*

«Wer hat sie befreit?»

«Ich, durch Meine himmlischen Werke, und alle, die wiedergutmachen und Mich lieben; siehst du, warum Ich will, dass du Mich liebst? Je inniger du Mich liebst umso größer die Chance für sie, dass sie angehoben werden und zu Mir kommen… Was du gesehen hast, war nur ein Bild von ihnen, sie waren nicht wirklich in Meinem Saal [des Letzten Gerichtes], die Seelen werden erst am Ende gerichtet.»[48]

Die oben beschriebene Erklärung bedeutet, dass es zwei Gerichtsverfahren gibt. Das erste oder besondere Gerichtsverfahren ist jenes, das jeder einzelne bei seinem Tod erfährt, wo Gott bestimmt, wohin die Seele eingeht; entweder in Himmel, Fegefeuer oder Hölle. Das Jüngste Gericht wird nach dem Zweiten Kommen Christi und nach der Auferstehung der Toten und der Wiedervereinigung der Seele mit ihrem physischen Körper abgehalten.

46. So hat Gott den heiligen Erzengel Michael genannt.
47. Die niedrigste Stufe im Fegefeuer.
48. 26. März 1987.

Gott fuhr fort, mir zu erklären, dass diese Seelen im Fegefeuer ohne unsere Gebete und guten Werke hilflos wären, denn Gott benutzt alles Gute, um sie aus dem Fegefeuer zu befreien und in den Himmel zu führen.

Das Schwert in den Händen des Engels stellt Gottes Wort dar: Sein Wort ist Ewig, es ist rein und es schneidet und durchdringt. Ich begriff, dass der Himmel eine Wirklichkeit ist; dass es Engel und Dämonen gibt, und dass in der Zukunft eine geistige Schlacht stattfinden wird. Sie ist schon im Gange, aber am Ende werden der Teufel und seine Anhänger diese Schlacht verlieren.

«Nenne uns ein Beispiel der "Geheimnisse", die Gott dir offenbart.»

Einmal, während ich in Betrachtung war, nahm ich kurz, nicht nur einmal, sondern mehrmals, eine überwältigende Vision wahr: Ich sah, dass *das ganze Universum innerhalb Gottes ist*, und dass Er alles in Sich enthält – alles ist in Ihm, und nichts kann außerhalb Seiner Allmacht sein. Immer wenn ich eine Vision, die mir gegeben wird, nicht anderen mitteile, kommt die Vision immer wieder, bis ich darüber gesprochen und geschrieben habe, so wie auch die von Gott, der alles in Sich enthält.

«Haben Sie auch den übernatürlichen Duft von Rosen oder Weihrauch wahrgenommen?»

Ja, diese Zeichen haben ich oder meine Umgebung oder gewisse Leute, wenn sie sich über die Botschaften unterhalten, oft erlebt. Da passiert es, dass wir Rosen- oder Weihrauchduft riechen, obwohl keine Rosen oder Weihrauch in der Nähe sind. Es ist ein Zeichen von Gott. Einmal, als ich mit einigen Freunden im Auto fuhr, sprach ich über Gottvater – da waren wir plötzlich alle in Weihrauchduft gehüllt. So etwas geschah mir viele Male. Der Weihrauchduft verbreitete sich oft, entweder von den Heften mit den Botschaften oder einfach nur in der Luft, wenn wir beteten oder über die Botschaften sprachen. Viele Leute um uns herum konnten diesen Duft riechen; es ist ein Zeichen der Gegenwart Gottes.

«Warum gibt Gott solche Zeichen?»

Ab dem Zeitpunkt als ich in diese geheimnisvolle «Welt» eintrat und mir eine Aufgabe übertragen wurde, die meine Kräfte überstieg, hat Gott mich mit verschiedenen übernatürlichen Beweisen Seiner Gegenwart gesegnet, weil Er sich meiner Schwäche und meiner Abhängigkeit von Ihm sehr bewusst ist. Mein ständiges Bedürfnis nach Gott ist wie das eines Kindes, das immer neben Mutter oder Vater sein muss, und diese Zeichen sind des Vaters Art, mich daran zu erinnern, dass Er da ist. Dabei spricht Er mir immer Mut zu:

«Mein Kind, obwohl du unfähig bist, Meine Weisheit völlig zu verstehen, war Ich und bin Ich dein einziger Lehrer. Ich bringe dich voran, Schritt für Schritt; Ich erziehe dich auf den Wegen der Weisheit; Ich führe dich auf den Pfaden der Tugend. Wende dich weder nach links noch nach rechts, sondern halte fest an allem, was Ich dir gegeben habe.» [49]

«Sind diese Zeichen wirklich notwendig? Ist es nicht besser, einfach ohne sie zu glauben?»

Für das, was Gott tut, werde ich Ihm immer dankbar sein, und ich werde seine Weisheit niemals in Frage stellen oder Ihn auf die Probe stellen! Diese Zeichen sind «Nahrung» für die Armen und Elenden; sie sind dazu da, unseren Glauben wieder aufleben zu lassen. Gott weiß viel besser als wir, wann wir Zeichen brauchen, und warum wir sie brauchen. Gottes Zeichen und Wunder sind nicht dazu da, um unsere Neugierde zu befriedigen, sondern um uns zur Bekehrung zu führen. Sie sind dazu da, um uns die Existenz Gottes bewusst werden zu lassen und zur Reue zu veranlassen. Sie sind dazu da, uns in ein Leben des Gebetes zu führen. Meine Erfahrung hat mich gelehrt, dass Gott sehr geduldig und behutsam mit uns verfährt, mit all unseren Launen, Fehlern und Sünden. Ich frage euch: «Habt ihr den Friedhof gesehen? Alle, die da unter der Erde liegen, dachten auch, sie wären unentbehr-

49. 3. März 1989.

lich.» Sonderbar dabei ist, dass sich viele von uns in ihrem Ego und Selbsttäuschungwahn so benehmen, als wären wir so klug und sachkundig, dass niemand an uns herankäme oder uns widersprechen könnte: wir haben auf alles eine Antwort. Aber in Wirklichkeit wissen wir so wenig – oder gar nichts. Viel von dem, was wir tun und sagen, ist nicht viel mehr als schöner Schein. Die Wahrheit ist, dass all unsere Erkenntnis, all unser Streben wertlos ist, wenn wir nicht anerkennen, woher unsere Fähigkeiten stammen und an der Erkenntnis festhalten, dass alle wirkliche und wahrhaftige Inspiration von einer Quelle kommt, und das heißt: von Gott. Wenn uns Gott also Zeichen gibt, sollten wir sie beachten und sie nicht in Zweifel ziehen. Gott hat mich dies darüber wissen lassen:

«Meine Zeichen werden euch nicht gegeben, auf dieser Erde Aufsehen zu erregen; Ich bitte ernstlich alle, die auf Sensationen aus sind, demütig zu Mir zu kommen und zu beten.»[50]

Vor ein paar Jahren hatte ich mit einem Mann zu tun, der die Kirche verlassen hatte und seine Frau nur widerwillig zu einem meiner Treffen fahren wollte, denn er glaubte nicht an die Botschaften, die ich erhielt. Als er seine Frau schließlich doch hinbrachte, schaute er aus seinem Wagenfenster und sah mich, doch sah er eigentlich nicht mich, sondern vielmehr das Gesicht Jesu, das mein Gesicht überlagerte! Das verwunderte ihn total und hatte die kraftvolle Wirkung, seinen Glauben wiederzuerwecken.

Dieses übernatürliche Phänomen ist bereits von vielen bezeugt worden. Ich spüre dabei nichts, wenn es vor sich geht. Aber Jesus gab mir Seine Gründe. Da es manche Leute gab, die daran zweifelten, dass die Botschaften wirklich von Christus kamen, sagte Er das Folgende:

«Ich, Gott, werde unter euch sein und ihr werdet dieses Zeichen auf ihr sehen.»[51]

50. 3. März 1989.
51. *Mein Engel Daniel*, 10. Januar 1987.

«Ich bin der Autor von "Das Wahre Leben in Gott", und Ich werde es dadurch beweisen, dass Ich an deiner Stelle erscheine; das ist Meines Vaters Geschenk an dich und andere.»[52]

«Meinen Sie nicht, es ist seltsam, dass Gott Sie auf diese Weise gebraucht?»

Ich bin mir voll bewusst, dass ich nur ein abscheulicher Sünder gewesen bin, und ich hab es nicht verdient, dass das Bildnis Jesu auf mir erscheint. Trotzdem hat unser Herr, der die Göttliche Wahrheit und Vollkommene Lauterkeit ist, sich entschieden, nicht nur zu beweisen, dass Er der Autor dieser Botschaften ist, sondern wenn Er gewissen Personen erscheint, dann geschieht das wegen Seiner großen Liebe zu uns. Seelen, denen diese herrlichen Erscheinungen zuteil wurden, sind in Tränen ausgebrochen, von Reue übermannt, und sind in ihrem Glauben außerordentlich bestärkt worden.

Beim ersten Mal, als dieses Phänomen auftrat, befand ich mich auf den Philippinen. Ich war dahin eingeladen worden, um Zeugnis zu geben und die Botschaft Gottes bekanntzumachen. Während ich vortrug, bemerkte ich plötzlich, dass die Organisatoren und ihre Freunde, die alle in den vorderen zwei Reihen saßen, seltsam blinzelten, mit halb geschlossenen Augen. Da es spät am Abend war, dachte ich, sie wären wohl dabei, einzuschlafen. Dann sah ich, wie sie einander anschauten und flüsterten. Nach dem Vortrag kamen sie zu mir und sagten ganz aufgeregt: «Wir haben den Herrn auf Ihnen gesehen! Ihr Gesicht verschwand, und wir sahen stattdessen Ihn!»

Ich war erschrocken, aber der Herr hatte mir gesagt, dass dies passieren würde. Er hatte gesagt:

«Meine Tochter, durch die Kraft des Heiligen Geistes habe Ich dich auferweckt, damit du in vollkommener Vereinigung mit Mir bist und vor den Menschenmengen in Meinem Namen Zeugnis ablegst und dich selbst ihnen bis zum Äußersten schenkst. Deine Treue

52. 20. Oktober 1994.

gefällt Mir, deshalb werde Ich fortfahren in dir Meinen Plan auszuführen, bis er erfüllt ist … Und die Armen werden etwas hören, das noch nie vorher gesagt wurde, und sie werden Mein Heiliges Antlitz auf dir sehen; und diejenigen, die Mich vorher gar nicht kannten, werden sich Mir nähern; und die, deren Augen verschleiert waren, werden Meine ganze Herrlichkeit sehen … jeder, der von Meinem Geist, der heute überall weht, bewegt wird, wird Erbe Meines Reiches werden, und der Vater wird ihn zusammen mit einer Menge von Engeln im Himmel willkommen heißen. Ich segne dich jetzt. ic»[53]

Es gab zahllose Vorfälle dieser Art, dass alle möglichen Leute in verschiedenen Ländern, die nie von diesem Phänomen gehört hatten, das Heilige Antlitz Christi auf mir sahen, manchmal mein Gesicht verdeckend, und manchmal erschien Er auch in Seiner Ganzheit. Dieses Phänomen war nicht nur mit freiem Auge zu sehen, sondern gelegentlich auch auf Videos. Christus erschien und nahm vorübergehend meinen Platz ein, nur für die, die es beobachteten. Wenn es sich um jemanden handelte, der Christus beleidigt hatte, erschien Er meist mit der aufgesetzten Dornenkrone, wobei ihm das Blut über die Stirn rann.

Einmal war ich in New York eingeladen, in einem Basketball Stadion zu sprechen, wo große Video-Leinwände aufgestellt waren. Es waren vier Damen anwesend, die nicht an meine Gabe glaubten. Überzeugt, dass ich eine Betrügerin sei, die es auf die Täuschung der Leute angelegt hätte, hatten sie beschlossen, den Saal einige Minuten nach Beginn meines Vortrags als geschlossene Gruppe zu verlassen. Aber sobald ich zu sprechen anfing, sahen sie das Heilige Antlitz Christi auf einem der Bildschirme, und mein Gesicht auf dem anderen. Da ich gerade sprach, bewegten sich meine Lippen, aber auch die Lippen Christi. Dann zeigten auf einmal beide Videoschirme das Antlitz Christi – aber nur zur Hälfte, denn die andere Hälfte war mein Gesicht. Natürlich kann man sich vorstellen, wie sie sich danach fühlten. Sie

53. 27. Dezember 1994; ic = Jesus Christus, in Griechisch.

blieben wie angeleimt bis zum Schluss auf der Bank sitzen. Voller Reue über ihr Verhalten mir gegenüber, kamen sie zu mir, um mir ihre Geschichte zu erzählen, und baten mich um Vergebung. Ich lachte, versicherte ihnen, es sei schon okay, und pries den Herrn.

Eine Frau erzählte mir einmal, dass sie per Fernbedienung von Kanal zu Kanal zappte und dabei auf mich während eines Vortrags stieß. Sie blieb auf diesem Kanal und sah plötzlich dieses Wunder. Sie rannte zu einer Freundin, um ihr zu erzählen, was sie gesehen hatte und fügte hinzu: «Sie muss die Wahrheit sagen! Ich muss diese Frau finden!» Sie und ihre Freundin fanden mich tatsächlich und damit auch die Botschaften. Heute gehören sie zu den vielen, die die Botschaften gelesen und ihr Leben vollkommen umgekrempelt haben. Sie entdeckten «die Perle», also Gott.

Der Durst nach Gott wird wie nie zuvor in jedem, der dieses Zeichen sieht, wachsen. Wenn die Liebe erwacht und ins Herz dringt, wird Gott sie ab diesem Moment an Seinem Sein teilhaben lassen. Er wird ihr Sehvermögen wiederherstellen, und sie werden Ihm bis ans Ende ihrer Tage huldigen, und Er wird es ihnen wiederum in Seiner Großzügigkeit danken. Dies war sein Vesprechen im Rahmen einer Botschaft:

«Ich sage dir: Niemand, der Mich verherrlicht, wird von Mir im Stich gelassen, niemand, der ausgetrocknetes Land bewässert, wird von Mir ignoriert; Mein Herz ist zu feinfühlig und rein, um nicht berührt zu werden. In Meiner Güte beobachte Ich euch wie eine Mutter, wie ein Vater; jeder Aspekt eures Verhaltens wird von Mir wahrgenommen. Ich liebe euch, zweifelt nicht an Meiner Liebe.»[54]

«Was für Zeichen geschahen noch bei Ihrer Mission?»

Viele. Ich erinnere mich, dass ich einmal in Brasilien vor ungefähr 6000 Zuhörern Zeugnis abgegeben habe, und eine Botschaft vorlas, die die Ausgießung des Heiligen Geistes zum Inhalt hatte:

54. 16. Dezember 1994.

«Das heilende Wasser aus Meiner Brust, dieser Strom, der aus Meinem Heiligtum hervorfließt, wird euch erfüllen und heil machen. Niemand wird imstande sein, diesen Wasserlauf aufzuhalten; der Strom aus Meinem Herzen wird verschwenderisch weiterfließen; er wird überallhin strömen, sich vielfach verzweigen, in alle Richtungen hin Flüsse und Bäche bilden; und wohin dieses heilende Wasser fließt, wird JEDER, ob krank, lahm oder blind, geheilt werden. Sogar die Toten werden wieder ins Leben zurückkehren. Niemand wird Mich hindern können, euch zu reinigen.»[55]

Zu meinem großen Erstaunen begannen aus dem Nichts dicke Wassertropfen von oben zu fallen. Sie fielen auf mich, auf das Papier in meiner Hand und auf das ganze Rednerpult vor mir. Ich hörte auf zu sprechen und blickte nach oben, weil ich dachte, dass das Dach vielleicht undicht wäre und Regen hereinkäme. Aber es regnete draußen nicht, nur auf mich und das Pult. Die Leute bemerkten den Vorfall und lächelten und flüsterten erregt miteinander. Doch da einige Priester hinter mir saßen, dachte ich, dass vielleicht einer von ihnen Weihwasser gesprenkelt hätte. Sobald ich meine Ausführungen beendet hatte, setzte ich mich neben einen Priester, und als ich da saß, fielen wieder von oben schwere Wassertropfen auf mich. Ich sah den Priester neben mir an, der ungerührt vor sich hinschaute und mit keiner Wimper zuckte. Ich fragte ihn: «Haben Sie das gesehen?» «Ja,» sagte er und schwieg weiter. Einen Augenblick später fragte ich: «Haben Sie Weihwasser auf mich gesprenkelt?» «Nein, hab ich nicht.» Es herrschte Schweigen; Ende der Unterhaltung. «Aber was sind dann diese Wassertropfen?» beharrte ich. «Oh, die … Das ist ein Zeichen des Heiligen Geistes.»

Für ihn war das völlig normal. Er sprach so, als ob jemand sagt: «Die Telefonzelle ist um die Ecke.» Dann fügte er noch hinzu, als ob das keine große Sache wäre: «Ich hab das in meiner Kirche oft erlebt, wenn ich eine Taufe feiere.» Er dachte ein wenig nach und er schloss dann die Unterhaltung ab, indem er meinte: «Wissen

55. 2. Juni 1991.

Sie, als Sie in den Saal kamen und aufschauten und mich ansahen, ist Ihr Gesicht verschwunden, und ich sah es überlagert von dem Heiligen Antlitz Christi!»

Bei einem anderen Anlass in Dublin, Irland, fuhr eine kleine Gruppe mit mir in einem Kleinbus von Ortschaft zu Ortschaft. Ich setzte mir die Kopfhörer auf, um Musik zu hören und sah vor mich hin, ohne auf irgendetwas anderes zu achten. Eine Freundin betete neben mir das Jesusgebet («Herr Jesus Christus, Sohn Gottes, habe Erbarmen mit mir Sünder»), und als sie das Wort «Jesus Christus» aussprach, hörte sie mich sagen: «ICH BIN.» Sie war erstaunt durch die würdevolle Art, wie die Worte ausgesprochen wurden und dachte: «Sieh mal an, sie kann Ihn wirklich gut imitieren …» Später als ich die Kopfhörer abnahm, sagte meine Freundin: «Das war großartig, wie du "ICH BIN" gesagt hast, als ich den Namen Jesus Christus aussprach!» Da ich nicht verstand, entgegnete ich voller Verwunderung: «Ich hab das nie gesagt; warum sollte ich?» Aber sie bestand darauf, dass sie diese Worte ganz feierlich aus meinem Mund gehört hatte. Schließlich begriffen wir beide, dass nicht ich, sondern der Herr gesprochen hatte.

In Seiner Güte zeigte Er uns, wie Er darauf antwortet, wenn wir das Jesusgebet beten. Es war nämlich so, dass diese Freundin am Tag davor Zweifel hatte, ob Jesus überhaupt ihre Gebete hörte. Ich begriff, dass der Herr gesprochen hatte, indem Er sich meines Mundes bediente, um ihr zu versichern, dass Er immer gegenwärtig ist, und unsere Gebete hört. Das soll uns auch daran erinnern, dass wir den Namen des Herrn niemals missbrauchen dürfen.

Auf einer Reise nach Schottland stellte mich meine Freundin Carol einem Benediktinermönch vor. Da ich mich gerade mit einem Kardinal in Rom getroffen hatte, um ihm Jesu Wunsch nach einer geeinten christlichen Kirche mitzuteilen, sagte ich zu ihm: «Die Absicht Jesu ist es, die Kirche zu vereinen und dass wir uns untereinander versöhnen. Die wahre Einheit der Kirche bestünde darin, dass alle Seine Priester aller kirchlichen Konfessionen sich um einen einzigen Altar herum versammeln und die Heilige Eucharistie gemeinsam feiern.»

Der Mönch reagierte sehr stark und meinte, dass das nicht richtig wäre. Carol sagte mir später, dass sich mein Gesicht plötzlich veränderte und einen sehr ernsten Ausdruck annahm. Ergriffen vom Geist Gottes, drehte ich mich um und stand in einer ziemlich ungeschickten Stellung, da die Bewegung so plötzlich und ohne meine Kontrolle geschehen war. Mit dem ausgestreckten Zeigefinger beinahe auf seiner Nase und mit einer Autorität, die überhaupt nicht meine war, sagte ich: «Das ist die Denkweise von Menschen und nicht die Art, wie Gott denkt!»

Sowohl Carol, die mich ansonsten gut kannte, wie auch dem Mönch, verschlug es den Atem, und selbst ich war überrascht, wie behende ich mich umgewandt hatte. Ich wusste, dass diese Worte nicht von mir kamen. Auch der Mönch erkannte sofort in seinem Herzen, dass diese Worte, die mit solcher Autorität und Macht gesprochen wurden, nicht von mir kamen, sondern vom Allmächtigen Gott.

Obwohl diese Worte eine Herausforderung für seine konservativen Vorstellungen waren, nahm er sie an, weil er wusste, dass sie von Jesus kamen. Tagelang bat er Carol immer wieder, ihm die Worte zu wiederholen, als ob er sich diesen Vorfall, in dem Gott zu ihm gesprochen hatte, in Erinnerung rufen müsse.

Während dieses Besuches in Schottland musste ich die Botschaft Gottes vor den Menschen in Edinburgh bezeugen und nahebringen. Obwohl es große Hindernisse gab, konnte ich schließlich doch meinen Vortrag halten. Die Mehrheit der Zuhörer im Saal war katholisch, aber es waren auch Protestanten da, die weit weg vom Podium Platz genommen hatten. Jemand in der Menge, der noch darauf wartete, dass ich sprechen sollte fragte «Wer ist dieses Mädl? Warum kann Vassula nicht rauskommen und sprechen?» Die Leute um ihn herum sagten: «Aber das ist doch Vassula!» Er war erstaunt, denn mein Aussehen war auf einmal das eines jungen Mädchens.

Sobald ich der Menge sagte, dass ich nun mit dem Heiligen Rosenkranz beginnen würde, nickten die Protestanten einander zu, dass sie nun den Saal verlassen würden. Sie erhoben sich und warfen mir einen letzten Blick zu, aber als sie das taten, waren sie wie elektrisiert, denn das war nicht mehr ich, sondern Christus Selbst stand an meiner Stelle. Sie starrten mich an, rieben sich die Augen und setzten sich wieder hin, schockiert und starr vor Schreck. Sie begriffen, dass Christus wollte, dass sie blieben und den Rosenkranz beten lernten und zuhörten, was der Herr ihnen zu sagen hatte. Sie hatten verstanden, dass ich nicht nur das Wort Gottes mitbrachte, sondern auch das «Gegrüßet seist du Maria», und dass dieses Gebet in Ehren zu halten sei.

Anfang der Neunziger Jahre lud mich eine Nonne in die Vereinigten Staaten ein, damit ich dort Zeugnis ablege. Sie bemühte sich sehr, das Treffen zu organisieren und stieß auf hartnäckigen Widerstand durch ihren eigenen Bruder, der Priester war und sie dabei sabotierte. Sie gab jedoch nicht auf, denn sie war von der Echtheit der Botschaften Christi überzeugt. Als ich ankam, fand ich sie jedoch sehr niedergeschlagen und bedrückt vor.

Sie hieß mich willkommen, und beeilte sich, mein Gepäck zu holen, bevor sie mir mein Zimmer im Kloster zeigte. Als sie das Gepäck hinstellte, wandte sie sich zu mir um, aber sah statt meiner den Herrn Selbst da stehen, genau vor ihr; mit weit geöffneten Armen, wie um sie willkommen zu heißen und sie zu umarmen. Ich war nicht mehr da. Tief ergriffen fiel die Schwester in Jesu Arme und schluchzte. Sie spürte Sein Haar auf ihrer Wange und Seine Arme hielten sie umschlungen. Es war, als ob Er ihr sagen wollte: «Gut gemacht, Mein Kind, dass du diese Prüfungen Meinetwegen durchgestanden hast – und dass du Meine Botschafterin eingeladen hast und Meine Botschaft verteidigst. Mach dir weiter keine Sorgen, Ich bin bei dir und habe acht auf alles.» Als sie sich entwand und aufblickte, sah sie mich, und ich hatte keine Ahnung, was passiert war.

«Was ist mit dem Zeichen des "Glitter"?» Dieses Zeichen wurde während der Wallfahrt in die Türkei gegeben, bei der wir die sieben Kirchen der Apokalypse besuchten. Alle Pilger hatten sich in einem Hotel versammelt, wo der Großteil der Vorträge stattfinden sollte. Ich hatte mich in meinem Zimmer vor einer Konferenz ausgeruht, wo ich sprechen sollte, und ging noch einmal die vorbereitete Rede durch, die von der Einheit handelte, wobei ich ein paar Dinge hinzufügte und änderte.

Als ich an der Reihe war, zu den im Saal versammelten Pilgern zu sprechen, las ich meine Rede über die Einheit vor. Ich bemerkte, wie aufmerksam jeder lauschte. Nach meiner Rede ging ich zurück in mein Zimmer; dabei passierte ich einen Bekannten, der mit Blick auf mein Gesicht meinte, dass ich um den Mund und an den Wangen lauter Glitter hätte. Ich achtete nicht darauf und meinte, dass er wohl meinen Lippenbalsam meinte. Als ich jedoch mein Zimmer betrat, bemerkte ich, dass da auch Glitter auf dem Hocker beim Frisiertisch waren, und als ich mich umsah, sah ich Glitter in allen Regenbogenfarben auf dem hellbeigen Spannteppich liegen. Der Glitter vervielfältigte sich, verbreitete sich auf allen Oberflächen – sogar auf dem Telefon, den Lampen, und den Bettlaken. Er war einfach überall, wie auch in ganzen Haufen an den Kanten der Wände und in den Ecken. Der gleiche vielfarbige Glitter war auch im Badezimmer, und als ich mein Gesicht anschaute, sah ich, dass es mit Glitter übersät war, besonders um den Mund herum! Es war, als ob ein Engel gekommen war, der überall den Glitter verstreute und damit die Wirkung einer Explosion hervorrief.

Ich ging hinaus auf den Flur und sah noch mehr Glitter auf der linken und rechten Seite der Tür zu meinem Zimmer, was auch hier den Eindruck einer vielfarbigen Explosion machte. Ich wanderte den Flur entlang, um nach weiteren Spuren von Glitter zu suchen, fand aber nichts. Ich ließ den Freund ausrufen, der den Glitter zuerst auf meinem Gesicht gesehen hatte, und er kam zusammen mit noch einem Freund, um all die Pracht in meinem Quartier zu sehen. Er war nicht nur über die große Menge, sondern auch über die vielen schönen Farben ganz verblüfft.

Er wusste bereits um das Glitterphänomen, da er diese Gabe schon vorher einmal an einer Bekannten, einer sehr frommen Person beobachtet hatte, die auch Glitter auf ihrem Gesicht und auf allen Heiligen Gegenständen, die sie besaß, erlebt hatte. In ihrem Heim wurde sie damit täglich beschenkt, aber immer nur in jeweils einer Farbe. Nachdem ich Nachforschungen angestellt hatte, entdeckte ich, dass dieser «Glitter» einen Namen hat; man nennt ihn «*escarchas*», was auf Spanisch «Reif» heißt. Wissenschaftler haben dieses Phänomen geprüft und gefunden, dass es lebende Materie ist, eine Art Plasma, und nicht Papier oder Aluminium. Es handelt sich um etwas, das nicht von dieser Welt ist.

Am nächsten Tag vertraute ich mich Monsignore René Laurentin an, einem Fachmann auf dem Gebiet der Mystik und Phänomenologie; er meinte einfach nur: «Es ist ein Zeichen von Gott für Sie; Gott fühlt sich von Ihnen geehrt, und möchte Sie wissen lassen, dass Er mit Ihnen ist.»

Ich vernahm diese Worte mit einem Seufzer der Erleichterung, da ich mich bei meinem Vortrag unsicher gefühlt hatte. Das Zeichen war beruhigend und sagte mir, dass meine Rede über die Einheit wirklich das war, was Gott wirklich wollte, dass ich sagen sollte, und dass Ihm damit die Ehre erwiesen war. Das Zeichen sagte mir auch, dass die Ergänzungen zu meiner Rede eigentlich nicht von mir kamen sondern vom Heiligen Geist. In solchen Augenblicken denkt man nicht daran, ein Foto zu machen; aber ich hatte zwei Zeugen, die den Glitter sahen.

«Was bedeutet das "Shechina" Zeichen?»

Ein weiteres Erscheinungsform von Gottes Herrlichkeit ist die wohlbekannte Shechina. Sie erscheint gewöhnlich auf Fotografien, weil das sensible Auge der Kamera sie festhält. Sie kommt an heiligen Orten vor, bei heiligen Menschen, bei religiösen Artikeln wie Medaillons, Kruzifixen und so weiter, oder bei Versammlungen wo sich Menschen im Namen Gottes versammeln. Es ist eine Art weißer Nebel, der wie eine Wolke aussieht, und man kann es auch Licht- oder Feuersäule nennen. Beide Namen werden im Alten Testament erwähnt, als die Israeliten bei Nacht durch die Feuersäule durch die Wüste geführt wurden und am Tage durch eine «Wolke».

In der heutigen Gesellschaft glauben viele Menschen, dass wir nur für diese materielle Welt leben; eine Lebensspanne, die bestenfalls neunzig Jahre dauert. Das ist eine Täuschung, denn wir sind nicht nur Materie, sondern auch Seele und Geist, und wir sind zum vornehmen Geschlecht bestimmt, das auf ewig in der Welt des Geistes, die der Himmel ist, leben soll. Ja, wir sind geschaffen für etwas Höheres, Erhabeneres, Hoheitsvolleres als diese materielle, vergängliche Welt. Mein Engel sagte mir eines Tages, dass dort, wo wir sind, nichts von Dauer ist, aber dass dort, wo er lebt, alles von ewiger Dauer sei. Er sagte auch, dass das, was wir 'das Ende unseres Lebens' nennen, erst der Anfang der Ewigkeit ist. Also sind wir nicht nur Materie oder ein Zufallsprodukt der physisch-sichtbaren Welt.

All diese Zeichen, die uns geschenkt werden, haben nur eines zum Ziel: dem Herrn zu folgen und unser Leben zu einem unaufhörlichen Gebet zu machen. Wir sind ausnahmslos dazu aufgerufen, diese Erde aus ihrer Sündhaftigkeit in ein Paradies zu verwandeln und sie damit zur Herrlichkeit zu führen. Füllen wir also unsere Erde mit Glitter, mit «escarchas». Nehmen wir alle die Gestalt unseres Herrn Jesus an, der glänzt, und werden wir zu Licht, damit wir von Ihm aufgenommen werden und in Sein Licht eingehen.

Der Abend ging zu Ende, aber weil es sie nach mehr dürstete, fragten sie mich, ob es möglich wäre, uns wieder bei ihnen zu Hause zu treffen.

12 DER TAG DES HERRN

Am nächsten Tag trafen wir uns, und sobald wir uns gesetzt hatten, stellten sie mir Fragen, besonders darüber, was ich fühlte, als Gott mir meinen wahren Seelenzustand offenbarte – so wie Er mich sah. Ich nahm ihre Einladung an, weil ich mich an die Worte erinnerte, die Jesus einmal verkündet hatte:

«Ich bin fest entschlossen, diese Generation durch Erweise meiner Barmherzigkeit zu retten. Seid also alle glücklich, ihr, die ihr den Klang Meiner Stimme vernehmt, und habt eure Fülle in Mir, eurem Gott.»[56]

Sobald wir versammelt waren, sagte ich: «Lasst es mich euch ganz direkt sagen: Gott ist Feuer…»

In ihren Augen sah ich, dass sie nicht wirklich erfasst hatten, was ich gesagt hatte. Ich wollte es ganz klar machen und fügte hinzu:

«Dies nennt man den Tag des Herrn. Ich könnte ihn nach meinen eigenen Erfahrungen den "Tag der Entscheidung" oder "Feuertaufe" nennen.» Sie begriffen noch immer nicht.

Der Tag kann unvermutet jederzeit über einen jeden hereinbrechen, wie es bei mir geschah. Ich kenne auch andere, die wie ich diesen Tag schon erlebt haben und durch dieses Feuer gegangen sind, das sie vor lauter Reue am Boden zerstört zurückließ. Wenn man diese Erfahrung macht, ist es, als ob Gott einem in diesem Moment sagt: *«Komm, du kleines, elendes Geschöpf, das du Mich nicht zu sehen vorgibst. Komm jetzt! Du hast in deinem Leben genug Mist gebaut, und Meine Augen sind zu rein, als dass sie deinem*

56. 12. Februar 2000.

heidnischen Lebenswandel noch länger zusehen könnten. Sag mir doch, was meinst du, wohin du ohne Mich gehst? Und wie lange willst du dich noch gegen Mich auflehnen? Um dich zu retten, du kümmerliches kleines Geschöpf, und dich aus deinem Grab zu holen und dich wieder zu beleben, werde Ich in Meinem Grenzenlosen Erbarmen über dich kommen so wie jemand mit einer Fackel eine dunkle Höhle betritt. Ich werde Mir erlauben, in deine Seele einzutreten, um jede einzelne deiner Handlungen genau zu untersuchen; und dann werde ich alles, was nicht Mein ist, in Brand setzen und bis auf die Wurzel verbrennen.»

Endlich sah ich, dass sie mir alle gefolgt waren, und sie fragten:

«Werden wir alle durch dieses immaterielle Feuer gehen?»

«Ja, jeder von uns wird den schrecklichen Tag des Herrn durchmachen. Niemand wird ihm entkommen. Es ist eine Art Mini-Tribunal vor dem eigentlichen Tag des Gerichts, dem Jüngsten Tag. Und an eurer Stelle würde ich darum beten, es *jetzt* zu erleben, während ihr noch auf der Erde seid.»

Das schockierte und verwirrte sie, und sie fragten: «Warum sagen Sie das?»

«Weil dieses Feuer euch die unzähligen Sünden offenbart und euch davon befreit. Ihr könnt es “Gottes Werk der Barmherzigkeit” nennen. Gott ist Liebe, und das ist Er nicht weniger, wenn Er sich als verzehrendes Feuer offenbart. Es ist besser, dieses reinigende Feuer hier auf Erden zu erfahren als später im Fegefeuer. Warum? Weil euer Leben dadurch zu einem unaufhörlichen Gebet wird, das Gott wohlgefällig ist, und es wird die Zeit im Fegefeuer nach eurem Tod verkürzen, wo das Leiden der Seele wegen ihrer Trennung von Gott noch intensiver ist.»

«In Seiner Güte zeigte mir Gott 1986 eine Vision des Fegefeuers, das ich durchgemacht hätte, wenn Er nicht mit Seinem Feuer gekommen wäre. In dieser Vision sah ich mich auf meiner rechten Seite auf dem Boden liegen, in einem sehr dunklen Fegefeuer, zu schwach, um mich aufzurichten – dem Tode nah. Ich hatte die Gestalt eines Kindes von etwa sechs Jahren, das sehr dünn war und kaum Haare auf dem Kopf hatte, und die wenigen, die ich hatte, waren sehr kurz. Der "Himmel" über mir war pechschwarz, ohne dass man irgendwo eine Spur von Licht sehen konnte. Da hörte ich mich selber schwer atmen, wie einen Asthmatiker. Ich spürte, dass an diesem einsamen, finsteren Ort "Jemand" ganz nahe bei mir stand an diesem einsamen, finsteren Ort. Seine bloße Gegenwart war schon tröstlich, denn alles um mich herum war Finsternis, Leere und Verlassenheit. Auf einmal beugte Er sich über mich und hob mich bis auf Seine Brusthöhe hoch. Ich konnte den Kopf nicht wenden, um Sein Gesicht zu sehen, aber ich fühlte mich von dieser Gegenwart unendlich geliebt. Ich sah, wie ich versuchte, die Augen nach links zu drehen, damit ich einen Blick auf Ihn werfen könnte, aber es gelang mir nicht. Das Weiß meiner Augen war gelblich, und ich war erschüttert zu sehen, wie krank ich war! Mit letzter Kraft streckte ich in großer Anstrengung verzweifelt meine dünne kleine Hand nach Seinem weiten Ärmel aus, um Ihn zu erfassen und nicht mehr loszulassen. Sogleich spürte ich, wie bei dieser rührenden Geste das Herz des Heiligen vor Mitleid und Kummer aufschrie; soviel Mitleid und solche Liebe! Dann trug Er mich ganz sanft und zärtlich, um mich in Sein Haus zu holen und gesundzupflegen. Wie ein Wächter wachte Er über mich, ohne mich aus den Augen zu lassen, und wie eine liebende Mutter zog er mich auf. Und mit Seiner Liebe heilte Er mich.»

Dann sprach Gott:

«Ich Gott war voller Erbarmen für dich, als ich dich so elend sah. Tochter, Ich hob dich empor zu Mir und heilte deine Schuld. Ich wollte, dass du Mich erkennst, denn Ich bin dein Erlöser, Der dich liebt. Ich heilte dich und segnete dich. Ich breitete Meinen Mantel aus und fragte dich, ob du ihn mit Mir teilen willst.»[57]

«Seine Worte rührten mich zutiefst.»

Die Anwesenden waren sprachlos, und ich fuhr fort:

---

57. *Mein Engel Daniel*, 2. Dezember 1986.

«Deshalb sollten wir Gott bitten, uns die Gnade zu schenken, bereits jetzt geläutert zu werden, und unsere Sünden so zu sehen, wie Er sie sieht, damit unsere Seele zur Reue und Umkehr geführt wird. Dieses göttliche Feuer entfaltet seine Wirkung jedoch in unterschiedlichem Ausmaß je nach der Person. Es hängt ab von dem geistlichen Stadium und dem Verhältnis zu Gott, in dem man sich befindet. Den Tag des Herrn kann man in anderen Worten auch als eine unerwartete "Heimsuchung unseres Lebens auf Erden durch den Herrn" oder eine "Feuertaufe" oder eine "Taufe mit dem Heiligen Geist" verstehen. Ob wir nun jemals eine Vision erleben oder einen Engel sprechen hören, Gott wird zu jedem von uns kommen. Dieser Tag bleibt niemandem erspart, keiner kann entkommen. Er steht im "Gesetzbuch Gottes". Während wir dieses Feuer erfahren, müssen wir uns entscheiden – entweder Gott bezwingt uns vollständig und bringt uns in Seinen Willen und wir "verlieren die Schlacht", oder wir lehnen uns weiterhin gegen Ihn auf im Glauben, wir könnten gewinnen. Um aus der schwarzen Finsternis unserer Seele herauszutreten, muss uns in unserer Seele die ganze Last unseres Seelenzustands gezeigt werden, in dem wir uns befinden.»

Einige meiner Bekannten unter den Zuhörern sagten, dass auch sie ähnliche Erfahrungen gemacht hätten, aber nicht bis zu solcher Tiefe an Pein. Einer von ihnen platzte heraus: «Aber das ist ja entsetzlich!» Ich antwortete:

«Nun, wenn der Tag des Herrn auch angsteinflößend scheint, sollten man sich nicht fürchten, denn wie Gott es ausdrückte, werden wir unbändige Freude verspüren, wenn es vorüber ist. Wir werden die Freude von Gottes Lichtvoller Gegenwart empfangen, und ein besseres Verständnis von unserem Schöpfer sowie ein innigeres Verhältnis zu Ihm daraus gewinnen. Aber vor allem bringt uns diese Offenbarung unserer Seele unmittelbar auf den rechten Weg und erneuert unseren Geist. *"Wenn die Erneuerung stattfindet"*, sagt uns der Herr *"werden viele mit Mir bekleidet werden, und alle Heiligen und Engel werden für die Gabe Meines Heili-*

gen Geistes Dank sagen."[58] Daher handelt es sich hier um ein großes Geschenk, das uns Gott anbietet.»

Ich öffnete mein Heft mit den Botschaften und las ihnen mehr von dem vor, was mir Gott über diesen Tag gesagt hatte, und wie er über die ganze Erde kommen werde:

«Jene, die sich hartnäckig gegen Mich auflehnten und es immer noch tun, werden jenen Tag und alles, was er mit sich bringt, zu spüren bekommen. So plötzlich wie ein Donnerschlag wird er über jene Missetäter kommen, und wie ein fürchterliches Feuer werden sie zu menschlichen Fackeln werden.»[59]

Ich setzte schnell hinzu:

«Habt keine Angst, Gott beschreibt hier, wie die Erde mit *einem geistigen Feuer* in Brand gesetzt wird, und wie unser Bewusstsein uns als eine Offenbarung gezeigt wird. Dieses Göttliche Feuer wird an jenem Tag das steinerne Herz in ein weiches Herz verwandeln; dann wird sich die Welt in Todesqual ihrer Fehler und Schwächen, ihrer Verderbtheit und Gottlosigkeit, ganz zu schweigen von ihrer schamlosen Ablehnung gegenüber der Auferstehung des Herrn und Seiner Allgegenwärtigkeit in unserem täglichen Leben, voll bewusst werden. Der Himmel wird sich an jenem Tag öffnen, und jene die Gott ablehnten oder seinen Platz einnahmen, werden streng gerichtet; während jene, die sich an Seine Vorschriften und Gebote hielten, die auf der Liebe basieren, nicht mit Feuer geprüft werden, weil Gott wahrhaftig ihr Gott ist, und sie Ihn als das Zentrum ihres Lebens anerkannt haben. Sie sind schon geprüft worden…»

«Die Leute fragen mich: "Wann kommt dieser Tag?" Dieser Tag hat bereits begonnen und ist im Gange, denn viele Leute haben dieses geistige Feuer bereits zu spüren bekommen. Je weniger geistlich die Menschen sind, umso mehr wird ihre Seele zu leiden haben; es hängt alles von dem jeweiligen Seelenzustand ab. Aber lasst mich euch vorlesen, was Gott gesagt hat:

58. 1. Juni 2002.
59. 1. Juni 2002.

"Wehe denen, wenn Mein Tag kommt, deren Leben sich nur um materielle Dinge drehte. Meine Erscheinung wird Feuer sein. Schon sind für viele Meine Schritte zu hören und Meine Fußspuren zu sehen. Denen, die Mich nicht anerkannt haben, während Ich Mich in dieser Zeit der Gnade als Barmherzigkeit und als Leuchte zeigte, werde Ich Mich dann als verzehrendes Feuer offenbaren. Hat vielleicht jemand geglaubt, Ich würde unbemerkt vorbeiziehen? Und glaubt ihr immer noch, der Meister würde ohne Vergeltung an euch vorübergehen? Deshalb ist es gut, täglich zu bereuen und umzukehren."»[60]

«Unser Geist wird sich in seiner Sündigkeit vor Angst zusammenziehen, wenn dieser innere Seelenzustand sich vor unserem Bewusstsein auftut, und besonders, wenn wir erkennen, dass es von Gott kommt.»

Ich sah wieder, dass sie sich gegen diese Botschaft sträubten, also fragte ich: «Aber wollt ihr nicht die Wahrheit über eure Seele wissen?»

Einer von ihnen brachte heraus: «Ja, natürlich. Aber es macht einem Angst. Können Sie noch mehr über die positive Seite sprechen?»

«Ja! Während sich das vollzieht, wird Gott Seinen Duft über eure Seele verströmen, und Er wird sie läutern und verschönern, und es wird euch wie Schuppen von den Augen fallen. Ihr werdet die Gnade haben, euer wirkliches Selbst anzuschauen, was eine großartige Sache ist. Das Feuer Gottes wird euch in eurer Bestürzung zunichte machen, aber Gott versichert uns, dass wir uns nicht fürchten sollten, denn dieser Reinigungsprozess stellt uns auf die Seite Gottes und leitet unsere Seele, damit sie nicht mehr ziellos umherirrt. Und das ist wunderbar!»

«Wird es vorher irgendeine Art Warnung geben?» fragten sie.

«Nein, der Herr wird wie ein "Dieb in der Nacht" ohne jede Vorwarnung kommen. Lasst mich euch vorlesen, was der Herr hierzu sagt:

---

60. 1. Juni 2002.

"Wenn die Stimme des Vogels schweigt und der Klang des Gesangs verstummt ist, dann wisset, dass Ich in dieser Stille alle eure verborgenen Taten, die guten wie die bösen, zum Urteil ausrufen werde."»[61]

Ich fuhr mit meiner Erklärung fort:

«Nach all diesen Jahren des Reisens mit Gott erhob sich in meinem Inneren etwas Schönes, und ich bin sicher, dass dies geschah, nachdem ich die Erfahrung mit dem Tag des Herrn gemacht hatte. Ich war allein und in Gedanken versunken und dachte über Gott nach, als Er mich in einem Augenblick und ohne Vorbereitung oder Vorwarnung klar werden ließ, dass ich nur für Ihn geschaffen wurde, und dass ich nicht einmal meiner Familie, ja nicht einmal mir selber gehöre!»

«Ich war frei! Frei von allem, frei von der Welt. Ich kann nicht angemessen beschreiben, wie ich in diesen Zustand der geistigen Erkenntnis kam. Blitzartig ließ mich der Herr begreifen, dass ich niemandem gehörte außer Gott: ich war Sein. In dem Moment, als ich das erkannte, kam damit auch genauso schlagartig die feste Überzeugung, ein völlig Fremder auf Erden und ganz anders, einzigartig zu sein. Ich muss gestehen, dass mich dieses Gefühl der völligen Absonderung und Abgeklärtheit mit großer Freude erfüllte und zugleich mit einem Gefühl von Wärme und Freiheit gemischt mit innerer Sicherheit. Würde ich an UFOs glauben, so hätte ich gesagt: "Ich bin ein Außerirdischer, und ich gehöre nicht der menschlichen Rasse an, noch bin ich von diesem Planeten, denn ich fühle mich anders, und dabei ahnt nicht einmal einer was davon." Ich sehe recht normal aus, von außen wie eine einfache Hausfrau, aber innen drin ist es, als ob Gott mich auf eine höchst sonderbare Weise nur für einen Zweck geschaffen und geschult hätte: mich der Welt *auszuleihen*, mich unter die Weltenbürger zu mischen und dabei Sein Echo zu sein, Seine Worte der Liebeshymne wiederzugeben, die Er mir diktierte und Selbst *Das Wahre Leben in Gott* nannte. Kurz und bündig: Ich bin das Kind Gottes, von Ihm geschult und als ein unverdächtiger

61. 13. September 2002.

“Geheimagent” auf Erden gesandt, um Seine Interessen wahrzunehmen.»

«Der Zweck meines Daseins, meine Bestimmung besteht darin, dass ich Zeugnis ablege und für die Ausbreitung Seines Königreiches arbeite. Dieses eine Ziel ist gleichsam in mich eingraviert: Gott zu dienen und mich als eine Opfergabe darzubringen. Er hatte diese Sendung schon lange vor meiner Erschaffung geplant; das hat Er mir gesagt. Er erschuf mich zu diesem bestimmten Zeitpunkt der Geschichte, zu dieser bestimmten Aufgabe. Jeder von uns hat eine Aufgabe auf Erden.»

Eine meiner Bekannten sagte: «Wir sind nicht alle Mutter Teresa, wissen Sie, und wir können nicht an sie heranreichen. Ich bin bloß Hausfrau, was ist meine Bestimmung?»

«Eine gute Hausfrau zu sein und sich um das zu sorgen, was Gott Ihnen gegeben hat. Er zeigt immer jedem, welche Dienste im Leben man zu tun hat; aber was immer wir auch tun, wir müssen es mit Liebe tun. Wir sind nicht alle gleich. Jeder ist anders. Nehmt als Beispiel Gläser verschiedener Größe. Solange jedes Glas randvoll mit Liebe und Güte gefüllt ist, wird, egal wie groß das Glas ist, Gott die Ehre erwiesen. Auch ist es so, dass, je mehr Gnadengaben man von Gott erhält, umso mehr Gott zurückzugeben hat.»

«Wir müssen auch die unermesslichen Schätze entdecken, die jede irdische Macht in den Schatten stellen. Dieser Schatz, der in wunderbarem Licht erstrahlt, befindet sich genau vor unseren Augen und liegt in jedermanns Reichweite, für jeden ohne Ausnahme zugänglich. Gott ist Feuer, aber auch Licht. Ich wusste, dass mein Geist niemals zu Gott hätte aufsteigen und Ihn erreichen können, selbst wenn ich es noch so sehr versucht hätte, aber durch Gnade wurde ich dazu erhoben, Gottes Geheimnisse zu entdecken.»

«Mein Glaube wurde erneuert und ging der Gottesliebe voraus, die ihrem Wert nach wie eine unvergleichliche, kostbare Perle ist. Dieses Licht ermöglicht es unseren geistigen Augen, den Schatz zu sehen, den Er vor uns hinstellt, und wenn wir das tun, werden wir alles dafür eintauschen, um ihn zu besitzen. Es ist die Perle "von unschätzbarem Wert" – unvergleichlich. Aber um sie zu erhalten, muss man "den Tag des Herrn" durchmachen.»

Der Abend neigte sich. Viele waren bis ins Herz getroffen. Einige wurden schließlich zu Zeugen und bildeten ökumenische Gebetsgrupppen, die sich auf die Botschaften gründen.

13 DER GEISTLICHE KAMPF

Eins der wichtigsten Dinge, die man im spirituellen Leben verstehen muss, ist geistige Kriegsführung. Bei geistiger Kriegsführung geht es um den Kampf zwischen Gut und Böse, und das Schlachtfeld sind wir. Bei dieser Kriegführung kämpfen wir nicht gegen Fleisch und Blut, sondern gegen Fürsten und Gewaltige der unsichtbaren Welt. In der spirituellen Schlacht unserer Zeit sind wir *alle* Teilnehmer.

Lasst uns hören, was Jesus mir eines Tages dazu sagte: *«Eine große Schlacht ist heute zugange.»*[62]

Licht und Dunkelheit haben nichts gemein. Gute Engel sind keine Verbündeten aufrührerischer Engel (Dämonen). Es gibt geschaffene, unsichtbare Mächte im Himmel, die wir Throne, Herrschaften, Hoheiten und Mächte nennen. Rund um uns herum sind böse Kräfte und gute Kräfte gegenwärtig. Das Heer der guten Engel, das Gott aufbietet, ist zahlemäßig weit größer und viel mächtiger als das Heer der dunklen Kräfte.

Geister sind unsterblich. Wir haben gehört, dass eine große Anzahl von Engeln gefallen ist, und dass später auch des Menschen Seele ebenso gefallen ist, und ihr Fall brachte Elend, Sünde und Tod mit sich. Gäbe es Gott nicht, der mit Seinem Befehl das Licht zurückrief, worauf Licht begann, so wäre die ganze geistige Welt ein einziger Scherbenhaufen gewesen, so wie Asteroiden in ein schwarzes Loch gesogen werden und darin verschwinden.

Satan steht unter den Mächten des Bösen über allen anderen Dämonen. Wenn er merkt, dass ihm eine Seele verlorengeht, wird

62. 21. November 1988.

er nichts unversucht lassen, sie zu lähmen. Er zögert nicht, Menschen und Situationen, ja sogar alle Naturgesetze gegen denjenigen zum Einsatz zu bringen, der ihm verlustig zu gehen droht. Er wird alles gegen diese Seele vorbringen, besonders wenn er fürchtet, dass diese Seele sich eines Tages gegen ihn wenden und so sein Feind werden könnte, der seine Pläne zunichte macht.

Ich gelangte zu der Erkenntnis, dass diese bösen Kräfte sowohl unseren Leib als auch, was noch wichtiger ist, unsere Seele zerstören wollen. Die Dämonen hätten sehr gerne, dass wir die Ewigkeit mit ihnen in der Hölle verbringen und leiden, wie sie leiden. Sie sind daher bemüht, viele Menschen dazu zu bringen, in Unglauben zu verfallen und Gott zu leugnen. Sie tun alles, was sie können, um Gottes Schöpfung zu zerstören. Die Kriege, die Verbrechen, der Hass einer Nation gegen die andere, die Zerrüttung von Familien und Freundschaften, die Abtreibungen, die Unstimmigkeiten sowie die fortdauernde Spaltung der Kirchen, alle diese Dinge sind auf irgendeine Weise das Resultat dämonischer Machenschaften.

Die Dämonen sind wütend auf Gott, weil Er uns liebt. Sie sind wütend auf jedermann, der mit Gott zusammenarbeitet und ihre üblen Pläne zu durchkreuzen droht. Sie sind wütend, wenn Er uns Mitleid und Barmherzigkeit erweist, um uns zu retten. Sie sind eifersüchtig, wenn wir unseren rechtmäßigen Platz als Kinder Gottes einfordern. Sie geraten in verzweifelte Wut, wenn sie merken, dass sie letztlich die Schlacht verlieren werden, doch zwischenzeitlich fahren sie fort mit ihrem rasenden Zorn und lassen nichts unversucht, um alles, was Gott lieb und wert ist, zu zerstören. Es ist ein Kampf mit den finsteren geistigen Mächten, die unseren Verstand befallen und verderben wollen, und uns dazu verführen wollen, Böses zu tun, damit wir den Dämonen in die Hölle folgen.

Die Hölle war nach dem Fall der Engel erschaffen worden, nach dem Kampf zwischen dem Heiligen Michael und Luzifer und seinen Vasallen. Sie ist deren Herrschaftsgebiet. Wir müssen an die Welt des Geistes glauben; wir müssen an das Übernatürliche glauben, denn viele Dinge, die wir nicht körperlich sehen können, existieren tatsächlich. Himmel und Hölle gibt es wirklich.

Die Kraft der Dunkelheit nimmt zu und bedeckt viele Nationen wie ein Nebel, und wir können dabei nicht behaupten, dass wir keine Anzeichen von diesem Krieg erkennen könnten! Die Mehrheit der Menschen spricht nicht gerne darüber und wechselt lieber das Thema oder verschließt die Ohren. Wenn es aus Furcht ist, so bedeutet das, dass sie daran glauben aber das Thema aus verschiedenen Gründen lieber nicht anschneiden. Doch wenn wir unser geistiges Auge öffnen, werden wir sehen, wie die Heerscharen der Engel Gottes das feurige Schlachtfeld der gefallenen Engel einkreisen, so wie ich sie in der Vision sah, die Gott mir gewährte.

Wir sind alle Teilnehmer an dieser Schlacht, und die Waffe, die uns zum Gebrauch gegeben wurde, ist das *Gebet*, damit wir dadurch unsere Feinde überwinden und siegreich aus der Schlacht hervorgehen. Wenn wir aufrichtig beten, sind wir automatisch auf Seiten Gottes und sollten uns nicht fürchten, nicht einmal wegen unserer Schwächen, denn Gottes Macht wirkt am besten, wenn wir schwach sind.

Die Mission, die Christus mir anvertraut hat, ist die Einheit der Kirchen, eine Aufgabe die meine Fähigkeiten weit übersteigt. Doch Gott bedient sich unserer Unfähigkeit und Schwäche, damit Er zeigen kann, wie machtvoll Sein Arm ist, denn es ist in unserer Schwäche und Abhängigkeit von Gott, dass wir uns stark erweisen können.

Jesus sagte mir:

«Ich gab dir die Tugend der Tapferkeit, damit sie das Prinzip all deiner anderen Tugenden sei, weil Ich deine Seele für diesen Kampf eurer Zeit vorbereitete, wo Gutes in Böses verdreht wird.»[63]

«Ich erinnere dich, kleines Samenkorn, daran, dass du in demselben Kampf mitkämpfst, in dem alle Meine Propheten gekämpft haben. Stürme können an dir rütteln, Fluten können steigen, um dich zu

63. 22. Juni 1998.

ertränken, doch nichts von all dem wird dich überwältigen, denn Ich bin mit dir und sorge für dich, damit du gegen deine Schwachheit ankommst.»[64]

«Alle, die treu die Kirche verteidigen und Zeugnis ablegen, sind wie lebendige Fackeln für Uns [die Heilige Dreifaltigkeit], denn ihre Worte leuchten in der Finsternis der Welt. Ich gebe ihnen das Herz von Kriegern, damit sie den guten Kampf des Glaubens und der Gerechtigkeit kämpfen und sich in dieser geistigen Schlacht eurer Zeit Meinen Erzengeln Michael und Raphael anschließen, diesen überlegen starken und mutigen Kämpfern der Gerechtigkeit, die jeden Aspekt menschlichen Verhaltens in Meinem Licht beobachten.»[65]

Gott weiß, wie schwach wir sind. Er sieht auch unsere aufrichtigen Bemühungen, «den guten Kampf zu kämpfen» und Ihm gefallen zu wollen, und dass wir dennoch unsere Ziele nicht erreichen. Er kann dann übernehmen. Der Herr möchte also für uns einspringen und die Situation retten, denn das wird uns daran erinnern, dass es Seine Stärke ist und nicht unsere eigene.

Dieses Leben ist ein geistiger Kampf, und in diesem Kampf werden wir manchmal verwundet. Es mag sogar so aussehen, als ob wir den Kampf verloren hätten und tot auf dem Schlachtfeld liegen. Aber dann bittet uns Jesus, uns an Seine Mutter, die Jungfrau Maria, um Tröstung zu wenden. Dies sind Seine Worte:

«In dieser Endzeit da der Kampf gegen Unsere beiden Herzen [von Jesus und Maria] als auch gegen Unsere Kinder tobt, die für die Wahrheit Zeugnis ablegen, sage Ich euch: Lauft zu eurer Heiligen Mutter, die euch unter Ihrem Mantel bergen wird, wie eine Henne ihre Küken unter ihren Flügeln birgt.[66]

«Wenn die Welt euch eindrucksvolle Wunden zufügt, wendet euch an eure Mutter, und Sie wird eure Wunden mit Ihrer Mütterlichen Liebe und Zuneigung verbinden.»[67]

---

64. 21. Juni 1999.
65. 22. Juni 1998.
66. 3. April 1996.
67. 13. Dezember 1992.

Ich erinnere mich, dass ich einmal trotz größter Anstrengungen etwas nicht schaffte, zu erfüllen, worum Er mich gebeten hatte. Ich war so enttäuscht, aber da erschien Jesus ganz schnell und sagte mir auf sehr väterliche Art: *«Mach dir nichts daraus, du bist ja erst am Lernen, und Ich freue mich über deine Arbeit, weil ich gesehen habe, dass du dich bemühst.»*

Zugleich müssen wir dazu stehen, wenn wir Ihm ein Versprechen geben. Unserem anfänglichen guten Willen und der mit Worten bekundeten guten Absicht sollten Taten folgen, damit es nicht leere Worte bleiben. Dem Herrn gereicht es zur Ehre, wenn wir beharrlich und treu bleiben, bis zum bitteren Ende.

Da ich immer mehr Einladungen erhielt, Zeugnis abzulegen, erinnerte ich mich daran, wie Gott mir gesagt hatte: *«Erfüllt, wirst du viele sein.»*[68] Es sollte sich bewahrheiten, was Gott von Anfang an gesagt hatte. Er hatte mir diese rätselhaften Worte vorausgesagt, die bedeuteten, dass durch die Fülle Seines Heiligen Geistes in mir, viele bekehrt würden, wenn ich die Worte Gottes wiedergebe. Er hatte mir auch vorausgesagt, dass Er mich mit Seiner Botschaft sogar nach Übersee zu allen Völkern senden würde, über den ganzen Erdball, und zu Menschen, die Ihn zuvor nicht einmal gekannt hatten. Und so geschah es; ich begann zu vielen Nationen zu reisen, und rannte schließlich gleich einem Wettkämpfer im Sprint, wie ein wahrer Globetrotter. Einige empfingen mich mit offenen Armen und nahmen das Wort Gottes bereitwillig auf. Bei anderen konnte ich mich von der Minute an, wo ich das Flugzeug verließ, auf einen Kampf gefasst machen. *«Angst befällt sie (die Dämonen) am hellichten Tag beim Klang des Heiligen Geistes,»* sagte mir der Herr eines Tages. Doch das war alles in dem «Pauschalangebot» enthalten.

Ich wurde nun darin trainiert, stark zu sein, und meine unschlagbaren Waffen waren der Rosenkranz in der einen Hand und das Kreuz in der anderen. Am 7. Januar 2002 sagte Jesus zu mir:

---

68. 15. Dezember 1986.

«In Meiner gütigen Herablassung geruhte Ich, dich auszuwählen, zu trainieren und zu einer Athletin zu formen; nun habe Ich die Genugtuung zu sehen, wie eifrig du bist, Mir zu gefallen, indem du bereit bist, auf das Schlachtfeld zu gehen.»[69]

Wir sind alle auf die eine oder andere Art bei diesem Wettkampf dabei, und das sogar noch mehr, wenn wir uns verpflichtet haben, für Gott zu arbeiten. Für Gott zu arbeiten bedeutet, in einem Kampfgebiet verpflichtet zu sein und an vorderster Front zu kämpfen.

Wir müssen diesen Wettkampf gut beginnen, und Gott wird uns ermuntern, dieses Rennen zu beenden, indem wir die jeweilige Mission, die Er uns gegeben hat, zum Abschluss bringen und siegreich sind, indem wir den Preis gewinnen, damit wir genauso wie der Heilige Paulus sagen können: *«Ich habe den guten Kampf gekämpft, den Lauf vollendet, die Treue gehalten.»*[70] Gott kann uns also auf diesem Schlachtfeld trainieren, stark zu bleiben und nicht ziellos herumzurennen wie kopflose Hühner, sondern fest entschlossen zu siegen und zu sagen, was der Heilige Paulus sagte: *Darum laufe ich nicht wie einer, der ziellos läuft, und kämpfe mit der Faust nicht wie einer, der in die Luft schlägt.*[71]

Einmal war ich in Puerto Rico zum Vortrag eingeladen. Der Bischof hatte entschieden, das Treffen auf dem sogenannten Heiligen Berg stattzufinden zu lassen, wo es auch eine Kirche gibt. Siebentausend Menschen versammelten sich auf dem Berggipfel. Jedoch waren nicht alle Geistlichen mit der Einladung an mich einverstanden, und das bewirkte eine geteilte Meinung zwischen dem Bischof und der Geistlichkeit. Während der ganzen Vorbereitungen zur Veranstaltung stellte sich ein Priester seiner Diözese ständig dem armen Bischof und meinem Auftritt entgegen. Er behauptete, dass alle anderen Christen außerhalb der römisch-katholischen Kirche schismatisch wären; dadurch dass ich grie-

69. 7. Januar 2002.
70. 2. Timotheus 4,7.
71. 1. Korinther 9,26.

chisch-orthodox war, war ich also auch schismatisch, und es sei ungeheuerlich, dass ein katholischer Bischof mich zum Vortrag einladen würde. Vorurteil und Stolz können uns verblenden; sie können uns das Herz verschließen und Böses und Streiterei anheizen, wo Gott Gutes beabsichtigt hatte.

Als ich zur Versammlung kam, sah ich diesen Priester mit einem kleinen Tonbandgerät ausgestattet vorne sitzen. Er tat mir leid, denn er war vom steilen Aufstieg ganz verschwitzt und gerötet vor Anstrengung. Mitten im Vortrag, als ich gerade über den Heiligen Geist sprach, bemerkte ich auf einmal, dass die Leute ganz aufgeregt wurden und nicht mehr auf mich, sondern auf die Sonne schauten. Vielen schien es, dass die Sonne anfing, sich zu drehen, mit verschiedenen Farben darum herum. Ich drehte mich um und sah dieses Wunder, aber nur kurze Zeit, denn dann wandte ich mich wieder dem Vorlesen von Jesu Botschaft zu. Der Priester sah auch das «Sonnenwunder», und dennoch war seine Reaktion, mich zu kritisieren, weil ich dem Zeichen nicht genug Aufmerksamkeit geschenkt hatte und stattdessen mit dem Vorlesen der Botschaft fortfuhr.

Dieses außergewöhnliche Zeichen der Sonne hatte eine so mächtige und majestätische Wirkung, dass es der Botschaft, die ich vorlas, noch mehr Verehrung einbrachte. Es versetzte jeden in Staunen. Jene, die vorher Zweifel hatten, kamen, um mir zu berichten, dass sie nicht nur die sich drehende Sonne gesehen hätten, sondern auch das Heilige Antlitz Christi am Himmel wie auch auf mir. Das Heilige Antlitz Christi, das mein Gesicht überlagerte, war traurig und trug die Dornenkrone, und das ganze Gesicht war blutüberströmt. Nun kann der Teufel die Werke Gottes nachahmen, aber er kann nicht die Herrlichkeit und Erhabenheit der heiligen Manifestationen Gottes nachahmen. Nichtdestoweniger wurde der Priester nach diesem Ereignis zu meinem erklärtesten Feind in Puerto Rico, und bezeichnete mich in Mitteilungsblättern als Hexe und Satanistin.

Dies war einer jener vielen Kämpfe, wo ich Gelegenheit hatte, mich an meine feierliche Verpflichtung zu halten, Gott zu folgen und Ihm zu dienen. Aber wie die meisten von uns kam ich zu Gott und beklagte mich:

«Ich bin zum Gespött geworden … Wie viele Gemeinheiten werden sie noch über mich verbreiten? Sogar als Belohnung für meine Freundschaft denunzieren sie mich, obwohl doch alles, was ich getan habe, Dein Wille war und nicht meiner. Willst Du meine Unschuld nicht verteidigen?»

Gott antwortete mit den folgenden Worten:

«Fürchte dich nicht, denn Ich bin bei dir. Lasse es zu, dass diese Dinge geschehen, denn durch dieses Opfer erwerbe Ich Seelen, die auf dem Weg in die Verdammnis sind. Ah Vassula … eines Tages werde Ich dir die große Menge von Seelen zeigen, die Ich durch die Wunden gerettet habe, die deine Kritiker dir zugefügt haben, und durch deine Taten der Wiedergutmachung… Meine Liebe zu den Seelen überschreitet jedes mögliche Maß des Verstehens, und Ich sage dir, Mein Durst nach erbärmlichen Seelen ist groß! Wie könnte Ich denn gleichgültig bleiben, Meine Vassula? Wie? Wenn Scharen von Nationen vom Glauben abfallen und rebellieren? Die heutige Rebellion ist sogar größer als die Große Rebellion[72] *der Vergangenheit. Verlässt denn ein Hirte seine Herde? Ich bin euer Hirte, und Ich liebe Meine kleine Herde.»*[73]

Wir Menschen mögen die Prüfungen nicht, denen wir ausgesetzt sind. Dabei gibt es aber immer gute Gründe für unsere Prüfungen, wenn wir sie auch nicht sehen können. Ich versuche, mich immer daran zu erinnern, dass alles, was ich in diesem geistigen Kampf auf mich nehme, von Gott für Seinen Heilsplan und mir selbst zugute verwendet werden kann. Wenn wir Gott angehören, kann Er die Kreuze, die wir auf uns nehmen, als «himmlische Werke» benutzen, um andere zu retten, die Ihn ablehnen und der Verdammnis entgegengehen. Oder Er kann unsere Prüfungen für unsere eigene Heiligung verwenden. In jedem Fall wird Er damit immer etwas Gutes tun.

72. Siehe Psalm 95,8-11.
73. 26. Juni 1994.

Dasselbe trifft auf unser Versagen zu. Am 7. Januar 2002 rief mir Jesus folgendes in Erinnerung:

«Was deine Fehler und Mängel betrifft, so habe Ich ersetzt, wo es bei dir mangelte, und in Meiner überschwänglichen Liebe zu dir war Ich verpflichtet, Selber tätig zu werden, wo du versagt hattest. In Meinem väterlichen Erbarmen schaute Ich auf all deine Nachlässigkeiten, wie ein Vater auf die Nachlässigkeiten seines eigenen kleinen Kindes schauen würde: mit Mitleid und steter Bereitschaft zärtlich auszuhelfen, und dabei sanfte Worte der Liebe zu flüstern, um dich nicht zu verschrecken und dir erneut zu zeigen, dass Ich Mich um dich und um deinen Fortschritt kümmere.»

«Was die Beschwerlichkeiten betrifft, die du um Meiner Kirche willen und um Meinetwillen erleidest, Meine Schwester, Meine Kathedrale: verzweifle nicht – mit einem einzigen Blick baue Ich wieder auf, was gefallen ist.»

«... Als Ich dir Meinen Kelch zeigte, erhobst du dich und sagtest: "Jesus, lass mich daraus trinken und Dir so alles geben, was Dir Trost bringen könnte." Gerührt und entzückt über dein Angebot, beugte Ich Mich zu dir und umarmte dich – in Meinen Armen hielt ich eine kleine Osterglocke [74]*. Kaum geboren und kaum von ihrer Krankheit genesen, und dennoch schon mit ganzem Herzen dabei.»*

«... Als Ich dich mit so viel Entschiedenheit zum Altar laufen sah, ertönte vom Himmel lauter Gesang: "Halleluja! Ehre sei unserem Herrn, der sie erobert hat!" Daraufhin hob Ich den Kelch an deine Lippen und wies dich an, lediglich davon zu kosten, aber Ihn nicht auszutrinken. Ich sagte: "Bring Mein Volk zu Mir und stelle sie alle zusammen um einen Altar. Predige allen Nationen den Gehorsam des Glaubens zur Ehre Meines Namens. Zeige ihnen, wie absurd es ist, getrennt zu bleiben. Ich werde dir immer zur Seite stehen."»[75]

74. Ich wunderte mich, warum Jesus aus allen Blumen für mich die «Osterglocke» nannte. Könnte es sein, weil diese Blume in der vorösterlichen Fastenzeit blüht, in der Christus durch Seine Passion geht?
75. 7. Januar 2002.

Ermutigt und erfüllt von Seiner Liebe antwortete ich Ihm:

«Herr, aus wahnsinniger Liebe heraus hast du mich gesucht und gefunden … Wenn ich mich allseits in Schwierigkeiten befand, hast du mein Herz erhoben und Dich mit mir in den Himmel geschwungen, um mich von den gespaltenen Zungen zu befreien … Sie haben mich zwar mehrmals niedergeschlagen, aber es ist ihnen nie gelungen, meinen Geist zu bezwingen, noch wird es ihnen jemals gelingen, denn Du bist meine Zuflucht.»

Gott zeigte mir auch, wie relevant die Worte aus dem Buch des Propheten Daniel für unsere Zeit sind. Daniel sah in einer Vision einen Mann, der in Leinen gekleidet war[76], der ihm sagte, dass am Ende der Zeit viele geprüft, und strahlend weiß gereinigt und geläutert würden; doch die ruchlosen Sünder würden weiter sündigen; die Frevler würden niemals begreifen; nur die Weisen würden verstehen.[77]

Diese Ereignisse werden sich alle am Ende der Zeiten abspielen, und das einläutende Zeichen wird sein, dass *«seine Heere kommen und Heiligtum und Burg entweihen und das tägliche Opfer abschaffen und das Gräuelbild der Verwüstung aufstellen werden.»*[78] Damit ich besser verstünde, was Er meinte, zeigte mir Gott, wie viele Kirchen und Kathedralen schon verkauft werden, wegen Priestermangel, Geldmangel und zurückgehender Gottesdienst-Besucherzahl. Diese Kirchen werden zu teuren Restaurants, Hotels, Kaffees und Casinos umfunktioniert.

In diesen ehemaligen Kathedralen, wo heilige Riten vollzogen wurden und Gott angebetet wurde, sind die heiligen Altäre zu Bars und Billiard Tischen gemacht worden. Der Heilige Altar war der Heilige Ort, wo die Priester einst die Weihe vollzogen, das Immerwährende Opfer Christi, bei dem Brot und Wein durch Wandlung zum wahren Leib und wahren Blut Jesu Christi werden.

76. Daniel 10,5.
77. vgl. Daniel 12,10.
78. Daniel 11,31.

Um mir zu helfen, die ernste Lage der Kirche völlig zu verstehen, gab mir Gott eines Nachts einen Traum. Darin sah ich, wie sehr Papst Johannes Paul II[79] wegen dieses allgemeinen Glaubensabfalls und Aufstandes litt. Ich sah Rom und fand mich zum ersten Mal im Petersdom stehen. Die Basilika war leer. Ich sah mich um und erblickte den Marmorboden – er war wunderschön. Dann sah ich eine erschreckende Szene: Schlangen wanden sich auf dem großen Altar, der vernachlässigt aussah mit einem verstaubten Altartuch und Spinnweben da und dort. Der Papst saß allein auf dem Thron, der rechte Arm ruhte auf der Lehne, die Hand hielt er an die Schläfe und stützte seinen Kopf darauf. Er war wie in Gedanken versunken, aber in Wahrheit war er gepeinigt. Jesus gab mir zu verstehen, dass er allein war, denn so viele der Seinen widersprachen ihm und widersetzten sich ihm. Ich war sehr traurig darüber und er tat mir leid.

Hierauf gab mir Gott eine Botschaft für den Papst. Ich murmelte: «Bediene dich ganz meiner als Wiedergutmachung für Deine Heiligen Vorhaben.» Das größte Problem war meiner Meinung nach: «Wie um alles in der Welt sollte ich zum Vatikan gehen und dem Papst diese Botschaft aushändigen?» Ich habe immer gesagt, und sage es heute noch, dass es einfacher ist, ins Himmelreich einzutreten als in den Vatikan! Es ist viel einfacher, Gott zu treffen und mit Ihm zu sprechen, als auch nur einen der Prälaten im Vatikan zu treffen, ganz zu schweigen vom Papst! Aber ich ließ alles in Gottes Händen und vertraute darauf, dass Er mir einen Weg zeigen würde. Mehr als je zuvor musste ich einfach nur gehorchen. Also begab ich mich nach Rom, ohne eine Verabredung oder auch nur eine Ahnung, wie ich den Papst treffen sollte. Ich fuhr mit dem Zug zusammen mit einem befreundeten Priester, und irgendwann kamen wir in Rom an, in der «Ewigen Stadt».

Rom zu sehen ist eine tolle Erfahrung. Wohin auch immer man hinsieht, erblickt man die Überreste des großen Römischen

79. Papst von 1978 bis 2005.

Reiches und die Denkmäler, die die Herrscher erbauen ließen, damit sie ihre kurze Lebenszeit überdauern würden. Jenseits dieser Ruinen ist ein Bauwerk, das noch immer steht, und durch die Jahrhunderte schichtweise über den Gebeinen des großen Apostels entstand: der Petersdom. Wenn man an den Petersdom gelangt, sozusagen «die Vordertür» des Vatikans, kann man über den Anblick nur staunen. Man findet sich umringt von der Genialität der bedeutendsten und begabtesten Kunsthandwerker der Geschichte - einschließlich Michelangelo. Alles ward geschaffen zur höheren Ehre Gottes, eine Symphonie aus Marmor, Granit und Ehrfurcht einflößender Kunst. Die Bauherren waren darum bemüht, die Ehre Gottes zur Schau zu stellen – und das sieht man. Steht man innerhalb des Doms, ist man nur ein Staubkörnchen inmitten all dieser Pracht. Doch da stand ich nun, vom Schöpfer gerufen, und musste herausfinden, wie ich dort eindringen könnte, um den Papst zu treffen.

Wir wussten, dass der Papst jeden Mittwoch die Gläubigen in einer Generalaudienz empfing, die man in der großen Halle «Paul VI.» des Vatikans abhielt. Einlass war nur gegen Vorweis einer Eintrittskarte möglich. Also eilten wir zum Büroschalter des Vatikans und konnten tatsächlich zwei Eintrittskarten erwerben. Der Schalter vergibt diese Karten nach dem Zufallsprinzip, wobei man einen bestimmten Platz auf einem Rang innerhalb einer Absperrung zugewiesen bekommt. Niemand kann es sich aussuchen; man muss sich gemäß der Eintrittskarte auf den zugewiesenen Platz innerhalb der Zone begeben. Als ich mich jedoch einmal darin befand, konnte ich erkennen, wie sich Gottes Plan in Gang setzte, da sich die durch unsere Karten zugewiesenen Plätze genau in jenem Sektor an der Absperrung des Gangs befanden, wo der Papst vorbeikommen musste! Hätte ich woanders gesessen, ich hätte nicht die Verrücktheit begehen können, die ich nun begehen wollte.

Die Halle war bis auf den letzten Platz besetzt mit viertausend Menschen von überallher auf der ganzen Welt. Alle waren froh, sangen mit lauter Stimme, waren aufgeregt und freuten sich auf die Ankunft des Papstes. Ich war ruhig, aber auch sehr glücklich, dass ich es soweit gebracht hatte. Nun müsste sich meine *mission impossible*, mein unmöglicher Auftrag, doch in die Tat umsetzen lassen. Als der Papst hereinkam, wurde der Jubel noch lauter. Er hielt seine Rede, und als er geendet hatte, kam er langsam den langen Gang entlang, zuerst an der Seite, wo ich mich befand, dann wollte er an der anderen Seite entlang hinuntergehen, segnete die Menschen beim Vorbeigehen, hielt jedoch niemals an, da das gegen das Protokoll war. Als er sich mir näherte, nahm ich das Blatt Papier heraus, worauf ich die Botschaft geschrieben hatte. Der Papst hielt vor mir an, sah mich an, und segnete dabei die Menschenmenge hinter mir, entlang der Reihe, wo ich mich befand. Ich streckte die Hand aus und gab die Botschaft in seine Hand. Der Papst musste gespürt haben, dass man ihm etwas in die Hand gedrückt hatte, aber da ihm so etwas sicher oft passierte, gab er es mir zurück in meine Hand, ohne dabei das Gesicht zu verziehen, sondern lächelte einfach nur weiter, bevor er ruhig wegging.

Das Herz fiel mir in die Hose. «Daneben, ich war daneben!» dachte ich nur. Da passierte etwas Merkwürdiges. Direkt hinter mir war ein polnischer Priester; er stand auf seinem Stuhl, beinahe über mich gebeugt und jubelte dem Papst ununterbrochen zu. Der Papst wandte sich nach ihm um und lächelte, da er den Priester als polnischen Landsmann erkannte. Da ging der Papst zurück, etwas was er sonst nie tat, und stand wieder genau vor mir, und sah zum Priester hinauf. Ich streckte nochmals die Hand nach ihm aus und steckte ihm die Botschaft problemlos in die breite Schärpe, die er um die Taille hatte. In dem Moment, als ich das tat, verlor der Priester über mir beinahe das Gleichgewicht, konnte sich gerade noch an meinem Arm festhalten und führte mir dabei die Hand unabsichtlich an die Schärpe des Papstes. Da sah ich, dass ein Zipfel der Nachricht sichtbar herausschaute und leicht zu bemerken war, und so streckte ich also nochmals meine Hand aus und schob den Zettel gut hinter die Schärpe. Ich wusste, dass ihm später nach Rückkehr in seine Gemächer, wenn er sich entkleidete, die Botschaft aus der Schärpe herausfallen und er sie lesen würde.

Erstaunlicherweise bemerkte niemand, trotz all der Sicherheitsbeamten und Fotografen wie auch der Erzbischöfe, die ihn begleiteten, was ich getan hatte. Der Fotograf des Vatikans machte genau in diesem Moment eine Aufnahme. Ich seufzte erleichtert auf: Mission ausgeführt. Der Priester, der mich begleitete, bemerkte nichts von alledem, was vorgegangen war, obwohl er wusste, was ich vorhatte, denn er war viel zu aufgeregt gewesen, den Papst zu sehen. Als wir dann draußen auf dem Petersplatz waren, getraute er sich nicht, mich auch nur zu fragen, ob ich Erfolg gehabt hätte. Als ich ihm erzählte, was passiert war, war er dermaßen verwundert, dass, wenn ihn dort ein Tsunami getroffen hätte, ihn dies wohl weniger schockiert hätte als meine Nachricht. Es war für ihn sogar ein solcher Schreck, dass er mitten auf dem Petersplatz beinahe ohnmächtig geworden wäre.

Einige Zeit nach meiner ersten Papstbegegnung, am 6. Januar 1994, dem (Epiphaniefest) Dreikönigsfest, hatte ich wieder einen Traum über Papst Johannes Paul II. Ich sah den Papst ganz deutlich im seinem weißen Gewand. Er stand mir gegenüber und schaute mich an. Wir schienen uns gut zu kennen. Zwischen uns stand ein cremefarbener Esstisch aus Plastik, und ich verstand, dass der Plastiktisch Einfachheit verkörperte. Ich blickte auf sein weißes Gewand und musterte es. Es wurden keine Worte gewechselt, aber wir fühlten uns in der Gesellschaft des anderen wohl, und er setzte sich dann an meinen Tisch und wartete auf seine Mahlzeit. In meinem Eifer wandte ich mich nach rechts, um einen Schrank aufzumachen und eine Schüssel mit einer Nachspeise herauszunehmen, die ich für ihn zubereitet hatte.

Ich saß ihm gegenüber und beobachtete ihn, wie er die Nachspeise offenbar mit Genuss verspeiste. Als er gegessen hatte, stand er auf, um zu gehen. Ich beeilte mich, ihn zur Tür zu begleiten, aber als ich neben ihm herging, sah ich, dass er einen Gehstock benutzte. Der Stock war auch cremefarben und nicht aus kostbarem Holz, sondern aus einem anderen plastikähnlichen Material, einer Imitation nach Bambusart. Indem er sich auf den Stock stützte, begann er zur Tür zu gehen, und ich bemerkte, dass er sogar mit dem Stock Schwierigkeiten beim Gehen hatte. (Dies war kurz bevor der Papst auch im echten Leben begann, einen Stock zu benutzen.)

Einen Augenblick lang dachte ich, dass er hinfallen könnte, also packte ich ihn, ohne zu zögern oder um Erlaubnis zu fragen, an seinem rechten Arm und schlang ihn mir um Nacken und Schultern, um ihn zu stützen. Er wehrte sich nicht und nahm die Hilfeleistung an. Dann schlang ich ihm den linken Arm um die Taille, damit ich ihn soweit wie möglich an meine Linke heben konnte, wobei mir sein Gewicht auf dem Rücken lastete. Auf diese Weise berührten seine Füße kaum noch den Boden. Als ich den linken Arm um ihn legte, konnte ich seine Rippen spüren. Ich war erstaunt, wie dünn er war. Man konnte in seinem weiten Ornat nicht sehen, wie ausgezehrt er war. Der Papst machte während der ganzen Zeit, da er mir auf dem Rücken lag, keine Anstalten, meine Hilfestellung abzuwehren.

Der Herr gab mir in meinen Überlegungen zu diesem Traum folgendes zu verstehen: der Papst verkörperte die Kirche. Kurze Zeit vor dieser Vision hatte ein mir befreundeter Priester den Papst getroffen und ihm eines meiner Bücher mit den Botschaften übergeben. Später hat ein anderer Priester das Buch in der Privatkapelle des Papstes gesehen. Die Süßigkeit, die der Papst nun vor meinen Augen gegessen hatte, verkörperte die Botschaften von Gott. Als er sie verspeiste, hieß dies, dass er die Botschaften gelesen hatte, dass er sie schätzte, und dass er sie als ein gutes Mittel zur Evangelisierung guthieß.

Dann gab mir der Herr auch zu verstehen, dass die Vision des auf einen Stock gestützten, hilfsbedürftigen und unter seiner Kleidung ausgezehrten Papstes das erschreckende Ausmaß der Schwäche und Verwundbarkeit der Kirche zeigte, weitgehend wegen der Spaltungen innerhalb, die die Verbreitung des Glaubensabfalls auf der ganzen Welt fördern. Wenn sie auch von außen gesund aussehen mag, so war die Kirche doch von innen her geschwächt worden und brauchte geistliche Nahrung. Den Papst auf dem Rücken zu tragen bedeutete, dass meine Sendung unter anderem darin bestand, die Kirche *durch die Botschaften und mein Zeugnis* unterstützen zu helfen, und zwar nicht nur die Institution Kirche, sondern alle Gläubigen, die den mystischen Leib der Kirche bilden.

Dies war zugleich die Bestätigung einer Botschaft, die mir Christus eines Tages gegeben hatte: «*Ich muss Meine Kirche stark und gefestigt machen.*» Er hätte das wohl nicht gesagt, wenn die Kirche stark und gesund wäre.

Gebete sind vonnöten, um die Zersplitterung zu überwinden und dem Moloch, dem Gott des Menschenopfers, den Mund zu stopfen, den Abfall vom Glauben, die Kriege, Terrorismus, und die Verbrechen usw. zu beenden und sich an den Herrn zu halten. Wenn Gott auch unsichtbar ist, ist Er doch ständig bei uns und mitten unter uns. Wenn sich Gott schließlich eines Tages in all Seiner Herrlichkeit offenbart, wird Er Satan und seine ganze Kohorte zu Seiner Zeit besiegen. In der Zwischenzeit sollten die Leute lernen, den Mächtigen Krieger aller Zeiten, den Heiligen Erzengel Michael, um Schutz zu bitten, mit einem Gebet, das der Teufel wohlweislich jahrelang unterdrückt hat. Dies sollten wir also jeden Tag beten:

«Heiliger Erzengel Michael,
verteidige uns im Kampfe;
gegen die Bosheit und die Nachstellungen
des Teufels, sei unser Schutz.
"Gott gebiete ihm", so bitten wir flehentlich;
du aber, Fürst der himmlischen Heerscharen,
stoße den Satan und die anderen bösen Geister,
die in der Welt umherschleichen,
um die Seelen zu verderben,
durch die Kraft Gottes hinab in die Hölle.
Amen.»

(Gebet von Papst Leo XIII.)

14 PROPHEZEIUNGEN

Es gibt nicht nur persönliche, geistliche Kämpfe, die wir im Leben ausfechten müssen. Es gibt auch die physischen Herausforderungen auf der Welt, die uns allen in unserem Zeitalter sehr bald noch zunehmend zu schaffen machen werden. Mir und auch vielen anderen ist gezeigt worden, dass die Erde wegen unserer Sünden schwer zu leiden haben wird. Gottes Boten sowie auch Gott selbst haben uns oft gewarnt, mit der inständigen Bitte zur Umkehr, bevor es zu spät ist. Dabei ist es Sein Ziel, dass wir zur Besinnung kommen, und Er will uns anspornen, die richtigen Entscheidungen zu treffen, damit wir die zukünftigen Katastrophen vermeiden oder zumindest verringern können. Diese von Gott verkündeten prophetischen Vorhersagen zukünftiger Ereignisse machen normalerweise den Gläubigen Mut, und unterlassen es nie, uns eine Lösung anzubieten, wie schwerwiegend das vorausgesagte Geschehen auch sein mag.

Während all der Jahre meiner Mission waren die Lösungen, die Gott durch die Botschaften anbot, immer dieselben: für jeden einzelnen von uns: «ändert eure Herzen, bereut und kehrt um»; gegenüber der Kirche: «versöhnt euch und überwindet die Trennungen, denn diese Spaltungen haben euch geschwächt und sind eine Schande; und hört auf, vergiftete Pfeile gegeneinander abzuschießen, wodurch ihr die göttliche Gerechtigkeit auf euch herabzieht.»

Wenn die Botschaften Warnungen enthalten, – d.h. wenn sie etwas ankündigen, was noch kommen wird, – dann geschieht das, weil die Warnung Bedingungen nennt und die zukünftigen Ereignisse abgeändert werden können, *beruhend auf der Grundlage unserer Reaktion.* Das Buch Jona in der Bibel ist ein großartiges Beispiel dafür. Gott warnte die Menschen in Ninive durch den Propheten Jona, dass bald Unheil über sie kommen würde, wenn sie sich nicht änderten. Die Menschen nahmen sich die Warnung zu Herzen, bereuten und fasteten, und das Unheil wurde abgewendet.

Während dieser vergangenen Jahre hat Gott mir zukünftige Katastrophen gezeigt, die durch unsere Sünden herbeigeführt werden, wenn wir unsere Gewohnheiten nicht ändern. Unter anderem wurde ich auf symbolische Weise vor dem Angriff auf das Welthandelszentrum in New York (die Zwillingstürme) vom 11. September gewarnt, sowie auch über den ersten Tsunami in Asien. Ich werde das später im Einzelnen erklären. Aber viel schwerwiegender als jede dieser beiden Tragödien ist die «Züchtigung durch Feuer», die mir Gott gezeigt hat, und die auf die Erde herabkommen wird. Das Feuer wird wie ein feuriger Wirbelsturm über uns kommen und drei Viertel der Erde zerstören.

Lassen Sie mich zuerst das Phänomen der Prophetie im allgemeinen erklären.

Prophezeiungen hat es immer gegeben, sowohl vor als auch nach dem Kommen Christi auf Erden. Die Bibel berichtet, dass der Prophet Elias, der während der Zeit des Alten Testaments, also noch lange vor Christus lebte, niemals starb, zumindest nicht in dem Sinn wie wir übrigen das tun. Stattdessen wurde er in einem feurigen Wagen in den Himmel aufgenommen[80], während sein Schützling Elisha in Verwunderung zuschaute. Dieses einzigartige Vorrecht, das Gott dem Propheten gewährte, kann als ein Symbol dafür verstanden werden, dass *der prophetische Dienst des Elias niemals aufhört.* Es gibt bei gewissen Gläubigen die Meinung, dass alle Prophetie mit Abschluss der Bibel beendet sei, die vor beinahe 2000 Jahren vollendet wurde. Aber nirgendwo in der Bibel steht geschrieben, dass Gott nicht prophetische Dienste geben kann, wann Er es will, und wem Er sie verleihen will – und so

80. 2 Könige 2,11.

hat Er es die Jahrhunderte hindurch getan. Wichtig dabei anzumerken ist, dass neue Prophetien nicht der Bibel widersprechen dürfen, denn dies wäre ein Zeichen, dass solch eine Botschaft nicht «von Gott» kommt.

Die israelitischen Propheten des Alten Testaments bedienten sich oft der Wendung: «*So spricht der Herr…*» In den Botschaften, die ich erhalten habe, sieht man die ähnliche Wendung: «*Höre Mich…*» Genauso wie im Stil der alten Propheten, drückt Gott sich auf poetische Weise in der ersten Person aus, mit Autorität und Majestät, aber auch mit Zärtlichkeit.

Die Gabe der Prophetie spielte im Laufe der Kirchengeschichte eine bedeutende Rolle, wie auch im Leben derer, auf die die Prophezeiung abzielte. Diese Gabe, die in der Bibel[81] eine der Haupt-Gaben des Heiligen Geistes ist, hat auch die Tendenz, negative Reaktionen von Seiten der kirchlichen Hierarchie hervorzurufen, weil Gott oft Botschaften sendet, in denen sie gerügt werden wegen ihrer Nachlässigkeit bei der Ausübung ihrer von Gott gegebenen Pflichten. Einige Kirchenführer bestehen darauf, dass die Führung und Mahnungen des Heiligen Geistes nur von ihnen – den Geweihten oder Erwählten – kommen können. Sie lehnen rundweg jede mahnende Stimme von außerhalb ihrer Reihen ab. Trotzdem bleiben die Propheten eine Stimme innerhalb der Kirche und zu ihrem Nutzen. Die Geschichte hat gezeigt, dass Gott sich auch der Geringeren bedienen kann und es auch tut – einfacher, sogar «ungebildeter» Menschen, wie zum Beispiel Johanna von Orleans, die kaum eine theologische Ausbildung irgendeiner Art genossen hatten.

Die Aufgabe des Propheten ist es, auf Geheiß Gottes mahnend aufzutreten, ohne sich ein Blatt vor den Mund zu nehmen. Andernfalls, wenn er es nicht tut, wird er dafür zur Rechenschaft gezogen werden. Wenn Verzweiflung unter den Menschen herrscht, ist der Prophet angehalten, sie mit Freundlichkeit zu trösten und ihnen Hoffnung zu geben. Wenn die Leute der Kirche

81. 1. Korinther 12,10; 14,1.

in Sünde leben – wie es z.B. im Missbrauchsskandal offensichtlich der Fall war – so tadelt Gott diese perversen Handlungen aufs strengste, aber greift gleichzeitig ein, um sie zu korrigieren. Er wird die Kirche korrigieren, aber Er wird sie niemals angreifen oder zerstören. Die Bibel macht deutlich, dass das Böse die Kirche nie besiegen wird: «*... und die Mächte der Unterwelt werden sie nicht überwältigen.*»[82]

Der Herr selbst erklärte die Rolle des Propheten in Seiner Botschaft vom 12. Februar 2000 folgendermaßen:

«Ich habe Meine Propheten gelehrt, Mich in Meiner Heiligkeit zu betrachten, und ihnen erlaubt, Zugang zu Meiner Hoheit zu erhalten, damit sie sich an Meiner unmittelbaren Gegenwart erfreuen und Meine Süße verkosten. Deshalb ist die einzige Theologie, und Ich würde nachdrücklich hinzufügen, die einzig wahre Theologie, die Kontemplation Meiner Selbst, eures Gottes und ein Vorgeschmack der Seligen Anschauung. Das ist die wahre und heilige Theologie. Der gelehrte Theologe, der ständig die Papiere mit seinen theologischen Arbeiten umschichtet, wird dadurch nicht zu einem Propheten, der prophezeit, sondern es sind diejenigen, die Ich Selbst mit dem Öl Meiner Liebe gesalbt und gut in Mein Herz eingebettet habe, damit sie bis an das innere Göttliche und die außerordentlichen Eingebungen heranreichen, die in Meinem Herzen liegen, die dann wie Feuer Meinem Volk verkündet werden sollen...»

«Ebenso hatte Ich diesen Glaubensabfall in der Kirche seit aller Ewigkeit vorhergesehen, doch Ich hatte auch Meinen Heilsplan mit dir vorhergesehen, nämlich dass Ich von Meinem Thron herabsteigen und in göttlicher Poesie Mein Liebesthema an dich richten würde und dir, und durch dich auch anderen, Meine liebevolle Fürsprache durch Mein Unendliches Erbarmen offenbaren würde....»

Gott kann jeden beliebigen zum Propheten bestimmen. Im Jahr 1917, während des Ersten Weltkriegs, sandte der Herr die Jungfrau Maria nach Fatima, einem Dorf in Portugal, wo sie drei armen ungebildeten Kindern erschien. Sie sagte ihnen, dass, wenn

82. Matthäus 16,18.

die Welt nicht bereuen und zu Gott umkehren würde, ein Zweiter Weltkrieg kommen würde, schlimmer als der erste, und dass Russland seine Irrtümer auf der ganzen Welt verbreiten würde. Die Kirche und die Menschen der Welt sollten diese Warnungen ernst nehmen und sofort entsprechend handeln. Aber stattdessen wurden die Fatima Kinder misshandelt und die Vorhersagen der Jungfrau Maria vernachlässigt. Leider wurde alles wahr, was Maria den Kindern gesagt hatte. Der Zweite Weltkrieg begann dreiundzwanzig Jahre nach den Erscheinungen in Fatima und führte zum Tod von Millionen Menschen, und mit Beginn der bolschewistischen Revolution im Jahr 1917, demselben Jahr wie die Erscheinungen, breitete sich der Kommunismus über die ganze Welt aus und unterjochte und tötete Millionen von Menschen.

In den 80er-Jahren als sich die Sowjetunion und andere kommunistische Länder noch immer auf dem Höhepunkt ihrer Macht befanden, konnte niemand vorhersehen, dass der Kommunismus in Europa bald zu Schutt und Asche würde. Aber am 4. Januar 1988 hörte ich Christus ganz dringend meinen Namen rufen, und aus dem Klang Seiner Stimme konnte ich erkennen, dass Er betrübt war. Ich beeilte mich, einen Stift zu finden und schrieb auf, was Er sagte:

«Eine Meiner geliebten Töchter liegt tot am Boden! Eine deiner Schwestern!»

Ich verstand, warum der Herr die Sowjetunion meine «Schwester» nannte, denn die Einwohner sind überwiegend orthodoxe Christen wie ich.

«Wer ist tot, Herr?»

«Russland, Meine vielgeliebte Tochter.»

Man beachte, dass der Herr sie bei ihrem richtigen Namen nannte. Dann, wie in Eile, sagte der Herr:

«Komm! Komm, ich will sie dir zeigen!»

Er nahm meinen Geist mit in eine Vision. Ich sah mich in einer weiten Wildnis am Rande einer Wüste stehen. Er zeigte mit dem Finger auf eine Frau, die ein paar Meter vor mir in der Wüste tot am Boden lag, unter sengender Sonne. Ihr Körper war durch Gewaltherrschaft ausgemergelt, und sie schien selbst im Tod verlassen zu sein. Während einer Vision fühlt man alles, und alles wird lebendig. Als ich ihren Zustand sah, und wie betrübt unser Herr war, tat sie mir so leid, dass ich in Tränen ausbrach. *«Oh, weine nicht, Ich werde sie wiederauferstehen lassen zu Meiner Ehre. Ich werde sie von den Toten auferwecken, wie Ich Lazarus wiedererweckt habe!»* rief der Herr aus.

Dann erklärte mir der Herr in bildlichen Begriffen, dass in dieser meine Schwester Russland während all der Jahre, als in Russland und anderen Ländern der Kommunismus herrschte, Seine Häuser (die Kirchen) niedergebrannt worden waren und viele Menschen zu Atheisten geworden waren. Dann sagte Er, ich solle aufhören, zu weinen, denn Er wäre Russland jetzt sehr nahe und hielte Seine Hand auf ihr Herz, um es zu wärmen; dass Er sie wiedererwecken, umgestalten und verklären werde, damit sie Ihn verherrliche. Nicht lange danach hörten wir vom Ende des Kommunismus in Russland: diese Prophezeiung wurde wahr am orthodoxen Fest der *Verklärung* im August 1991 mit der Auflösung der Sowjetunion, die dann formell am 25. Dezember 1991 aufgelöst wurde, am Tag der Erinnerung an die Geburt Christi!

Wenn wir auf Gottes Warnungen durch die Jungfrau Maria im Jahr 1917 gehört hätten, hätten wir eine ungeheure Menge Leid vermeiden können. Gleichermaßen trifft dies heute zu, da Er uns immer wieder warnt und zur Umkehr aufruft.

Ich empfing noch viele Prophezeiungen über Russlands Bekehrung zu Gott, aber was mich am meisten beeindruckte, waren die Prophezeiungen darüber, wie es zu dem Land aufsteigen wird, das Gott mehr als jedes andere verherrlicht und dass es zum Führer vieler Nationen würde. Der Herr drückte sich dabei über Russlands mächtige Erweckung mit starken Worten aus wie: *«Russland, du sollst leben!»*. Die Verwirklichung der letzten Voraussagen, die zeigen, dass Russland das Christentum auf sehr mächtige Weise verteidigen wird, steht noch aus. Hier ist ein kurzer Auszug aus einer Botschaft, die am 13. Dezember 1993 gegeben wurde:

«Ich sage dir, eure Schwester Russland wird das Haupt vieler Nationen werden und Mich schlussendlich verherrlichen… Ich werde ihre Hirten an die Spitze zahlloser Völker stellen.»

Die unten stehende Botschaft habe ich bereits am 17. März 1993 erhalten. Es war fast genau 20 Jahre auf den Tag bevor ein neuer Papst gewählt wurde: Papst Franziskus. Die Botschaft ist eine Warnung, nicht getäuscht zu werden und auf falsche Propheten zu hören, die ihn von links und rechts angreifen, offen und ohne Furcht, dass er ein «falscher Papst» oder, noch schlimmer, der Antichrist sei. Wegen seiner Offenheit für den Heiligen Geist stehen viele um ihn herum im Widerspruch zu ihm und ärgern sich. In seinen Predigten ist er wagemutig, entstaubt alte Vorurteile und wendet sich gegen Unnachgiebigkeit beim Beugen um der Einheit willen. Da die Botschaft lang ist, habe ich nur ein paar Zeilen ausgewählt.

«Ich, Jesus Christus, möchte Meine Priester, Bischöfe und Kardinäle warnen. Ich möchte Mein ganzes Haus vor einer großen Drangsal warnen. Meine Kirche nähert sich einer großen Drangsal. Denkt daran, Ich habe euch durch Meinen heilig machenden Geist erwählt, um Mich zu verherrlichen. Ich habe euch von Anfang an erwählt, die starken Säulen Meiner Kirche zu sein und durch den Glauben in der Wahrheit zu leben. Ich habe euch erwählt, damit ihr an Meiner Herrlichkeit teilhabt und Meine Lämmer hütet.»

«Ich sage euch ernsthaft, dass ihr bald durch Feuer geprüft werdet. Betet und fastet, so dass ihr nicht auf die Probe gestellt werdet. Bleibt standhaft und bewahrt die Traditionen, die euch gelehrt wurden. Gehorcht Meinem Papst, ganz gleich was geschieht; haltet treu zu ihm, und Ich werde euch die Gnaden und die Stärke geben, die ihr braucht. Ich bitte euch dringend, ihm treu zu bleiben und euch von jedem fernzuhalten, der gegen ihn rebelliert. Vor allem, hört niemals auf jemanden, der ihn verbannt. Lasst eure Liebe zu ihm niemals unaufrichtig werden. Meine Feinde werden versuchen, euch mit heimtückischen Reden für sich zu kaufen. Der Böse ist bereits am Werk, und die Zerstörung ist nicht mehr fern von euch. Der Papst wird viel zu leiden haben. Ihr werdet deshalb alle verfolgt werden, weil ihr die Wahrheit

verkündet und Meinem Papst gehorsam seid. Und deswegen werden sie euch auch hassen, denn ihre Taten sind böse, und tatsächlich jeder, der für das Böse arbeitet, hasst das Licht und meidet es aus Angst, seine zerstörerischen Handlungen könnten aufgedeckt werden.»

Ich sage den Leuten immer wieder: «Wie lange wird Gott noch schweigen?» Ich habe das Gefühl, dass jetzt der Vollzug der Prophezeiung über das Feuer sehr nahe ist

Die erste Vorhersage über die Züchtigung durch Feuer erhielt ich in einer Vision am 1. September 1987. Ich wurde von Gott gerufen:

«Vassula, Ich werde dich eine Vision schauen lassen, die dich zu Mir erhebt, Ich will dir zeigen, wie der Himmel aussehen wird.»

Der Himmel wurde mir also gezeigt. Er sah aus wie jeder Nachthimmel mit den Sternen dazu. Dann aber veränderte er sich. Anstatt der Sterne erschien etwas Anderes, etwas Bedrohliches. Ich sah etwas, das Farbflecken auf der Palette eines Malers ähnelte, jedoch war eine Farbe vorherrschend, übertrumpfte alle anderen und dominierte. Es war die rote Farbe, blutrot, und sie wuchs an und wurde dicker, schließlich wie Hefe, die sich von oben auf uns ergoss. Diese Prophezeiung muss sich noch vollziehen: Uns werden Warnungen gegeben und auch die Zeit, unser Herz zu ändern. Die rote, dickflüssige Farbe könnte Lava oder Feuer gewesen sein.

Diese Prophezeiung wurde noch durch weitere Erklärungen von Gott ausgedehnt, die Sie im Folgenden lesen können. Dies ist, was der Herr sagte:

«Ich habe seit dem Beginn der Zeiten Meine Schöpfung geliebt, aber Ich habe Meine Schöpfung erschaffen, damit auch sie Mich liebt und als ihren Gott anerkennt. … seit dem Beginn der Zeiten habe Ich der Menschheit Meine Liebe gezeigt, aber ebenso habe Ich auch Meine Gerechtigkeit gezeigt. … Die Welt hat Mich unaufhörlich beleidigt, und Ich Meinerseits habe sie unaufhörlich an Meine Existenz erinnert und daran, wie sehr Ich sie liebe. Mein Kelch der Gerechtigkeit ist voll, Schöpfung!… Meine Rufe erschallen und erschüttern die ganzen Himmel und lassen alle Meine Engel vor dem erzittern, was kommen

muss; Ich bin ein Gott der Gerechtigkeit, und Meine Augen sind es überdrüssig, die Heuchelei, den Atheismus und die Unsittlichkeit mit anzusehen; Meine Schöpfung ist in ihrer Dekadenz eine Replik dessen geworden, was Sodom war. Ich werde euch mit Meiner Gerechtigkeit erschüttern, wie Ich die Sodomiten erschüttert habe, bereue, Schöpfung, bevor Ich komme.»[83]

In seiner Barmherzigkeit möchte der Herr uns nicht bestrafen; deshalb kommt Er, um uns zurück zur Genesung zu bringen. Die Frage ist nur: Wissen wir überhaupt, dass wir einen Arzt brauchen? Erkennen und schätzen wir überhaupt Seine Barmherzigkeit? Am 4. Mai 1988 gab mir Gott eine weitere Vision über die Züchtigung durch Feuer, die mich erschauern ließ. Ich sah mich draußen stehen, als plötzlich ein starker, sengender, giftiger und tödlicher Wind über die Natur hinwegfegte. Sobald er über die Bäume blies, verdorrten sie sofort und trockneten aus, waren verbrannt. Es war wie ein Wirbelsturm aus Feuer, der Schmerz und Tod mit sich brachte. Die Menschen rannten, um frische Luft zu schnappen, aber mit dem Einatmen waren sie augenblicklich innerlich versengt, als ob sie Feuer geschluckt hätten. Jesus sprach zu mir:

«Vassula, die Zeit ist so nahe, wirklich so nahe! O kommt! Meine Geliebten! Kommt zu Mir! Ich bin der Weg, die Wahrheit und das Leben. Kommt jetzt zu Mir, da noch Zeit ist, jetzt, da das Gras noch grün ist und die Bäume noch blühen. O kommt! Ich liebe euch aufs Äußerste! Ich habe euch immer geliebt, trotz eurer Bosheit und eurer bösen Taten…Ach Vassula, die Zeit ist fast vorbei. Was kommen soll, ist euch so sehr nahe!»

Und im Jahr 1994, am 18. Dezember:

«Meine Kirche wird eines Tages in Freudenrufe ausbrechen, denn in Meiner ewigen Liebe werde Ich diesen Glaubensabfall schneller beenden als vorgesehen… Das Schlimmste muss kommen, nichts kann sofort und auf einmal hervorgebracht werden. Mein Vater wird den Armen Seine Mächtige Hand offenbaren, aber die Abtrünnigen und

83. 1. September 1987.

den Rebell wird ein feuriger Hurrikan aus dem Osten versengen wegen all der schmutzigen Dinge, die sie getan haben ... Der Schuldige wird für seine Schuld sterben; wenn er sich vor Meinem Tag bekehrt und wiederherstellt, was er zerstörte und sich zu seiner Sünde bekennt, werde Ich ihm vergeben, und er wird leben und nicht sterben: dies ist Mein dreifach Heiliges Gesetz.»

Der Herr hat so oft von diesem Feuer gesprochen und uns gewarnt, und jedes Mal fragen mich die Leute, ob Er in Gleichnissen spricht, oder ob es wörtlich zu nehmen ist. Sie fragen mich, ob dieses Feuer durch eine Atombombe oder auf natürliche Weise verursacht wird – zum Beispiel vielleicht durch einen Asteroiden. Hierauf antworte ich:

«Ich weiß es nicht. Alles was ich weiß, ist, dass es ein wirkliches, echtes Feuer ist, worüber der Herr spricht. Er nannte es sogar *"Feuersturm"*. Es ist, als ob die Atmosphäre Feuer fängt, und das ließ Er mich zweimal in Visionen sehen. Ich habe all diese Prophezeiungen in den *Das Wahre Leben in Gott* Botschaften aufgeschrieben.»

Am 11. September 1991 gab mir Jesus eine erstaunliche Prophezeiung, die sich später auf tragische Weise für die Vereinigten Staaten von Amerika als erfüllt herausstellte. Es war genau zehn Jahre vor dem Tag des großen Unglücks, das die Zwillingstürme in den USA betraf. In der Botschaft zeigte sich der Herr sehr unzufrieden über die Menschheit. Mit schwerem Herzen bat Er mich, die folgende Botschaft niederzuschreiben:

«Ich schaue mit Meinen Augen auf die Welt von heute und prüfe Nation um Nation, taste Seele um Seele ab nach ein wenig Wärme, nach etwas Großzügigkeit und ein bisschen Liebe, doch nur sehr, sehr wenige erfreuen sich Meiner Gunst. Ja, sehr wenige nur machen sich die Mühe, ein heiliges Leben zu führen. Und die Tage entfliehen, und die Stunden sind jetzt gezählt, bis die große Vergeltung kommt.»

Dann änderte Jesus plötzlich Seinen Ton und sagte sehr ernst:

«Die Erde wird schwanken und beben und alles Böse, das in Türme hinein gebaut wurde, wird zu einem Haufen Schutt einstürzen und

im Staub der Sünde begraben werden! Droben wird der Himmel erzittern, und die Grundfesten der Erde werden wanken!»

Auf den Tag genau zehn Jahre später, am 11. September 2001, fielen die Türme in New York als Folge des größten terroristischen Angriffs in der amerikanischen Geschichte.

Die entsetzliche Erfahrung apokalyptischen Ausmaßes vom 11. September erschütterte die Welt. Sie ließ die Menschen in Amerika auf die Knie sinken. Eine Zeitlang füllten sich die Kirchen, und die Menschen wandten sich Gott zu. Die Bewohner von New York City, die den Ruf haben, aufgrund vom ständigen Stress des Großstadtlebens schroff und nervös zu sein, gingen es mit einem Mal langsamer an, wurden freundlicher zueinander und konzentrierten sich auf die wesentlichen Dinge des Lebens.

Aber schon bald ließ der Schock nach. Und anstatt sich wahrhaft Gott zuzuwenden und sich zu bekehren, wurde die Welt noch schlimmer als zuvor. Anstatt zu begreifen, dass diese Tragödien aufgrund unserer eigenen Sünden über uns kommen, folgte die Welt weiterhin eher den Wegen des Teufels als denen Gottes. Am 26. Dezember 2004 wurden Sumatra und andere Länder des Indischen Ozeans von einem Tsunami heimgesucht, der über 230 000 Menschen aus vielen Nationen tötete. Jesus hatte mir auch über diese Katastrophe Vorhersagen gegeben und mich in den Jahren, bevor es passierte, vier verschiedene Male gewarnt.

Die erste Vorhersage über den Tsunami kam am 10. September 1987. Dies ist, was ich in mein Heft schrieb:

Plötzlich erinnerte mich Jesus an einen Traum, den ich die Nacht zuvor gehabt und inzwischen wieder vergessen hatte. Es war die Vision, die ich kurz zuvor gesehen hatte, aber im Traum erschien sie mir schlimmer. Der Herr sprach:

«Hör zu, ich gab dir die Vision im Schlaf, damit du sie durchlebst. Nein, es gibt kein Entrinnen!»

Ich schrieb:

«Ich erinnere mich, wie ich eine riesige Welle herankommen sah. Ich versuchte davonzurennen und mich zu verstecken, aber wusste zugleich, dass dies unmöglich wäre.»

Ich fragte unseren Herrn: «Aber warum tust du uns das an, wenn du uns liebst? Warum?»

Er antwortete: *«Ich bin als der Gott der Liebe bekannt, wie auch als Gott der Gerechtigkeit.»*

Ich fragte: «Was können wir tun, um das aufzuhalten?»

Gott antwortete:

«Gewaltige Wiedergutmachungen sind jetzt von euch allen gefordert, ihr müsst euch vereinen und eins sein, euch gegenseitig lieben, Mir vertrauen und an Mein Himmlisches Wirken glauben, denn Ich bin immer mitten unter euch.»

Am 11. September 1991, also am selben Tag, an dem ich die Warnung über die Zwillingstürme erhalten hatte, gab mir Jesus auch eine zweite Warnung über den Tsunami.

«Die Inseln, das Meer und die Kontinente werden von Mir unerwartet heimgesucht mit Donner und Feuer. Hört gut auf Meine letzten Warnrufe, hört jetzt, da noch Zeit ist. Lest Unsere Botschaften und hört auf, spöttisch oder taub zu sein, wenn der Himmel spricht... Bald, nun schon sehr bald, wird sich der Himmel auftun, und Ich werde euch schauen lassen – Den Richter.»

Dann am 24. Dezember 1991, am Vorabend des Christtags, erhielt ich eine dritte Warnung. Es war bezeichnend, dass ich sie am Vorabend von Weihnachten empfing. Ich begriff, dass Jesus sehr unglücklich war über die Art, wie Christen heutzutage Weihnachten feiern. Während sie in die Kirche gehen und Seinen Heiligen Namen anbeten sollten, behandeln viele Weihnachten als ein Fest der Freizeitbeschäftigungen und des Konsums und beleidigen Christus, indem es ihnen wichtiger ist, Weihnachtsbäume zu schmücken, Geschenke auszutauschen und zu essen, bis sie krank sind, anstatt Jesus zu loben und Seine Geburt zu ehren. Christus sagte, dass der Feind langsam aber stetig daran arbeitet, Seinen Namen auszulöschen. Es begann bereits vor ein paar Jahren, dass man auf Weihnachtskarten den Namen Christi wegließ. Heutzutage liest man «Frohe Festtage», unter dem Vorwand, «andere Religionen nicht beleidigen» zu wollen, als ob irgendjemand wirklich beleidigt wäre, wenn Christen ihren Glauben praktizieren und «Christus im Christfest lassen». Es gibt viele solche Bestrebungen, den Namen Jesu aus der Gesellschaft zu verbannen, und diese Bestrebungen sind ein Teil des Versuches des Teufels, den Namen Jesu zu beseitigen. Die Leute fragen: «Wo ist der Antichrist und wann kommt er?» Meine Antwort darauf lautet: «Er ist bereits mitten unter uns am Werk und arbeitet daran, Christus in unserer Welt zu beseitigen.» Dies ist auch der Grund, warum Christus in der Warnung vom 24. Dezember 1991 das Folgende sagte:

«Heute komme ich mit Friedensbedingungen und einer Botschaft der Liebe, doch der Friede, den Ich anbiete, wird von der Erde gelästert, und die Liebe, die Ich ihnen schenke, wird an diesem Vorabend Meiner Geburt verspottet und verhöhnt. Die Menschheit feiert diese Tage ohne Meinen Heiligen Namen. Mein Heiliger Name ist abgeschafft worden, und sie betrachten den Tag Meiner Geburt als einen großen, müßigen Ferientag, an dem sie Götzen verehren. Satan ist in die Herzen Meiner Kinder eingedrungen, und er findet sie schwach und schlafend vor. Ich habe die Welt gewarnt…»

Die vierte und letzte Warnung, die sich auf den Tsunami und weitere zukünftige Geschehnisse bezog, kam am 18. Februar 1993:

«Seht, die Tage kommen, da Ich mit Donner und Feuer kommen werde, doch zu Meinem Kummer werde Ich viele von euch nichts ahnend und in tiefem Schlaf vorfinden! Ich schicke dir, Schöpfung, einen Boten nach dem anderen, um eure Taubheit zu durchbrechen, aber Ich bin jetzt eures Widerstandes und eurer Gleichgültigkeit überdrüssig… durch eure eigene Stimme vergiftet habt ihr Meiner Stimme Widerstand geleistet, aber das wird nicht ewig dauern. Bald werdet ihr fallen… Meine Kirche ist ruiniert wegen eurer Teilung.»

«Die Erde wird wanken und beben und wie eine Sternschnuppe von ihrem Platz wirbeln und dabei Berge und Inseln von ihren Plätzen ausradieren. Ganze Nationen werden ausgelöscht werden, das Firmament wird verschwinden wie eine sich aufrollende Buchrolle, wie du es in deiner Vision gesehen hast, Tochter. Eine große Todesqual wird alle Bürger befallen und wehe dann den Ungläubigen! Hör Mir

gut zu: Und sollten Menschen heute zu dir sagen: "Ach, aber der Lebendige wird Erbarmen mit uns haben. Deine Prophezeiung ist nicht von Gott, sondern kommt aus deinem eigenen Geist", dann sage ihnen: Obwohl man euch für lebendig hält, seid ihr in Wirklichkeit tot. Eure Ungläubigkeit verurteilt euch, denn zur Zeit Meiner Gnade habt ihr euch geweigert zu glauben und habt Meine Stimme daran gehindert, sich durch Meine Sprachrohre auszubreiten und Meine Geschöpfe zu warnen und zu retten.»

Die Wissenschaftler sagen, dass während des Erdbebens unter dem Indischen Ozean, das dann den Tsunami auslöste, die ganze Erde schwankte, für den Bruchteil einer Sekunde anhielt und so ihre Erdachse verlagerte. Das Verschieben der tektonischen Platten verursachte einen über 600 Meilen (ca. 1000 km) langen Bruch, wodurch wiederum der Meeresboden über dem Bruch um ca. 10 Yard (ca. 9 Meter) horizontal und einige Yard vertikal verlagert wurde. Die Insel Sumatra und auch andere entfernten sich mehrere Meter von ihrem angestammten Platz. Dies war ein so unheilvolles Ereignis, ein Ereignis, das mit Sicherheit unsere Aufmerksamkeit verdient.

Die Nachricht über den Tsunami erschütterte und bestürzte uns alle, aber niemand kann behaupten, dass Gott uns nicht Warnungen schickt. Er sendet uns Warnungen durch jene, die Er als Sprachrohr erwählt, aber unsere Antwort darauf ist oft: «Wir brauchen diese Warnungen nicht; wir haben die Heilige Schrift sowie die Schriften der Kirchenväter, wir bringen reichlich Opfer und Gebete dar, also was hat Christus uns noch mehr zu sagen als was Er uns bereits gegeben hat?» Damit verschließen sie nicht nur ihre Ohren, sondern behindern auch die Verbreitung des Wortes Gottes, indem sie immer mehr Hindernisse in den Weg stellen.

Nachdem der Tsunami Sumatra getroffen hatte und dann weitere Gebiete bis nach Afrika überzog, starrte die Welt wie gebannt auf die apokalyptischen Bilder im Fernsehen. Das Elend und Entsetzen beim Anblick dieser Naturkatastrophe, welche Einwohner und Feriengäste gleichermaßen innerhalb von Minuten zu Opfern machte, war tief erschütternd, besonders da man erfuhr, dass viele der Opfer Kinder waren. Doch da gab es auch die "Wunder", die wir in der Folge sahen: ein zwanzig Tage altes Baby wurde lebend aufgefunden, es trieb auf einer kleinen Matratze; ein kleiner schwedischer Junge wurde lebendig und wohlbehalten aufgefunden; Leute tun sich zusammen, um selbstlos den Bedürftigen zu helfen. Die Tragödie erinnert uns daran, wie klein und schwach wir Menschen sind – total abhängig von Gottes Plänen – und die Wunder lassen uns das Herz erheben und Gott und unseren Mitmenschen loben und preisen.

Leider schieben einige Leute, wenn eine Katastrophe dieser Größe eintritt und unschuldige Menschenleben fordert, die Schuld eher auf Gott als auf die sündige Menschheit. Für viele ist es die einzige Gelegenheit, sich überhaupt an Gott zu erinnern, und sie prechen von Ihm im Zorn, wodurch sie Ihn noch mehr beleidigen. Man hört sie sagen: «Wenn Gott gut ist, wie konnte er sowas zulassen?» Zugleich lassen Schmerz und Kummer aber Menschen Dinge sagen, die sie eigentlich nicht meinen.

Diese tragischen Vorkommnisse, so schlimm sie auch sind, können Gelegenheiten für die Gnade sein. Aber wenn wir doch nur Gottes Warnungen uns zu Herzen nehmen würden, könnten einige davon ganz vermieden werden.

In derselben Prophezeiung vom 18. Februar 1993 sprach Gott auch von einer «Stunde der Finsternis», die über die Erde kommen wird, wenn wir unsere Herzen nicht ändern und zu Ihm umkehren:

«Das sechste Siegel wird wird in Kürze gebrochen, und ihr werdet alle in Finsternis getaucht, und es wird keine Helligkeit geben, denn der Rauch, der aus dem Abgrund hervorquillt, wird sein wie der Rauch von einem riesigen Ofen, so dass Sonne und Himmel davon verdunkelt werden... Ich werde euch auf den Erdboden schmettern, um euch daran zu erinnern, dass ihr nicht besser seid als Vipern ... ihr werdet an euren Sünden würgen und ersticken... Wenn die Stunde der Dunkelheit kommt, werde Ich euch euer Inneres sehen lassen. Ich werde eure Seele von innen nach außen kehren, und wenn ihr seht, wie kohlrabenschwarz eure Seele ist, werdet ihr nicht nur Leid

erfahren wie nie zuvor, sondern ihr werdet euch in Agonie an die Brust schlagen und sagen, dass eure eigene Finsternis noch viel schlimmer ist als die Dunkelheit, die euch umgibt… Ich werde menschliches Leben seltener machen als jemals zuvor. Dann, wenn Mein Zorn beruhigt ist, werde Ich Meinen Thron in jedem von euch aufstellen, und mit einer Stimme, einem Herzen und in einer Sprache werdet ihr Mich gemeinsam preisen, Mich, das Lamm.»

Was ich aus diesem Abschnitt entnehme, ist, dass ein Tag der Warnung kommen wird, um uns auf besondere Weise unser wahres Wesen zu offenbaren, und was wir in unserer Seele tragen. Die Frevler werden gepeinigt, gequält, bestürzt und erschüttert sein, wenn ihnen der Zustand ihrer Seele im Licht Gottes offenbart wird.

Gott ruft immer wieder in die Nacht unserer Seele hinein, lugt durch das Fenster unseres Herzens und erinnert uns, dass wir nicht nur die Erde in Gefahr bringen, sondern den ganzen Kosmos! Am 8. März 2000 sprach der Herr:

«Der Himmel hat sich nie so tief zur Erde geneigt wie jetzt. Vor einiger Zeit konnte Ich einen oder zwei Seufzer von der Erde hören, doch jetzt kann Ich kaum noch etwas hören. Das bewegt Mich, Mitleid mit dir zu haben, Generation. Was Ich von diesem Leichnam in prahlerischem Ton höre, ist: "Schau! Ich kann in einer Wüste leben wie der Pelikan. Ich kann in einer Ruine leben wie die schreiende Eule. Ich kann ohne Gott leben, denn ich kann es noch besser machen als Gott…"»

Am 7. Februar 2002 gab Gott folgende Warnung an die Welt und die Vereinigten Staaten von Amerika:

«Eure Nation regiert ganz im Widerspruch zu Meinem ganzen Gesetz der Liebe, das sich von eurem seltsamen Gesetzessystem unterscheidet – Gesetze, die die abscheulichsten Verbrechen verüben und sogar so weit gehen, nicht nur die Erde, sondern auch die Stabilität des ganzen Kosmos zu gefährden… Ich sehe von oben, wie sich eure Pläne gegen euch selbst wenden. Die Welt verkostet schon jetzt die Früchte ihres eigenen Vorgehens, das die Natur dazu herausfordert, sich unter Krämpfen aufzulehnen, und Naturkatastrophen auf euch herabzieht. Die Welt erstickt sich selbst durch ihre eigenen Ränkespiele. Jahrelang

habe Ich euch jetzt zu Mir heran gewunken, aber nur sehr wenige nahmen Notiz davon. Diese Läuterung, die jetzt wie eine Geißel über dich kommt, Generation, wird viele zu Mir ziehen, und jene, die Meine Warnungen in den Wind schlugen, werden in ihrer Not zu Mir zurückkehren.»

Die ganze Welt befindet sich jetzt wegen ihrer Sündhaftigkeit in Auflösung. Paradoxerweise ruft die Welt nach Frieden, doch verhindern unsere Sünden, diesen zu erreichen. Am 30. September 2002 sagte mir der Herr:

«Diejenigen, die auf Podien stehen und den Frieden predigen… wenn gerade diese Leute Meine Gebote übertreten und sich mit Mir im Krieg befinden, wie können sie dann bei klarem Verstand erwarten, Frieden zu bringen?»

Als Jesus damals in den 80er-Jahren auf mich zukam, warnte Er uns schon damals, dass der Kelch des Vaters bereits voll würde. Viele Male sagte Er, dass wir Seine Gerechtigkeit herausfordern, was eine Züchtigung durch Feuer auf uns herabziehen würde. Damals war es jedoch noch bedingungsweise. Später, nachdem fünfzehn Jahre vergangen waren, sagte Jesus, dass Gottes Gerechtigkeit nicht mehr ganz rückgängig gemacht werden könnte, weil Seine Botschaft nicht ernstgenommen wurde.

Die Züchtigung ließe sich allerdings mildern. Wie? Indem wir unser Leben bessern, indem wir bereuen und umkehren und ein «Wahres Leben in Gott» führen. Wir können das Feuer abschwächen durch Taten der Wiedergutmachung, Taten echter Liebe, Gebet, und besonders durch die Versöhnung der Kirchen, die sich um einen Altar herum vereinigen.

Am 7. Januar 2008 weckte mich die Jungfrau Maria morgens um zehn Minuten nach drei Uhr auf. Sie sagte mir, dass wir nun den der Menschheit bevorstehenden vorausgesagten Ereignissen sehr nahe wären, und diese nun vor der Tür stünden, Ereignisse, die auf die Welt stoßen werden durch ihre Ablehnung des Wortes Gottes, ihre Gehässigkeit, ihre Scheinheiligkeit und Gottlosigkeit. Sie sagte: «*Die Erde ist in Gefahr und wird durch Feuer leiden.*» Sie sagte außerdem: «*Der Zorn Gottes kann nicht länger zurückgehalten werden und er wird auf uns fallen, weil der Mensch sich weigert, mit der Sünde zu brechen»* und dass *«Gottes Barmherzigkeit all diese Jahre da war, um so viele wie möglich zu Ihm zu ziehen, indem Er Seinen Arm ausstreckte, um sie zu retten, doch nur wenige haben es verstanden und auf Ihn gehört.»*

«Seine Zeit der Barmherzigkeit wird nicht mehr lange dauern und die Zeit kommt, wo jeder geprüft und die Erde aus ihrem Innern Ströme von Feuer ausspeien wird; und die Menschen der Welt werden begreifen, wie wertlos und hilflos sie sind, wenn sie nicht Gott in ihren Herzen haben. Gott steht fest und treu zu Seinem Wort. Die Zeit ist da, wo der Haushalt Gottes geprüft wird, und diejenigen, die Seine Barmherzigkeit abgelehnt haben, werden das Feuer Gottes zu spüren bekommen.»

An diesem Punkt fragte ich nach den Leuten in der Kirche, die uns verfolgen und gegenüber Seinen Werken der Barmherzigkeit blind sind. Unsere Liebe Frau antwortete, dass *«auch sie bekommen werden, was ihnen gebührt»*. Unsere Liebe Frau sprach dann weiter über Opfer. Sie bat mich, alle daran zu *«erinnern, dass Gott, unser Schöpfer, uns bittet, uns selbst Ihm mehr hinzugeben und dass es nicht genug ist, bekehrt zu sein, ohne Opfer und beständiges Gebet. Es gibt verschiedene Wege wie wir Gott unsere Liebe und Großzügigkeit zeigen können»*, und dass *«diejenigen, die Gott wahrhaftig lieben, gesegnet sind und in jenen Tagen keine Angst haben sollten.»* Unsere Heilige Mutter sagte, dass *«die, die in der Bedrängnis ausharren, gesegnet sind.»*

Sie freut sich *«über all die Priester, die jene Werke Gottes verbreiten und fördern»*. Sie sollen *«zuversichtlich bleiben, denn sie haben besondere Gnaden vom Geist Gottes empfangen, und dass sie durch den Geist stärker werden im Herrn und für Seinen Heilsplan.»* Unsere Liebe Frau sagte, dass *«Christus ihnen Seinen Frieden gibt. Wenn jemand dient und sich selbst als eine Opfergabe darbringt, wird das Gericht, das durch Feuer kommen wird, nicht so schwer über ihn kommen, denn in seinem Geist wird er sich an dem Ruf Gottes erfreuen, der ihn zum Leben gebracht hat.»* Unsere Liebe Frau sagte, dass *«viele abgefallen sind, aber viele auferweckt werden. Viele haben da-*

rin versagt, das Wort Gottes in ihrem Herzen zu bewahren, und haben das Wort übertreten, dass ihnen gegeben worden war». So lautete die Botschaft, die unsere Liebe Frau gab.

Am 28. November 2009 rief mich der Herr und gab mir ein Gebet, das ich verteilen sollte, und bat uns, es zu beten und Ihn um Erbarmen zu bitten. Dies ist die Botschaft unseres Herrn:

«Vassula, wende dich folgendermaßen an Mich:

"Zärtlicher Vater, schleudere Deinen Zorn nicht auf diese Generation, damit nicht alle zugrunde gehen; schleudere auf Deine Herde nicht Elend und Not, denn dann werden die Wasser versiegen und die Natur wird verdorren, bei Deinem Zorn wird alles sterben, ohne eine Spur zu hinterlassen. Die Hitze Deines Atems wird die Erde entflammen und sie in eine Einöde verwandeln! ***Am Horizont wird ein Stern zu sehen sein; die Nacht wird verwüstet und Asche wird wie Schnee im Winter fallen und Dein Volk bedecken, so dass sie wie Gespenster aussehen.*** *Hab Erbarmen mit uns, Gott, und vergilt uns nicht mit Härte; gedenke der Herzen, die sich Deiner erfreuen, und derer Du Dich erfreust! Gedenke Deiner Gläubigen und lass Deinen Arm nicht mit Gewalt auf uns fallen, sondern erhebe uns vielmehr in Deiner Barmherzigkeit und lege Deine Vorschriften in jedes Herz. Amen."»*

Als ich dieses Gebet empfing, wusste ich in meinem Herzen, dass es dringend war. Der Satz: ***«Am Horizont wird ein Stern zu sehen sein; die Nacht wird verwüstet und Asche wird wie Schnee im Winter fallen und Dein Volk bedecken, so dass sie wie Gespenster aussehen…»*** fiel mir besonders auf, als ich ihn vernahm, denn Jesus änderte dabei den Ton und wurde sehr ernst. Mir schien er auch außerhalb des Zusammenhangs mit dem übrigen Gebet zu stehen. Also schickten wir mit Hilfe anderer dieses Gebet rund um Welt, und alle Gebetsgruppen sprachen es unaufhörlich.

Vier Monate später, am 20. März 2010, brach der Eyjafjallajökull-Vulkan in Island aus und stieß eine riesige Aschenwolke aus. Das Gebiet rund um den Vulkan wurde evakuiert. Einige Leute in der Nähe nahmen Videos auf, und man konnte ein paar Meter weit nicht klar sehen, da Aschenwolken in der Atmosphäre waren, die die Leute bedeckten, sodass sie wie Geister aussahen. Alles war grau und mit Asche bedeckt. Der Luftverkehr kam zum Erliegen, und die vielen Ausfälle von Flügen führten zu Verlusten von mehreren zehn Millionen Dollar. Reisende saßen auf der ganzen Welt fest. Obst, Fisch und andere Produkte verkamen in den Lagerhäusern. Am 14. April 2010, als der Vulkan noch immer spuckte, konnte man im Mittleren Westen der USA einen hellen Stern am Horizont sehen. Ich glaube, dieser auffällige Stern war eine Warnung, da der Vulkan ganze eineinhalb Jahre lang noch Asche spuckte. Aber ich glaube auch, dass unsere Gebete erhört wurden, denn ein noch größerer Vulkan in der Nähe brach wider Erwarten nicht aus.

Gott schenkte uns dieses Gebet, da er wusste, dass dieser Meteorit auf die Erde zusteuerte. Man sollte fragen: «Warum hat Gott uns vier Monate zuvor dieses Gebet zu sprechen aufgetragen, wenn nicht aus dem Grund, dass er uns vor einer Katastrophe gewaltigen Ausmaßes bewahren wollte?» Viele Menschen auf der Welt leben in Apathie und einem Geist der Teilnahmslosigkeit dahin. Viele Geistliche verbieten Gott, zu seinem Volk zu sprechen und raten den ihnen Anvertrauten zu Unrecht, nicht darauf zu hören, und halten sie damit ab, den Willen Gottes zu erfahren.

Jedoch wird uns auf Erden noch Schlimmeres zustoßen, wenn wir wie Pharao, der sich in seiner Sturheit weigerte, auf Moses zu hören, die Zeichen der Zeit weiter ignorieren; und dann wird es zu spät sein.

Trotz ihrem Ernst sollen diese Botschaften keine Prophezeiungen düsterer Untergangsstimmung sein. Gottes Freundlichkeit und Zärtlichkeit ist offensichtlich. Diese Botschaften und Prophezeiungen an unser Zeitalter sind Geschenke von Gott, der sie uns in diesen schwierigen Zeiten zuteil werden lässt; sie sind ein Ruf, der Seiner großherzigen Liebe entspringt. Dies ist die Stunde der Barmherzigkeit, die jedoch von der Zeit der Gerechtigkeit abgelöst werden wird, denn Gott wird nicht zulassen, dass wir Ihn immerfort beleidigen.

Niemand wird Gottes Pläne aufhalten können. Es ist nur eine Frage der Zeit. Jesus fragt uns: *«Ihr Menschen dieser Generation, die Einheit wird kommen, aber auf welche Weise, durch friedliche Mittel oder durch Feuer?»* Es liegt an uns zu entscheiden. Wollen wir uns ändern? Wenn ja, *dann brauchen wir uns nicht zu fürchten.* Wir sind bei Gott und Gott ist bei uns. Die Seele, die sich Gott ausliefert, wird siegen.

15 WUNDER

Um weiter unsere Aufmerksamkeit zu erregen, hat Gott auch viele Wunder und Wunderzeichen rund um meine Sendung geschehen lassen; diese tat der Heilige Geist während meiner Vorträge oder durch Gebet. Im folgenden erzähle ich einige Beispiele dieser Wunder.

Am 11. Januar 1992 war ich in Amerika in eine kleine Kapelle in Independence, im Staat Missouri, zum Halten eines Vortrages eingeladen. Am Ende meiner Präsentation kam eine hübsche, junge Frau auf mich zu. Sie trug ihren vier Jahre alten Sohn, der in eine Decke gewickelt war, auf dem Arm. Er hieß Curt. An diesem Tag hatte er wie immer Fieber und konnte nicht laufen, nicht einmal Schuhe tragen. Er hatte starke Schmerzen. Die Mutter war darüber am Boden zerstört, und ihr Gesicht war ganz verschwollen vom vielen Weinen. Eine kleine Nonne, Schwester Mary Lucille, die sie begleitete, sprach für sie.

«Der Junge stirbt; er leidet ganz schrecklich an juvenilem Gelenksrheumatismus.» Man hatte diese Krankheit bei ihm im Alter von zwei Jahren im Barmherzigkeits-Kinderkrankenhaus in Kansas diagnostiziert.

Ich war erschüttert, weil der Junge es verstanden haben musste, denn er wandte sein Gesicht mir zu und blickte mich an. Schwester Lucille fuhr fort: «Würden Sie bitte für ihn beten und ihn auf der Stirn segnen?»

Die Mutter konnte sich nicht mehr beherrschen und weinte herzzerreißend. Ich stieß vor Mitleid einen Seufzer aus und streckte dann meine Hand aus, um das Kreuzzeichen auf seiner Stirn zu machen, indem ich inbrünstig zum Herrn und Unserer

Lieben Mutter flehte: «Tut etwas!» Nur diese beiden Worte. Der Junge war sofort geheilt, aber wir wussten es noch nicht.

Curt und seine Mutter verließen die Kapelle und gingen nach Hause, aber dort angekommen legte sich Curt nicht hin, wie er es sonst tat; stattdessen stand er auf, fing an zu sprechen, und bat seine Mutter um Essen und Trinken. Die verblüffte Mutter nahm das Kind und eilte ins Krankenhaus, um ihn untersuchen zu lassen. Die Blutproben zeigten keine Anzeichen einer Krankheit.

Nun, ich weiß, was *ich* gesagt und getan habe, aber was *sie* mich tun sahen und sagen hörten, war etwas ganz anderes: sie sahen wie ich, nachdem ich Curt's Stirn gesegnet hatte, seine Hände – eine nach der anderen – nahm und in die Handflächen das Kreuzzeichen machte. Danach lupfte ich offenbar die Decke und machte auf den Fußsohlen das Kreuzzeichen. Dann hob ich anscheinend die Decke noch einmal und machte ein großes Kreuzzeichen auf seinem Rückgrat. Hierauf wandte ich mich an die Mutter, und indem ich den Satz mit «wenn» und nicht mit «falls» anfing, sagte ich: «Wenn Dein Junge gesund wird, lehre ihn den Rosenkranz!» Ich hatte keine Ahnung, dass es sich im großen und ganzen so verhalten hatte. Aber der Kleine war geheilt, und später sagte er seiner Mutter: «Mami, als ich die Dame ansah, war Sie sehr schön. Als Sie meinen Rücken berührte, waren Ihre Hände kalt und es tat weh.» (Wahrscheinlich spürte er einen gewissen Schmerz während der Heilung.) «Dann fragte mich die schöne Frau, ob ich einen Blick in den Himmel tun wollte, und Sie hob mich auf und dann sah ich Engel.» Es verschlug mir den Atem, als ich ihre Version des Geschehenen zwei Monate später erfuhr.

Dies war ein Wunder, das Gott in völliger Verschwiegenheit gewirkt hatte. Die Mutter und die Nonne bereisten zusammen mit dem Jungen viele Städte in den Vereinigten Staaten, um das Wunder zu bezeugen. Die vollständige Krankenakte wurde mir ausgehändigt, und ich übergab sie dem Vatikan, aber ich erhielt dafür von dort nie eine Empfangsbestätigung . Ich behielt jedoch eine Kopie dieser Akte. Ich traf den Jungen noch mehrmals danach, und beim letzten Mal, als ich ihn sah, war er schon größer als ich und ein wunderbarer, gutaussehender Teenager. Wir setzten uns auf ein Glas Limonade zusammen, und er fragte mich: «Was will Gott von mir, da Er mich geheilt hat?» Ich meinte lachend: «Hab Ihn einfach lieb und sei glücklich. Er hat dir das Leben neu geschenkt. Das ist Sein Geschenk an dich, also sei einfach glücklich.»

Curts Großvater schrieb für eine amerikanische Zeitschrift die folgende Version dieser wundersamen Heilung:

«An jenem 11. Januar 1992 nahm Schwester Lucille meine Tochter an die Hand, als sie meinen Enkel zu Vassula trug, die sich erkundigte: "Was ist das Problem?" Vassula betete dann zu Gott dem Vater, zu Jesus und zur Muttergottes um Heilung. Durch ihr Gebet wurde Curt geheilt. Er braucht keine Medikamente mehr, und alle gesundheitlichen Probleme im Zusammenhang mit der Arthritis sind verschwunden. Durch Vassulas Gebete wurde Curt ein Geschenk von Gott gegeben. Das ist nur ein Beispiel von Gottes totaler Liebe und Barmherzigkeit.»

Curt hat Unsere Liebe Frau gesehen, und hat auch die Gabe erhalten, die Schutzengel anderer Menschen sowie auch seinen eigenen zu sehen.

So viele wunderbare Heilungen sind all die Jahre hindurch bei meinem Zeugnisgeben geschehen, aber nur Curts Eltern haben sich die Mühe gemacht, die Krankenakte anzufordern und mir zu geben. Alle anderen, die geheilt wurden, gingen glücklich weg, aber dachten nicht daran, die medizischen Akten anzufordern und mir zu geben.

Eine andere Geschichte betrifft eine Libanesin, die in Stockholm, Schweden, lebte. Sie hatte Wasser in der Lunge. Ihre Tochter hatte die Botschaften gelesen, und als ich auf Einladung in einer Kirche in Stockholm sprach, wollte sie unbedingt bei meinem Vortrag dabeisein. Sie war schon angezogen, um zum Vortrag zugehen, als ihre kranke Mutter sie bat, bei ihr zu Hause zu bleiben. Die Tochter war jedoch entschlossen, meinen Vortrag zu hören, und keine Macht der Welt konnte sie davon abhalten. Die

Mutter aber wollte nicht allein bleiben und beschloss daher, die Tochter zu begleiten, die darüber ziemlich ungehalten war, da ihr klar war, dass der schlechte Zustand der Mutter zu ihrer Verspätung führen würde.

Als sie ankamen, war die Kirche bis auf den letzten Platz besetzt. Da sie keine zwei Plätze nebeneinander fanden, waren sie gezwungen, entfernt voneinander zu sitzen. Ich möchte vorausschicken, dass die Mutter nichts über mich, über «Vassula» wusste, nicht einmal ob dies ein weiblicher oder männlicher Name war, also ob ich ein Mann oder eine Frau wäre. Sie erzählte ihrer Tochter später, dass, als sie während meines Vortrages auf mich schaute, sie einen Mann mit Bart an meiner Stelle sah. Als sie ihn anschaute, spürte sie, dass etwas in ihrer Lunge passierte. Während meiner Rede fühlte sie sich besser und besser und war spontan geheilt. Als ich geendet hatte, lief sie schnell zu ihrer Tochter, tanzte, jubelte und versuchte ihr zu sagen, dass sie geheilt war. Die Tochter fand es unglaublich, wie ihre Mutter von einer Minute auf die andere ihre Gesundheit wiedererlangt hatte und voller erneuter Lebenskraft war. Als die Mutter erzählte, dass sie einen Mann mit Bart gesehen hätte, begriffen sie, dass es Jesus war. Ich hörte diese Geschichte erst am folgenden Morgen vor meiner Abreise von Stockholm. Die Tochter berichtete mir voll Freude von diesem Wunder.

Von dort reiste ich weiter nach Kopenhagen, Dänemark, wo meine Versammlung am Nachmittag stattfand. Bevor ich mit meinem Vortrag über die Botschaften begann, berichtete ich den Versammelten über das Wunder in Stockholm. Unter den Zuhörern befand sich eine ältere Dame, die Gaumenkrebs hatte. Sie sollte am nächsten Morgen im Krankenhaus operiert werden. Als sie mich von der Wunderheilung berichten hörte, war sie zutiefst bewegt und murmelte einfach zu sich selbst: «Ich wünschte, so etwas würde mir auch passieren.» Am nächsten Morgen kam ihr Freund, um sie ins Krankenhaus zu bringen, aber erstaunlicherweise konnte die Frau in ihrem Mund kein Anzeichen von Krebs mehr feststellen, und als sie mit ihrem Freund sprach, verursachte das keinerlei Schmerzen. Auch ihr Freund bemerkte, dass ihr das Sprechen jetzt leichter fiel und sie deutlich sprach. Als sie schließlich im Krankenhaus war, untersuchte der Arzt ihren Mund und war höchst erstaunt, dass er keine Spur von dem Gaumenkrebs mehr finden konnte.

Rund um die Welt hat der Herr, während ich Zeugnis gab, viele weitere Heilungen geschehen lassen: ein Arzt im Ruhestand in den USA, der an Leukämie litt, wurde gesund, als ich ihm einfach nur den Segen erteilte und ein Gebet über ihm sprach; in Chicago wurde ein tauber Junge, etwa vierzehn Jahre alt, geheilt, als ich ihm die Hände auflegte und betete; bei einer Konferenz in Pittsburg betete ich über einem Mann, der mit Krücken gekommen war, und als er an dem Abend zu Bett ging, verschwand der Schmerz in seinen Beinen, und er war geheilt.

Leider habe ich von keinem die Krankenhausakte erhalten, was mich daran erinnert, wie Jesus die zehn Aussätzigen heilte. Da waren neun Juden und ein Samariter[84], und als sie durch Jesus geheilt worden waren, gingen sie alle weg, ohne Ihm zu danken – mit Ausnahme des Samariters, der zurückkam um Jesus zu danken. Ich hörte den Herrn sagen: «*Gnade wird jedem angeboten...*»

Bekanntlich besuchte der heilige Paulus die Insel Rhodos in Griechenland und predigte «den Auferstandenen Christus». Es gibt dort eine kleine, malerische Bucht, die nach ihm benannt ist, und um der Durchreise des Heiligen Paulus zu gedenken, bauten die Griechen genau an der Bucht eine kleine Kapelle. Nur ein paar Kilometer nördlich von der Kapelle befindet sich das Kloster des Heiligen Nektarios, wo Gott eine Überraschung für mich bereit hatte. In jenem Sommer besuchte ich meine Schwester, Yannula, die damals auf Rhodos wohnte, und da ich das Bedürfnis verspürte, eine Zeit allein zu sein, entschloss ich mich, zum Kloster des Heiligen Nektarios zu fahren, um das sich damals zwei Nonnen kümmerten, die mich beide kannten.

84. Lukas 17,11-19.

Das Klostgergebäude liegt in einer wunderschönen Umgebung, und es muss Gottes Plan gewesen sein, dass ich mich für einige Zeit dort aufhalten sollte, denn während meiner Woche dort rief Er mich, um eine sehr lange Botschaft zu schreiben, in der Er erklärte, wie und in welcher Weise wir Seine Zehn Gebote übertreten. Gott wollte uns erkären, wie wir uns selbst belügen, wenn wir uns vormachen, dass wir ihnen folgen, obwohl wir es doch nicht tun. Es war eine ziemlich erstaunliche Offenbarung.

Rings um das Kloster und die Kirche wachsen riesige Kiefern und auf dem Hügel wachsen alle möglichen verschiedenen Kräuter und erfüllen die Luft zu später Stunde mit ihrem Duft. Ab und zu kann man das Schreien der Pfaue hören, die auf dem Hügel frei herumlaufen. Niemand war dort außer den Nonnen, von denen eine völlig blind war. Sie schlief mit weit offenen Augen, und so war es unmöglich zu wissen, ob sie wach war oder schlief. Ich bat darum, eine Woche in einem ihrer vielen, sehr einfachen Zimmer bleiben zu dürfen, und sie willigten gerne ein.

Bevor ich einzog, erwähnte ich jedoch zufällig meinen Plan einer meiner Bekannten, die mich sofort fragte, ob sie mitkommen könnte. Ich war nicht sehr erfreut über ihre Bitte, denn sie war die Letzte, die ich während meiner Einkehr dabei haben wollte, war sie doch weithin als die größte Schwätzerin bekannt: sie hielt in einer Tour Monologe ab, ohne jemals zuzuhören. Wie sollte ich meinen Frieden finden mit einem solchen nervtötenden Plappermaul um mich herum? Da hatte ich eine Idee: Ich würde unter zwei Bedingungen einwilligen. Erstens, wir legen ein Schweigegelübde ab; und zweitens, ein Gelübde, eine Woche lang von Wasser und Brot zu leben. Ich vereinbarte mit ihr, dass wir nur während der kurzen Pausen einige Worte wechseln könnten. Meine Bekannte stimmte tapfer zu, und unter diesen Bedingungen erlaubte ich ihr, mitzukommen.

Sie konnte sich jedoch nicht an die strikten Regeln halten, und am vierten Tag drehte sie fast durch. Sie tat mir so leid. Sie sah mehr tot als lebendig aus mit ihrem aschfahlen Gesicht. Als sie fragte: «Kann ich bloß eine Kleinigkeit zum Essen haben, vielleicht eine Tomate?» lachte ich nur und meinte, dass sie alles nach Belieben essen könne, sogar ein ganzes Lamm, wenn ihr danach wäre! Immerhin, sie hatte das Schweigegelübde gehalten und fastete mit ihren Lippen! Was mich an eine Botschaft Unserer Lieben Frau erinnert, wo sie sagt: «Fastet mit euren Lippen…», soll heißen: richtet nicht, tratscht nicht usw.

Als ich unter Diktat die lange Botschaft von Gott über all die Arten, wie wir Seine Zehn Gebote brechen, niedergeschrieben hatte, war es das fünfte Gebot, das mich am meisten traf: «Du sollst nicht töten.» Gott sprach:

«Ich habe euch verboten zu töten, Generation! Wenn ihr selbst euch Mein nennt und Teil Meiner Kirche nennt und gegen das Töten predigt, wieso tötet ihr dann? Wagt ihr zu behaupten, dass ihr im Recht seid und auf eurer Unschuld bestehen könnt vor Mir am Tag des Gerichts, wenn ihr massenhaft Verbrechen an ungeborenen Kindern begeht? Vom Himmel her beobachte Ich Bilder des Schreckens! Ach, wie sehr leide Ich, wenn Ich zusehen muss, wie der Mutterleib, der dieses Kind bildet, es dann ablehnt und in den Tod schickt ohne einen Namen und ohne Bedauern. Der Mutterleib, der es gebildet hat, will sich nicht länger daran erinnern. Diesen sage Ich: "Du magst dein Schwert schärfen, doch die Waffe, die du bereitgemacht hast, wird dich töten. Jetzt bist du nicht mit einem Kind schwanger, dafür aber mit Schändlichkeit. Du wirst Bosheit empfangen und Unglück gebären. Du hast eine Grube gegraben und sie ausgehöhlt, nur um selbst in deine eigene Falle zu stürzen! Deine Bosheit wird auf dein Haupt zurückprallen und deine Gewalttat auf deinen Scheitel zurückfallen."»[85]

Mit diesem Absatz im Sinn muss ich die Geschichte einer afrikanischen Frau erzählen, von ihrer Demut, ihrem Glauben und Gehorsam gegenüber Gott und wie sie Gott verherrlicht hat. Ich begegnete ihr in Sambia, als ich dort mit meinen Botschaften von Gott auf einer Evangelisierungsreise war. Sie schrieb ihre Geschichte sogar nieder und gab sie mir.

85. 5.-20. August 1990

Bevor ich den großen Saal betrat, um vor der dort versammelten Menge meine Rede zu halten, durchquerte ich einen Hof, wo eine Anzahl von Leuten sich versammelt hatte, um mich zu treffen – einschließlich eines Priesters. Ich bemerkte ein süßes, kleines Mädchen, ungefähr vier Jahre alt; sie war weiß gekleidet wie eine Ballerina und vielen kleinen Schleifen in den Haaren. Sie kam auf mich zu, und ich hörte ihre Mutter sagen: «Das ist Vassula.» Ich dachte, sie sagte ihrer Tochter, wer ich wäre, aber das war nicht der Fall. Das kleine Mädchen hieß Vassula, und ihre Mutter stellte sie mir vor. Sie erzählte mir dann folgende Geschichte:

Während der Schwangerschaft mit ihrer Tochter wurde sie ernstlich krank, was sich auf die Schwangerschaft sehr nachteilig auswirkte. Die Prognose war nicht gut. Der Arzt sagte ihr, dass die Krankheit das Kind töten würde, und wahrscheinlich auch sie selbst, wenn die Schwangerschaft nicht abgebrochen würde. Die arme Frau wusste nicht, was sie tun sollte, aber nachdem sie die Lage mit ihrem Mann besprochen hatte, entschieden sie sich dafür, eine Abtreibung am Tag darauf vornehmen zu lassen.

An demselben Abend lud ein Freund dieses Ehepaar zum Abendessen ein, der aber nichts von ihren Schwierigkeiten wusste, und was der Arzt befunden hatte. Damals erkannte sie, wie sich Gott unserer Sorgen annimmt. Nach dem Essen ließ der Gastgeber ein Video abspielen, das eine meiner vom Fernsehen ausgestrahlten Präsentationen in den Vereinigten Staaten zeigte. Der Titel war: «Was im Leben zählt», und bei diesem Vortrag sprach ich über Abtreibung und wie sich der Teufel freut, wenn unschuldiges Blut vergossen wird. Ich sprach darüber, wie der Teufel dieses «Opfer» annimmt, das ihm erlaubt, seine Macht zu mehren. Beim Anschauen des Videos erstarrte die arme Frau als sie hörte, was Gott alles über Abtreibung zu sagen hatte. Später auf dem Heimweg sagte die Frau zu dem Mann: «Ich gehe morgen nicht zur Abtreibung. Wenn Gott dieses Kind haben will, lass "Ihn" es nehmen. Wenn Er mich auch zu Sich holen will, dann kann Er es tun. Aber ich werde dieses Kind nicht abtreiben.»

Bald danach besserte sich erstaunlicherweise ihre Gesundheit sowie auch die des Kindes, und sie brachte zeitgerecht ein gesundes Mädchen zur Welt. Als Anerkennung dessen, wie dies zustande gekommen war, entschied sie sich, dem Baby meinen Namen zu geben. Sie sagte sogar: «Auch wenn das Baby ein Junge gewesen wäre, hätte ich ihn Vassula genannt.»

Ich erinnerte mich an die Worte des Herrn vom 4. August 1988, als Er mir sagte:

«Ganz gleich wie schwierig dir eine Situation auch vorkommt, vertraue Mir und gehorche Mir. Ich werde dir immer helfen, wenn Ich sehe, dass du Mir gehorchst und Meinen Willen tust.»

16 DER SCHMALE WEG

Wenn man sich für den Frieden einsetzt, muss man naturgemäß mit Verfolgungen rechnen. Ich bin keine Frömmlerin und doch beschuldigte man mich, eine zu sein. Ich bin keine Lügnerin, und doch beschuldigte man mich, vorzugeben, Gottes Stimme zu hören. Ich habe – mit Verlaub – noch alle meine Sinne beisammen, aber man behandelte mich, als ob ich geistesgestört wäre. Ich habe keinerlei Absicht, die orthodoxe Kirche, zu der ich gehöre, zu unterminieren, und doch beschuldigte mich ein orthodoxer Mönch, ein vom Papst bezahltes trojanisches Pferd zu sein, das die armen Orthodoxen zum römischen Katholizismus verführen soll. Es gab Leute, die an meine Kirche Schmähschriften über mich geschrieben haben, damit ich exkommuniziert würde, einige haben sogar falsche Gerüchte verbreitet, dass ich schon exkommuniziert sei, und bis zum heutigen Tag bemühen sich einige in böswilliger Art und Weise darum, ohne irgendein faires Urteil. Ich habe sogar Todesdrohungen erhalten – in drei verschiedenen Ländern!

Der Herr erinnert uns daran, dass der Weg, der zum ewigen Leben führt, schmal und voller Strapazen ist. Eines Tages fühlte ich mich wirklich müde und erschöpft von all den Strapazen, die gehäuft auf mich zukamen, und im Wissen darum, dass Jesus allmächtig ist, alles in Seiner Hand hat und alle Dinge wenden und meinen Weg ebnen kann, wandte ich mich an Ihn und beklagte mich, wie so viele von uns. Er erwiderte:

«Gnade geht nicht ohne Leiden. Oh, was werde Ich denen, die Mir am nächsten stehen, Meinen liebsten Freunden, nicht alles tun!»[86]

86. 25. September 1992.

Darauf meinte ich: «Dann erlaube mir, die Worte der Heiligen Teresa von Avila zu zitieren und Dir zu sagen: "Kein Wunder, dass Du so wenige Freunde hast!"» Darauf sagte Jesus ungerührt:

«Alle Menschen sind schwach... dennoch werde Ich auf deinen Kommentar antworten und dir sagen: Wenn deine Seele nur wüsste, was Ich dir anbiete und was Ich mit dir mache, dann wärest du diejenige, die Mich um mehr Prüfungen, Leiden, Kreuze und all dies bitten würde! – Ich disziplinierе die, die Ich liebe. Erhebe also keinen Einspruch gegen das, was Mir gut erscheint.»

Ein andermal führte Er noch weiter aus:

«Ich, der Herr, zeige dir die Schritte, die Ich gegangen bin, um zu leiden. Da du Mir dienst, musst du Mir folgen. Möchtest du, dass Ich sage: "Folge Mir, aber nicht in Meinen Fußspuren?" Das geht nicht; wer Mir dient, wird Meinen Blut – verschmierten Fußspuren folgen...»[87]

Am 1. Mai 1992 verriet mir Gott, warum ich mit geschlossenen Augenlidern, die auch noch drei Tage lang verschlossen blieben, geboren wurde. Er sagte, dass Er von Anfang an, als ich noch im Mutterleib war, mit meiner Seele auf geheimnisvolle Weise einen mystischen Pakt geschlossen hatte, sodass ich Ihm von der ersten Stunde meines Lebens an Opfer und Fasten darzubringen hätte. Diese Art der Entbehrung, die Gott selbst für mich gewählt hatte, war die Enthaltung von Tageslicht gleich bei meiner Geburt. Bereits damals bereitete Gott mich darauf vor, dass ich eines Tages den Weg einer sehr schwierigen Mission vor mir hätte: einer weit über meine eigenen Fähigkeiten hinaus gehenden Mission, nämlich einer tauben und ungläubigen Welt als Zeugin ausgeliefert zu sein und Sein Wort Seiner ganzen Schöpfung zu verkünden, die Elenden und Armen zu trösten, ihnen Hoffnung zu geben, und dazu aufzufordern, dass alle Rassen und Glaubensbekenntnisse Frieden miteinander machen und Seinen Heiligen Regeln und Geboten folgen, und dass Er durch meine Schwachheit jene sammeln würde, die kurz vor dem Verderben stehen.

87. 3. Juni 1993.

Er würde mich gegenüber den Drohungen der angreifenden Dämonen furchtlos machen. Der Herr fügte hinzu, dass Er durch mich die Abtrünnigen verfolgen und aufspüren würde. Außerdem, dass Er durch meine Opfer, Gebete und Leiden die Kirche dazu bringen würde, sich zu versöhnen und in Vielfalt zu vereinen. Machtvoll brachte Gott zum Ausdruck, dass Er schon in die Pläne Seines Feindes eingreifen würde, und dass Er meine Seele von Anfang an dazu bringen müsse, mit Ihm übereinzustimmen, und Er mich von Anfang an stärken müsse. Aber hier sind Seine eigenen Worte:

«Ich, Jahweh, dein Ewiger Vater, habe dich seit dem Tag, als Ich dich erschuf und in Meiner Hand hielt, mit ewiger Liebe geliebt. Ah… nie werde Ich vergessen, wie klein du an dem Tag warst. Ich sagte: "Durch dieses kleine, zarte Mädchen werde Ich von vielen Seelen den Eindringling verjagen." Du und Ich, wir haben dann einen Pakt miteinander geschlossen, dass du für den Frieden arbeiten und Meine Liebe verkünden würdest, dass es bis an die Enden der Erde widerhallt, und dass Ich durch deine Schwachheit diejenigen aufrütteln würde, die sich am Rand des Verderbens befinden. Ich würde dich Drohungen und Angreifern gegenüber furchtlos machen, und durch dich würde Ich den Abtrünnigen nachgehen und sie aufspüren. Dann würde Ich durch dich deine Generation dazu bringen, sich zu versöhnen und zu vereinen.»

«Da Ich die Pläne Meines Feindes beeinträchtigen wollte, musste Ich bereits damals deine Seele mit Mir in Übereinstimmung bringen und dich von Anfang an stärken. Ich sagte: "Heilige dich schon jetzt und faste von Geburt an; das ist es, was Ich wünsche: Ich werde dir bei der Geburt kein Augenlicht geben. Für drei Tage und drei Nächte wirst du im Dunkeln bleiben, auf diese Weise wirst du fasten."»[88]

Aus unseren Opfern und Prüfungen erlangt der Herr großartige Ergebnisse, für uns selbst, für andere und für die Kirche. So haben sich die Botschaften kontinuierlich auf der ganzen Welt verbreitet und ihren Siegeszug angetreten. Viele Seelen wurden

88. 1. Mai 1992.

zu wahren neuen Aposteln und haben sich dem Wettrennen in diesem geistigen Kampf angeschlossen. Diese Apostel haben sehr große Segnungen und außergewöhnliche Gunsterweise von Gott erhalten; sie sind Teil eines göttlichen Planes geworden, jeden und alle zu erreichen, sogar die schlimmsten Sünder, mit Liebe, Frieden und Heiligkeit, damit die Kirche erneuert werde und die Kraft hat, das Böse, durch das sie angegriffen wird, zu überwinden.

Der Herr befahl:

«Diene Meinem Hause, damit es seine Kraft wiederfindet, indem du Es daran erinnerst, dass Meine Gegenwart jede Dunkelheit hell macht.

Diene Meinem Haus und sprich in Meinem Namen, damit Ich in Meiner transzendenten Liebe auch weiterhin Meine Segnungen auf diese Generation ausgießen kann.»[89]

Wir müssen lernen, dass aufopferungsvolle Liebe in Gottes Augen großen Wert hat, und dass Treue gegenüber dem Geist Gottes bedeutet, den eigenen Willen aufzugeben, sich selbst abzusterben und Gott in unserem Leben an die erste Stelle zu setzen. Gott ist immer ein Plus in unserem Leben, niemals ein Minus. Auch ich musste diese Lektion erst lernen. Ich musste Gottes Befehle gehorsam ausführen, Ihm vertrauen, und darauf vertrauen, dass Er alle notwendigen Mittel in Seiner Weisheit, Fürsorge und zärtlichen Liebe bereitstellen würde.

Meine Mission ist die Einheit, aber um Gottes Willen zu erfüllen, muss die größte der Kirchen, die römisch-katholische Kirche, eine zentrale Rolle spielen. Das plötzliche Auftreten einer Offenbarung von Gott beunruhigt normalerweise die Menschen. Meine Arbeit ist seit Jahren auf dem Radarschirm des Vatikans. Man hat eine Notifikation herausgegeben, in der man die Botschaften in Frage stellt; trotzdem musste ich auch noch persönlich Rede und Antwort stehen. Man hatte mich nicht befragt, noch hatte man meinen Fall näher geprüft, wie es das Kirchenrecht bei solchen Sachverhalten wie dem meinen eigentlich vorschreibt.

89. 20. Oktober 1998.

Christus selbst gab Seinen Jüngern Anleitungen dafür, wie man einen wahren von einem falschen Propheten unterscheidet. Er sagte, dass ein wahrer Prophet, wie ein guter Baum, gute Früchte hervorbringt, was bedeutet, dass Sendung und Botschaften dieser Person positive Auswirkungen auf das geistige Leben der Menschen haben und sie Gott näher bringen. Es braucht jedoch Jahre, oder sogar Jahrzehnte, um zu sehen, was die Langzeitfrüchte der Mission eines Menschen sind, aber letztendlich wird es klar werden, ob die Sendung gute oder schlechte Früchte hervorbringt. Daher führt die Kirche oft jahrelange Untersuchungen durch, bevor sie über mystische Erfahrungen wie die meinen ein Urteil fällt.

«Die Zeit verfliegt und sie läuft uns davon,» sagte ich einmal einem meiner Priesterfreunde, «und wenn die Welt nicht aus ihrer Lethargie aufwacht und umkehrt, wird all das Böse, das die Erde hervorbringt, früher oder später auf uns zurückfallen! So furchtbar wenige hören wirklich hin. Der Herr möchte Seinen mystischen Leib geeint sehen. Er sagt Seinen Hirten immer wieder, dass Er nicht will, dass sie Seine Kirche wie Verwalter leiten, sondern als Hirten, die sich um ihre Herde kümmern, aber sie hören nicht hin! Und nun diese Notifikation … Die Welt fordert die Gerechtigkeit Gottes heraus und provoziert Ihn, sogar die Natur lehnt sich gegen uns auf.» Ich las ihm den Teil einer Botschaft vor, die Gott mir am 15. April 1996 gegeben hatte; der Herr sagte:

«Ich habe bis jetzt geschwiegen und Meine Augen zugemacht, Ich habe viele Male Meine strafende Hand zurückgezogen, Generation, und so viele Male habe Ich von Meiner Entscheidung Abstand genommen, euch durch Feuer neu zuzurichten… Man wird Mich sagen hören: "Genug! Genug ist genug!" Die Erde wird sich spalten, und diejenigen, die gegen Mich rebelliert haben, werden erleben, wie Meine Hand auf sie fällt, doch die Gefäße Meines Sohnes werde Ich aufrecht halten. Ich werde in einem Feuersturm kommen. Für einige wird das ein Segen sein; aber die, die Mich nie gefürchtet haben, werden an jenem Tage lernen, Mich zu fürchten…»

Der Priester seufzte und meinte dann: «Überrascht Sie das? Die Geschichte wiederholt sich. Wie oft wurden in der Vergangenheit Methoden der Besonnenheit nicht beachtet und Kirchengesetze gebrochen? Die Unnachgiebigkeit einer Organisation, die sich so verhält, verrät nicht ihre Stärke, sondern ihre Schwäche. Da zeigt sich dann der Charakter des Propheten an der Fähigkeit, genauso unbeugsam wie die Kirche zu sein, aber allein gegen alle, zum Zeugnis dafür, dass nur Gott dem Propheten die Kraft gibt, den Menschen zu widerstehen.»

Aber trotz der zunehmenden Behinderungen, ermunterte mich die Stimme Christi beständig, keine Angst zu haben, sondern Sein Wort einer sterbenden Welt weiter zu verkünden. Wenn ich zu spüren meinte, dass sich nichts bewegte, und meiner Ungeduld Raum gab, versuchte Er, vernünftig mit mir zu reden und sagte:

«Ich sende dich genau aus diesem Grunde aus; Ich sende dich zu den Nationen, um zu erklären, dass Mein Wort lebendig ist! Behaupte also deinen Standpunkt und wanke oder fürchte dich nicht; Ich bin dein Schild... dein Lauf ist noch nicht vorüber.»[90]

Am 12. August 1998 bei einem Aufenthalt in Rhodos überraschte mich dann Jesus mit folgender Aussage:

«Ich sende dich in ein Land[91]*, wo du deine Schösslinge bis jenseits des Meeres ausstrecken wirst... Ich werde dich zu ihnen schicken, damit der Ölbaum wieder seine Oliven trägt und der Weinstock wieder seine Früchte... Meine Vassula, Ich sage dir: Zu gegebener Zeit werde Ich dich zu ihnen senden, und du wirst dich ihnen zeigen.»*

Ich wusste, Jesus sprach über Rom, aber ich konnte mir nicht vorstellen, wie ich dorthin kommen und *«mich ihnen zeigen»* sollte, wie Jesus ein paar Wochen vorher gesagt hatte. Erstaunlicherweise teilte mir mein Mann nicht lange nach dieser Botschaft mit, dass er ein Angebot für eine neue Arbeit bekommen hätte. «Wo?» fragte ich. «Rom,» antwortete er, «mit einem Arbeitsver-

90. 16. April 1993.
91. Italien.

trag über sechs Jahre.» Wieder einmal arrangierte der Herr die Dinge. Alles was ich zu tun hatte, war mit Seinem Plan zuammenzuarbeiten!

Vor unserer Übersiedelung nach Rom, als wir noch in der Schweiz wohnten, erhielt ich einen Anruf von einem Schweizer Priester namens Pater Damian. Er teilte mir mit, er hätte ein Buch zu meiner Verteidigung gelesen, und nach dem Lesen hätte er innerlich gespürt, dass er etwas tun sollte, um mir zu helfen. Er fragte, was er tun könne, und ich schlug ihm vor, für mich zu beten. Er fragte, ob ich jemals Kardinal Cassidy getroffen hätte, der dem Päpstlichen Rat zur Förderung der Einheit der Christen im Vatikan vorstünde. «Nein, habe ich nicht,» antwortete ich, «ich glaube, er ist nicht für meine Arbeit.» «Nun,» meinte der Priester, «dann muss er falsch über Sie informiert worden sein. Er ist ein guter Freund von mir. Würden Sie ihn gerne treffen, wenn ich einen Termin arrangiere?» «Ja, natürlich, wenn er bereit ist, mich zu empfangen.»

Bald danach fuhr Pater Damian nach Rom, und als er zurück kam, sagte er mir, Kardinal Cassidy würde es vorziehen, dass ich zuerst ein Treffen mit Monsignore Fortino hätte, der in seinem Büro arbeite, und er gab mir seine Telefonnummer.

Da es Sommer war, war ich gerade im Aufbruch in die Ferien nach Rhodos. Als ich dort ankam, kramte ich in meiner Handtasche und fühlte etwas Merkwürdiges. Als ich meine Hand herauszog, war sie überzogen mit dünnem, rotem Laterit-artigem Sand. Ich schaute in meine Tasche, und zu meinem großen Erstaunen sah ich eine Masse von Kokons aus dieser selben roten Substanz, einige aufgebrochen, und Hunderte von kleinen, schwarzen toten Spinnen ringsumher verstreut, mit Ausnahme einer viel größeren, die noch lebte und wahrscheinlich die Mutter war. Ich wusste sofort, dass sich hier Satan bemerkbar machte. Ich hatte meine Tasche nicht aus der Hand gelassen seit der Abfahrt aus der Schweiz bis zur Ankunft auf Rhodos, und ich war sicher, dass niemand die Insektenpuppen in meine Handtasche hätte legen können. Ich vermutete Zauberei, schwarze Magie, denn es war einfach aus dem nichts erschienen. Das bestätigte mir später auch ein namhafter Exorzist, der meinte, dass es wohl eine üble Manifestation von jemandem sei, der mit Satan zusammen- und gegen mich arbeite. Meine Freunde, die dabeiwaren, waren ziemlich schockiert. Ich betete über der Tasche, verwies den Teufel in der Kraft Jesu und leerte dann die Kokons, Staub und Spinnen aus der Tasche in den Abfalleimer. Ich verwendete diese Handtasche nie mehr, und einen Monat danach sah ich, dass diese schwarze Ledertasche grünlich geworden war und verschlissen aussah. Ich konnte erkennen, dass Satan sehr ungehalten darüber war, dass sich mir die Tore des Vatikans öffneten, und dass das, was an etwaigen Missverständnissen noch wie eine dicke, dunkle Wolke dort im Vatikan hing, sehr bald abgeklärt werden könnte.

Am nächsten Tag rief ich Monsignore Fortino im Vatikan in Rom an. Ich fragte mich schon, wie unsere Unterhaltung verlaufen würde. Monsignore Fortino selbst hob den Hörer ab, und nachdem ich mich vorgestellt hatte, sagte ich ihm, dass man mir empfohlen hätte, ihn anzurufen. Zu meiner Überraschung sprach er Griechisch mit mir, obwohl er italo-albanischer Abstammung war. Er war sehr freundlich. Wir vereinbarten ein Treffen in Rom für die Zeit, wenn ich dann dort wäre. Es schien, als ob Christus meinen schmalen Weg leichter machte, so dachte ich.

Gott hat seinen eigenen Terminplan. Innerhalb einer Woche nach dem Umzug nach Rom, fand ich mich mit meinem Auto vor Monsignore Fortinos Büro im Vatikan ein. Sein Büro war in einem sehr alten Gebäude von typisch vatikanischer Architektur, das nur ein paar Meter vom großen Petersdom entfernt lag. Ich wandte mich an den Türsteher und erklärte ihm die Einzelheiten meiner Verabredung. Er geleitete mich zu einem altmodischen Aufzug aus Holz, der auf dem Weg nach oben zum zweiten Stock knarrte, wo ich dann die Klingel zu den Büros des Päpstlichen Rates zur Förderung der Einheit der Christen betätigte. Ein weiterer Türsteher öffnete und lud mich ein, in einem kleinen Salon Platz zu nehmen. Gleich darauf kam Monsignore Fortino herein und begrüßte mich mit einem sehr freundlichen Lächeln. Er war klein und gedrungen. Er bat mich, ihm zu folgen, und während wir uns zum offiziellen Sitzungszimmer begaben, erklärte er mir kurz die Geschichte jeder Ikone auf dem Weg dorthin. Schließlich kamen wir an und nahmen an einem riesigen, rechteckigen langen Tisch Platz, der wohl für offiziele Vatikan Angelegenheiten genutzt wurde.

Monsignore Fortino war als sehr bescheiden und gutmütig bekannt, sowie als *zugänglich-entgegenkommend und freundlich*. Er war der Typ Mensch, bei dem man sich sofort wohlfühlte. Seine ersten, humorvoll gesprochenen Worte waren: «Ihr Name hat hier im Vatikan viel Staub aufgewirbelt.» Ich antwortete: «Oh, gut, endlich…» Ich erschien dadurch vielleicht unverschämt, aber ich konnte dem Glücksgefühl nicht widerstehen, denn genau hier wollte mich der Herr haben, und durch Seine Gnade war es so gekommen. Ich konnte nun den Leuten im Vatikan die Wahrheit mitteilen und klarstellen, worum es in den Botschaften überhaupt geht, und ihnen sagen, worum der Herr bittet. Dies war die Erfüllung der Worte Jesu an mich, dass ich in die Ewige Stadt gesandt würde, und Er mich zu jenen führen würde, die meine Mission in Frage stellen.

Wir hatten ein interessantes Gespräch, und ich konnte erkennen, dass Monsignore Fortino gegenüber den Botschaften aufgeschlossen war. Zu meiner Überraschung hatte er sogar einige davon gelesen. Unsere Unterhaltung war sehr freundschaftlich, und bevor ich aufbrach, sagte er noch: «Vassula, die Tür zu diesem Büro bleibt immer offen für Sie. Sie können jederzeit hierherkommen und mit mir reden. Ich möchte ihnen das Leben erleichtern.» Ich hatte das Gefühl, dass er sich völlig im klaren über all die Verfolgungen war, die auf mich zukommen würden.

Mit dieser Einladung kam ich nun ziemlich oft in das Büro für die Einheit und informierte Monsignore Fortino über die neuesten Entwicklungen bezüglich meiner Mission. Eines Tages vereinbarte er schließlich ein Treffen mit Kardinal Cassidy, dem «Chef» dieses Büros.

An jenem Tag läutete ich an der Tür des Büros für die Einheit, und Monsignore Fortino kam heraus, um mich zu begrüßen. Entschuldigend sagte er: «Tut mir sehr leid, aber Kardinal Cassidy hatte einen Termin beim Arzt, aber kommen Sie doch herein, er wird wohl bald zurück sein.» Er geleitete mich in einen kleinen Salon. Nach einer halben Stunde ging die Tür auf, und herein kam Kardinal Cassidy. Ich begrüßte ihn, wobei mir auffiel, dass er es vermied, mir in die Augen zu schauen. Ich fing an, mich näher vorzustellen, aber er fiel mir jäh ins Wort und sagte: «Bitte kommen Sie zum Kern der Sache. Ich habe keine Zeit.» Ich erwiderte: «Ich wollte Sie treffen, weil ich mit *Ihrem* Volk zu tun habe,» wobei ich die Katholiken meinte. Ich bediente mich dieser Ausdrucksweise, damit er wenigstens einmal aufschaute, was er dann auch tat. Ich fuhr fort: «Ich bin froh, dass ich Ihnen alles über meine Berufung erzählen kann,» und ich berichtete ihm über meine Sendung. Ich hob besonders die ökumenischen Pilgerreisen hervor, und wie die Geistlichen der verschiedenen kirchlichen Bekenntnisse einander um Vergebung baten, und wie sie sich um einen Altar herum versammelten, um gemeinsam zu beten.

Plötzlich wurde er zornig und sagte: «Mit dieser Art von Veranstaltungen schaden Sie unseren Fortschritten zur Einheit hin!» Ich war schockiert, und mit lauter Stimme fragte ich: «Was ist denn Ihr Ziel für die Einheit? Ist es nicht die Versöhnung und Versammlung um einen Altar herum?» «Ja! Aber noch nicht, nicht einfach gleich so!» antwortete er. Aber ich blieb beharrlich: «Die Einheit ist leicht, wenn die Liebe da ist.» Er stand auf und sagte: «Ich muss jetzt gehen.» Ich blieb ruhig und sagte: «Wenn Sie das nächste Mal wieder in Ihrem Büro ein Gespräch über die Einheit haben, wäre ich gerne auch dabei.» Das war natürlich weit hergeholt, und ich war mir darüber im Klaren. Er erwiderte: «Wenden Sie sich an Monsignore Fortino, er ist ein guter Fürsprecher für Sie,» und dann verließ er den Raum.

Ich ging nach Hause und schrieb ihm einen Brief, in dem ich einen Abschnitt aus den Botschaften zitierte, wo Christus um die Einheit in der Kirche bittet. Ich erklärte dem Kardinal, dass ich sehr enttäuscht wäre über die Art, wie er mich empfangen hatte. In der Zwischenzeit brannte Monsignore Fortino darauf zu erfahren, was geschehen war und rief mich an. Als ich ihm vom Ablauf des Treffens erzählte, war er ziemlich enttäuscht und meinte: «Offensichtlich hat er sich von der negativen Berichterstattung beeinflussen lassen. Machen Sie sich keine Sorgen, ich werde mit ihm sprechen.» Eine Woche später rief mich Monsignore Fortino wieder an und sagte: «Vassula, alles ist jetzt geklärt. Kardinal Cassidy erwartet Sie jederzeit.»

Kurz darauf kam ein griechisch-orthodoxer Archimandrit in Rom zu mir zu Besuch und wollte auch Kardinal Cassidy treffen. Ich rief beim Büro für die Einheit an und fuhr ihn dorthin. Als ich den Kardinal diesmal traf, war er äußerst liebenswürdig – ich finde keinen passenderen Ausdruck dafür. Er schien seine Meinung über mich diesmal vollkommen geändert zu haben. Er lud mich ein, bei der Besprechung dabei zu sein, was ich jedoch ablehnte mit der Bemerkung, dass dies wohl nicht angebracht wäre und ich inzwischen in einem anderen Raum warten würde. Später machten sie auch noch eine Aufnahme, und auch da blieb ich absichtlich fern, damit der Kardinal nicht etwa glaube, dass ich ein Foto mit ihm zur besseren Vermarktung meiner Selbst verwenden wollte. Als wir auseinandergingen, waren wir alle guten Mutes.

Ich war so glücklich über dieses neue Verhältnis zu Kardinal Cassidy. Meine Gedanken gingen zurück zu jenen Tagen in Bangladesch, als mein Engel mich erstmals rief, und ich sann darüber nach, wie sich alles seitdem entwickelt hatte. Es war ein schwieriger, enger Pfad, aber ich fürchtete mich nicht, denn Jesus war mir nahe und hielt mich an der Hand. Während ich diesen schmalen Pfad gegangen war, hatte der Herr so viele Siege errungen, so viele Bekehrungen der Herzen und Seelen von Menschen. Nun hatte es Gott sogar so eingerichtet, dass Seine Botschaften auch die Behörden Seiner Kirche in Rom erreichten, und zwar gerade jenes Büro, in dem die Kirche für die Einheit der Christen arbeitet, worum Christus höchstpersönlich in den Botschaften bat. Ich war überglücklich!

Aber meine Freude währte nicht lange. Mit jedem kleinen Fortschritt auf meiner Mission kam auch eine neue Prüfung auf mich zu. Sobald diese Beziehungen im Vatikan hergestellt waren, traten alle möglichen persönlichen Probleme auf. Der Sohn meines Cousins starb eines plötzlichen Todes bei einem Motorradunfall auf einer Safari in der afrikanischen Wüste. Meine Mutter verlor das Augenlicht, war an den Rollstuhl gefesselt und musste in ein Senioren-Pflegeheim. Von da an reiste ich einmal im Monat von Rom in die Schweiz, um Zeit mit ihr zu verbringen, und sie in ihrem schweren Los aufzuheitern. Zur gleichen Zeit wurden meine ältere Schwester und ihr Mann beide schwer krebskrank. Meine Schwester musste sich einer Operation unterziehen, wobei die Ärzte ihr den Magen entfernten. Danach bekam sie noch Chemotherapien, und mit ihrer Gesundheit ging es langsam bergab, bis sie beide nach vier Jahren innerhalb von drei Tagen hintereinander starben. Es war niederschmetternd, sie leiden zu sehen, und da meine Mutter so krank war, erzählten wir ihr nie, dass die beiden gestorben waren, weil wir wussten, dass ihr dies noch mehr Leiden verursacht hätte.

Während dieser schweren Zeit bekam mein ältester Sohn, Jan, Fieber, und nur zwei Tage nach seiner Hochzeit bekam er die Diagnose, dass es sich um die Hodgkinsche Krankheit, einen Lymphdrüsenkrebs, handelte. Auch er musste sich einer Chemotherapie unterziehen. Es war so schmerzhaft, dass er wie ein kleines Kind weinte und Beruhigungstabletten brauchte. Eines Tages, als er wirklich sehr niedergeschlagen war, rief er mich unter Tränen an und und sagte in seiner Verzweiflung: «Ich bin doch dein Sohn! Wie kommt es, dass Gott es zulässt, dass mir das passiert, wenn du doch so hart für Ihn arbeitest?»

Ich war innerlich zerrissen, aber alles, was ich tun konnte, war, weiterhin auf Gott zu vertrauen. Also betete ich Tag für Tag für Jan und fragte mich, was als nächstes passieren würde. Würde der Herr ihn mir nehmen? Würde Er verlangen, dass ich dieses Kreuz auf mich nehme? Der Herr hatte mir die Antwort nicht verraten, bis ich eines Tages, während ich mit Jan telefonierte, die wunderbarsten Worte vernahm, die eine Mutter hören kann. Unser guter Herr flüsterte mir zu: «*Dein Sohn wird wieder gesund werden.*» Ich war begeistert und fühlte mich, wie Maria sich gefühlt haben muss, als sie wusste, dass ihr Sohn Jesus wieder auferstehen würde. Der Herr hielt Wort, und mein Sohn wurde wieder gesund.

Aber nur ein paar Monate darauf rief mich meine jüngere Schwester Helen, die in der Schweiz lebte, an, und sagte mir: «Mutter isst und trinkt nicht; sie wird vielleicht sterben.» Ich fuhr sogleich von Rom in die Schweiz. Als ich ankam, war meine Mutter bereits abgemagert und lag mit geschlossenen Augen da. Ich sprach zu ihr, aber sie erkannte mich nicht und gab keine Antwort. Sie hatte sich total gelöst von meiner Schwester und mir. Nach einigen Tagen bei ihr musste ich auf eine Missionsreise nach Indien aufbrechen, die bereits Monate vorher geplant worden war. Als die Zeit nahte, in der ich meine Mutter verlassen musste, war dies der schmerzlichste und traurigste Moment in meinem Leben. Schweren Herzens blickte ich sie an und im Ungewissen, ob ich sie jemals wiedersehen würde, ging ich langsam auf den Flur hinaus. Ich war so niedergeschlagen, dass mir keine Tränen hochkamen, sondern nur der ganze Körper wehtat. Ich konnte keinen klaren Gedanken mehr fassen oder nach vorne schauen. Ich gab mir Mühe, mich darauf zu konzentrieren, dass sie bald beim Herrn wäre, aber alles was ich fühlen konnte, war der Schmerz, von derjenigen getrennt zu sein, die mich auf diese Welt gebracht, die mich aufgezogen, beschützt und mein ganzes Leben lang für mich gebetet hatte. Während ich zurück nach Rom und dann weiter nach Indien flog, dachte ich darüber nach, wie sehr sich mein Leben seit meiner unbeschwerten Jugendzeit verändert hatte. Der Herr hatte mir soviel gegeben, aber der «schmale Weg» zum Himmel verlangte einem auch große Opfer ab. Vier Tage darauf rief meine Schwester mich in Indien an, um mir mitzuteilen, dass unsere Mutter verschieden war.

Dann, genau ein Jahr nach dem Tod meiner Mutter, starb auch mein Bruder ganz plötzlich. Ich fragte mich schon, ob es wohl noch Überlebende in meiner Familie geben würde. Der griechisch-orthodoxe Priester, der dem Begräbnis meines Bruders vorstand, hatte offenbar dieselben Bedenken, als er murmelte: «Genug ist genug! Wann wird das alles aufhören?»

Ich brachte all diese Missgeschicke mit der Zauberei der Kokons und toten Spinnen in Zusammenhang. Diese Satanisten, die es auf meine Familie und mich abgesehen hatten, bedienten sich satanischer Mächte und hätten beinahe auch meinen ältesten Sohn weggenommen. Unser Herr ließ jedoch den Teufel nicht so weit gehen.

Es war mir äußerst schwer gefallen, meinen Bruder, meine Mutter, meine Schwester, meinen Schwager und meinen Cousin zu verlieren, und meinen eigenen Sohn beinahe sterben zu sehen. Doch alles, was ich tun konnte, war beten und auf Gott zu vertrauen. Ich konnte Ihn oder meine mir von Ihm anvertraute Mission doch nicht einfach im Stich lassen. Ich musste einfach glauben, dass Er die Kontrolle über alles hatte und wusste, was für uns alle am besten ist. Dies ist die Wahl, die wir alle haben, wenn wir unseren Kreuzen im Leben gegenüberstehen. Wir können sie ablehnen und Gott verfluchen, oder wir können sie annehmen und Gott loben. Unsere Antwort kann die Kreuze nicht ändern. Ich habe um den Wert des Kreuzes aus Jesu eigenen Worte gelernt. Manchmal gibt Er uns Sein Kreuz, um uns zu heiligen und zum Gebet zu führen, und um uns Ihm näherzubringen. Was auch immer unser Kreuz sein mag, Gottes Gründe sind immer gut.

Neben all diesen familiären Prüfungen nahmen auch die Probleme mit der Außenwelt zu. Die Gegner meiner Mission waren wütend, dass ich nun Zugang zum Büro für die Einheit im Vatikan hatte, und mich jederzeit dorthin wenden konnte. Also verstärkten sie die Verleumdungsattacken gegen mich, wandten sich sogar an den Vatikan, damit dieser gegen mich vorginge. Das bereitete mir großen Kummer. Ich konnte nicht begreifen, wie Menschen, die für die Einheit der Kirche zu arbeiten vorgeben, sich gegen diejenigen wenden, die wirklich die Kirchen zusammenbringen und für eine Einheit in Vielfalt beten und arbeiten.

«Warum sind sie nur so böswillig? Können sie nicht sehen, dass da Gottes Hand am Werk ist?» fragte ich meinen Mann. «Was werden sie einem noch alles unterstellen?» Wieder kamen mir die Worte des Paters in den Sinn, der gesagt hatte, dass sie mich wie Freiwild jagen und eine hohe Belohnung für den, der mich zur Strecke brächte, aussetzen würden.

Der Herr erinnert uns alle jedoch an folgendes: *«Dass jemand mit Mir verbunden und eins mit Mir ist, in Mir geformt und mit Mir verwoben, beweist sich, wenn sein Herz auch auf Meinem Kreuz, mit allem, was dazu gehört, aufgepfropft ist. Jeder, der überzeugt ist, zu Mir zu gehören, muss verstehen, dass er auch zu Meinem Kreuz gehört.»*[92]

Trotz der Stimmen, die den Vatikan mit Opposition gegen mich erreichten, entschied Kardinal Joseph Ratzinger, der damals Präfekt der Kongregation für die Glaubenslehre im Vatikan war (und später im Jahr 2005 Papst Benedikt XVI. werden würde), in den Dialog mit mir zu treten. Er bat mich, fünf Fragen schriftlich zu beantworten, um Klarheit über diese Themen zu bekommen, die in der ursprünglichen Notifikation des Vatikans erhoben worden waren und zu Besorgnis über meine Arbeit Anlass gegeben hatten. Meine Hoffnung war, dass meine Antworten zu einer Korrektur oder sogar gänzlichen Aufhebung der Notifikation durch den Vatikan führen würden.

Nachdem ich die fünf Fragen des Kardinals beantwortet hatte, sagte man mir, dass er damit zufrieden sei. Als ich mich näher nach dem Prüfprozess erkundigte, teilte man mir mit, dass seine Antwort lautete: *«Tutto e positivo,»* was hieß, dass alles positiv wäre.

Mit dieser guten Nachricht bat ich um eine Privataudienz bei Kardinal Ratzinger, der einmal gesagt hatte, dass er mich nur treffen würde, wenn die in der Notifikation angeführten Fragen zufriedenstellend beantwortet wären. Da dies nun der Fall war, wurde mir eine Zusammenkunft mit ihm gewährt, die dann am 22. November 2004 stattfand. Bei meiner Ankunft geleitete er

92. 11. November 1998.

mich in einen sehr repräsentativen Salon und sagte auf Französisch: «*Finalement!*» was hieß: «Endlich!» Das bedeutete mir sehr viel, und ich dankte dem Herrn und dachte: «Alles, was da geschieht, zeigt die Kraft und Vollmacht Jesu Christi.»

Ich hätte mir niemals erträumt, dass mich Gott eines Tages in das Herz des Vatikans führen, und dass ich mit dem zukünftigen Papst über Kirchenangelegenheiten sprechen würde. Als Kardinal Ratzinger und ich miteinander sprachen, beeindruckte mich seine Einfachheit und Bescheidenheit. Zweimal meinte er im Laufe unseres Treffens: «Die Kirche macht manchmal Fehler, aber wir bitten Gott, uns zu vergeben.» Ich schenkte ihm das Buch *True Life in God*[93], das die Botschaften enthält, und zeigte ihm, dass die neue Ausgabe des Buches nun meine Antworten auf die fünf Fragen enthielt, worum er mich gebeten hatte. Er meinte hierauf: «Gut. Jeder sollte diesen Dialog lesen, um die Wahrheit in seinem Licht zu finden.»

Infolge dieses Treffens mit Kardinal Ratzinger beruhigten sich viele meiner Gegner und verschwanden eine Zeitlang in der Versenkung. Keiner von ihnen gab jedoch ihren Fehler zu, oder freute sich über dieses positive Ergebnis. Ganz im Gegenteil hörte man sie sagen: «Das ist Apostasie,» was bedeutete, dass der Vatikan nun vom Glauben abgefallen war! Vorher pflegten dieselben Leute laut zu verkünden: «Rom hat gesprochen!» und jedermann erzitterte und nahm es so, als ob man ihnen sagte, «Gott hat gesprochen». Jetzt wo es ihnen nicht passte, sagten sie: «Rom ist vom Glauben abgefallen.» Viele Tausende aber auf der ganzen Welt, die an die Botschaften glaubten, darunter auch viele Priester, feierten die Erkenntnis und die Einstellungsänderung Roms.

In nur zwei Wochen würde nun der Arbeitsvertrag meines Mannes in Rom ablaufen, und es würde Zeit für uns sein, Rom zu verlassen.

---

93. Die deutsche Übersetzung ist mit dem Titel *Das Wahre Leben in Gott* (Anm. d. Ü.).

Vor meiner Abreise machte jedoch Monsignore Fortino einen Termin mit Kardinal Kasper für mich aus, der seinen früheren Vorgesetzten Kardinal Cassidy abgelöst hatte. Ich fand, dass er ein Mensch fröhlicher Wesensart war, und ich hatte keine Zweifel, dass die Begegnung von unserem Herrn so eingerichtet worden war, damit Sein Ersuchen weitergegeben würde, nämlich: dass die Kirchen zusammen arbeiten sollten, um das Datum des Osterfestes zu vereinen. Über 1000 Jahre lang ist das Osterfest an verschiedenen Daten von der orthodoxen Kirche und katholischen Kirche gefeiert worden (obwohl die Daten sich gelegentlich überschneiden). Jesus hatte mir oft gesagt, dass diese Unstimmigkeit symptomatisch für die Uneinigkeit der Kirche wäre und die Macht der Kirche in der Welt sehr schwächte. Ich erklärte Kardinal Kasper diese Botschaft. Ich sagte ihm, dass Jesus versprochen hatte, wenn die Kirchen ein gemeinsames Datum für das Osterfest einführen würden, würde der Herr das Übrige tun. Er würde die Einheit zwischen den Kirchen wieder herstellen auf eine Weise, wie wir es niemals selber tun könnten, und dies würde der *ganzen* Welt Frieden bringen.

«Der Herr möchte, dass Sie die katholische Kirche dazu bringen, sich der orthodoxen Kirche anzuschließen und Ostern gemeinsam zu feiern,» erklärte ich dem Kardinal. Da sein Büro für die Herstellung der Einheit zwischen den Kirchen verantwortlich war, war er der richtige Mann, diese Botschaft zu hören. Er stand auf und, eine Ikone des auferstandenen Christus bewundernd, die ich ihm mitgebracht hatte, lächelte er und meinte: «Aber ihr habt das falsche Datum!» Ich starrte ihn an, und stellvertretend für meine griechisch-orthodoxe Kirche sagte ich: «Aber Sie auch!» Er schwieg, und ich fuhr fort: «Schauen Sie, Eminenz, auch wenn dem so ist, das Datum spielt keine so große Rolle, wie dass wir gemeinsam das Osterfest feiern, so wie es sein sollte. Das ist es, was Christus von uns möchte, und wenn wir das tun, hat der Herr versprochen, dass Er das Übrige tun und uns vollkommen vereinen wird!» Er dachte einen Augenblick nach, bevor er sagte: «Ich werde das, was Sie vorgeschlagen haben, dem

Heiligen Vater, Papst Johannes Paul II., vorbringen.» Ich stand auf, dankte ihm und brach auf.

Der Herr hatte gesiegt. Er hatte die Tür aufgemacht, damit die Botschaften an die richtigen Leute gelangten, und im Jahr 2005, kurz nach meinen Begegnungen mit Kardinal Ratzinger und Kardinal Kasper, starb Papst Johannes Paul II., und Kardinal Ratzinger wurde zum Papst gewählt. Es schien, als ob alles sich in die richtige Richtung bewegte, aber es sollten doch noch mehr Prüfungen kommen. Da Kardinal Ratzinger nun Papst Benedikt XVI. geworden war, wurde Kardinal William Levada zum Präfekten der Glaubenskongregation ernannt. Obwohl ich die fünf Fragen ordnungsgemäß beantwortet hatte, und diese nunmehr auch in meinem Buch Niederschlag gefunden hatten, beschloss Kardinal Levada, 2007 einen Brief an alle katholischen Bischöfe auf der Welt zu versenden, in dem er den Inhalt der vatikanischen Notifikation von 1995 wiederholte, was dem positiven Verhältnis, das ich mit der Glaubenskongregation inzwischen hergestellt hatte, zu widersprechen schien. Auch während ich dieses Buch schreibe, ist die Beziehung mit der katholischen Kirche noch immer in der Schwebe, wie auch mit meiner eigenen griechisch-orthodoxen Kirche. In manchen Gebieten werde ich von den Kirchenführern scharf abgelehnt, doch in vielen anderen Gegenden werde ich weiterhin unterstützt von Bischöfen, Priestern, Theologen und Nonnen, die die Botschaften lesen, Briefe an mich schreiben, an Gebetstreffen teilnehmen und sich unseren Wallfahrten zum Aufbau der Einheit zwischen den Kirchen anschließen

Was die Gegner meiner Mission betrifft, so versuche ich, nicht den Frieden zu verlieren, den mir Christus gegeben hat. Ich weiß, dass Gott von mir möchte, dass ich ihnen gegenüber einen Geist der Vergebung, der Liebe und des Mitgefühls habe. Vor nicht allzu langer Zeit gab Gott mir einen Traum. Es war eine der beeindruckendsten Visionen, die ich jemals hatte. Ich befand mich in einem Hof, auf einer Bank sitzend, vor dem Eingang zu einer riesengroßen, schönen Kathedrale. Ich wohnte dort, aber es war auch, als ob ich dort hingehörte und sie bewachte, denn ich hielt ein paar Schlüssel zum vorderen Tor der Kathedrale in Händen.

Mein Geist befand sich in einem Zustand solch vollkommenen seelischen Friedens und der Ruhe, dass nichts mehr von Bedeutung für mich war. Ich befand mich in demselben heiteren Zustand, den ich auch verspüre, wenn ich eingeladen werde, über Leuten zu beten, und ich sie mit einem Kruzifix in der Hand segne. In solchen gebetvollen Augenblicken erfahre ich ziemlich oft unter der Kraft des Heiligen Geistes das Phänomen der Levitation. Ich habe ein Gefühl, als ob jemand meinen Körper nach oben zieht, während gleichzeitig auch meine Füße sich vom Boden abheben. Ich genoss diese heitere Gelassenheit, die mich umgab, während Gott in mir ruhte und ich in Ihm. Alle vergangenen Leiden oder Freuden, alle großen Ereignisse oder Turbulenzen, die in meinem Leben vorgekommen waren, schienen nun nichtig; sie schienen ihren Eindruck auf mich verloren zu haben. Von dieser inneren Gelassenheit umhüllt fühlte ich mich unverletzbar und frei von der Welt. Ein Gefühl der Gelassenheit hatte von mir Besitz ergriffen, ein Gefühl niemandem und nichts mehr anzu- gehören. Ich fühlte mich frei von allen Menschen, ob sie nun Freunde oder Feinde waren, frei von Streit oder Bedrohung, frei von freudiger Erregung oder trostloser Traurigkeit, frei vom Tod; kurzum, nichts war mehr von Bedeutung für mich, nichts beeindruckte mich mehr, denn ich gehörte Gott, und Gott gehörte mir.

Während ich mich noch in diesem Zustand der Ruhe befand, versenkt in diesen Geist, sah ich fünf Kardinäle auf die Kathedrale zueilen, wovon ich einen als Kardinal Joseph Ratzinger (jetzt Seine Heiligkeit Benedikt XVI., Papst Emeritus) erkannte. Sie erreichten das Tor der Kathedrale und beabsichtigten, hinein zu gehen. Ich beobachtete, wie Kardinal Ratzinger versuchte, das Tor zur Kathedrale mit einem Schlüssel zu öffnen. Der passte nicht; also probierte er andere Schlüssel aus, einen nach dem andern, aber keiner davon schien zu passen. Alle fünf Kardinäle schienen ratlos. Wortlos stand ich auf und ging langsam hinüber zu ihnen, ohne sie dabei anzusehen, während ich gleichzeitig ihre Blicke auf mir ruhen spürte. Ich wusste, dass sie sich fragten, was ich dort täte. Ich steckte einen der Schlüssel, die ich bei mir hatte, ohne Schwierigkeiten ins Schlüsselloch und schloss das Tor mit einem Klick für sie auf.

Durch diese Vision begriff ich, dass die Leiter der Kirche nicht auf die Botschaft Christi, die sie zur Einheit führen kann, hören. Die Wiederherstellung gegenseitiger Liebe und Demut fehlt; das ist der *richtige Schlüssel*, der es ihnen möglich machen würde, die Wahrheit in einem ganz anderem Licht zu sehen und die Einheit zu erreichen. Und ah! Wie gut weiß der Herr Jesus über die Unterschiede unter den Kirchen bescheid! Dennoch will Er, dass sie die Art ändern, wie sie miteinander umgehen. Christus zeigte ihnen, dass sie sich *alle beugen* sollen und den Schlüssel der *Demut und Liebe* gebrauchen sollen, keinen anderen. Jesus sagt:

«Ich habe nie aufgehört, Propheten zu berufen und sie für Meinen Heilsplan auf den Weg der Wahrheit zu bringen. Ich bringe sie dazu, ihre großmütigen Gelübde zu erfüllen, die ihnen bei unserer göttlich verliebten Begegnung über die Lippen gekommen waren... Ihr könnt sie heute an ihrem Eifer für Mein Haus erkennen; Mein Haus, das sie kleidet; ein Eifer, der sie verzehrt.... Sie verbergen ihr Gesicht nicht vor Unannehmlichkeiten, sondern erdulden in Frieden alle Prüfungen und ihre Herzen werden dabei nicht gebrochen, sondern geheiligt; und sie brechen auch nicht ihr Gelübde, Mein Kreuz treu mit Mir zu teilen.»

«Wenn ihr also zufällig ihre Wunden bemerkt und sie fragt: "Wer hat dir denn diese Wunden zugefügt?" werden sie euch antworten: "Ich habe meinen Rücken dargebracht, um für euch zu sühnen. Diese Wunden, die ihr seht, sind mir durch die Grausamkeit im Hause der Freunde meines Herrn zugefügt worden... Weil ich ihnen die Wahrheit sagte, haben sie mich zum Feind gemacht und behandelten mich auch als solchen. ... Aber das macht mir nichts, und ich schenke meinen Wunden keine Beachtung, denn mir ist nur eines wichtig, nämlich, um das Kreuz zu wissen, das Mittel unserer Erlösung, das Kreuz unseres Erlösers...Der Gehorsam gegen Gott kommt vor dem Gehorsam gegen

Menschen, sagt die Heilige Schrift, und so habe ich gehorcht und die Himmlischen Weisungen befolgt, die mir gegeben wurden."»[94]

Wann immer jene Stimmen der Opposition scheinbar übermächtig wurden und die Oberhand zu gewinnen drohten, hat Gott jedes Mal Stimmen von Menschen geschickt, die mich unterstützten. Nach langen Missionsreisen bin ich oft erschöpft und ausgelaugt heimgekehrt. In solchen Momenten war die Liebe meiner Familie das, was ich gerade brauchte. Ich erinnere mich, wie mein Sohn Fabian dann zu mir kam und meinte: «Du siehst müde aus, Mama. Geht es dir gut?» «Ja, es geht mir gut,» antwortete ich dann. Nicht überzeugt, sagte er darauf: «Schau, drei Tage lang werde ich die Küche übernehmen. Ich werde kochen und saubermachen. Also was willst du heute essen, Huhn mit Kartoffeln im Ofen gebacken oder Spaghetti Bolognaise?» Dann wählte ich eins davon, und er erlaubte mir nicht, die Küche zu betreten oder auch nur die Tasse in die Küche zurückzubringen. Er war erst dreizehn, aber auch er wuchs zu einem kleinen Apostel heran. Er hatte bereits das, was er von den Botschaften wusste, seinen besten Freunden weitergegeben, und wie junge Leute nun einmal neugierig sind, stellten sie mir viele Fragen, die ich immer gerne beantwortete.

«Lass dich niemals entmutigen,» habe ich versucht mir selbst und anderen in Erinnerung zu rufen, «denn am Ende des Tunnels *wird es licht.* Haltet durch, gebt niemals die Hoffnung auf, und lasst niemals den Rockzipfel Unseres Heilands los. Haltet euch an Ihm fest!» Auf Karfreitag folgt immer Ostern für die Gläubigen. Immer. Gott hat es uns versprochen. Und Gott hält Seine Versprechen.

«Ich habe dich zu Meinem Festmahl eingeladen, und durch dich viele andere.... Meine Säule, die Mein Kreuz der Einheit stützt, strahle das Licht der Erkenntnis Meiner Herrlichkeit aus. Strahle in diese Dunkelheit das Licht Meiner Freigebigkeit, und fürchte dich nicht. Ich habe gesalbtes Öl in deinen Mund gegossen, damit du für

94. 28. April 2000.

Mich sprichst. Sei Meine Sängerin, immer guten Mutes. Singe für diese Generation, indem du durch die Welt reist und dich dabei ganz auf Meine Gnade verlässt... Wenn du sprichst, Meine Liebe, bleibe immer beim Thema. Ja, wiederhole alles, was Ich gesagt habe, jedoch mit wenigen Worten. Setze die Juwelen, die Ich dir gegeben habe, in jedes Herz ein. Lass alle wissen, dass Meine Gespräche die Süße selbst sind. Ich bin mit dir.»[95]

Nur durch Gott können wir eine Welt des Friedens schaffen. Jesus sagte allen:

«Ich werde Meine Kinder daran erinnern, dass Mein Mitgefühl nicht ungerührt vorübergeht, denn Ich bin ihr Vater. Ich werde ihre Herzen dazu bringen, Mir zu singen, und sie werden erkennen, dass außerhalb Meines Heiligtums ihr Tisch leer ist. Sie werden verstehen, dass sie außerhalb Meines Heiligtums unter Sorgen und Lasten ersticken. Außerhalb Meiner Arme werden sie Zerstörung und Tod gegenüberstehen.»[96]

«Sage ihnen, dass der Friedensfürst, dieser Gott, der von Kerubim umgeben ist, Seine Krone und Seine königlichen Gewänder abgelegt hat, um barfüßig und im Sackkleid, als Zeichen Seines Schmerzes, die Welt zu durchstreifen. So wie Ich dich freundlich behandelt und dir einen Platz in Meinem Heiligen Herzen zugeteilt habe, so werde Ich Meine übrigen Kinder auch behandeln ... und Ich werde die Reise mit ihnen vollenden.»[97]

95. 29. August 1998.
96. 6. Oktober 1993.
97. 11. Oktober 1993.

17 ENDZEIT

Von den Höhen der Herrlichkeit rief eine Stimme, dass die Schätze des Himmels für diese Endzeit vorbehalten wären. Die Stimme bat mich, alles niederzuschreiben. Sie verkündete:

«Wie über euch die Wolken so ziehe Ich voran, doch viele von euch, Generation, sagen, sie sähen Mich nicht. Ihr schweift in den Reichtümern der Welt hin und her, doch wenn es darum geht, die geistlichen Reichtümer zu sehen, die über euch ausgegossen werden können, um euch mit Mir majestätisch zu bekleiden, dann geht ihr achtlos vorüber.»[98]

Der Herr fährt fort zu erklären, dass einer der edelsten und unschätzbar wertvollsten Schätze die Kenntnis Gottes ist, denn mit diesem Schatz erhält man Gottes innige Freundschaft und Gott selbst.

Am 3. April 1996 teilt uns dieselbe Stimme mit, was Er vorausgesehen hatte:

«Es war gesagt worden, dass am Ende der Zeiten Unsere Zwei Herzen Apostel erstehen lassen würden, die man "Apostel der Endzeit" nennen würde.»

«Diese würden von der Königin des Himmels und von Mir selbst instruiert werden, um hinaus in alle Nationen zu gehen und das Wort Gottes ohne Furcht zu verkünden. Sollten sie sogar durch die bösartigen Angriffe des Feindes blutgetränkt sein, so würden sie doch nicht zerbrechen. Ihre Zunge wird die Feinde Meiner Kirche durchbohren wie ein zweischneidiges Schwert und ihre Häresien aufdecken. Sie würden nie wanken und auch keine Furcht kennen, denn Ich statte sie

98. März 2001.

mit einem mutigen Geist aus; die vernichtende Geißel wird sie nicht erreichen. Sie werden nichts unversucht lassen.»

«Die Sünder werden sie verfolgen, die hochmütigen Redner, die Großen und Stolzen, die Heuchler, die Verräter Meiner Kirche; sie verfolgen sie mit Meinem Kreuz in der einen und dem Rosenkranz in der anderen Hand, und Wir werden ihnen zur Seite stehen. Sie werden die Irrlehren zerschmettern und an ihrer Stelle Treue und Wahrheit aufbauen. Sie werden das Gegenmittel gegen das Gift sein, denn wie Knospen werden sie dem Königlichen Herzen Mariens entsprießen.»

Diese Botschaft der Hoffnung ist wirklich passend und in völliger Übereinstimmung mit dem, was heute in dieser Endzeit geschieht. Gott hat in den letzten Jahren auf erstaunliche Weise «Apostel» erhoben und herangebildet, und Er nennt sie «Apostel der Endzeit». Sie werden von Gott geformt und inspiriert, damit sie Seinem Willen gemäß handeln und die ganze Welt in Brand setzen, auf dass diese zur Reue geführt werde und all ihre früheren Sünden aufgebe. Ihr Auftreten führt zu einer geistlichen Erneuerung, denn der Heilige Geist ist ihr Führer, Tröster und Gefährte.

Der Ausdruck «Endzeit» bedeutet nicht, dass die Welt stillstehen oder zu Ende gehen wird. Man hat sie als eine besondere Phase in der Geschichte zu verstehen, und ebendies soll dieser Ausdruck eben benennen. Derzeit leben wir in dieser Endzeit, mitten in einem geistlichen Kampf, der für das Auge unsichtbar, aber um uns herum, und noch viel mehr in unserem Innern, in unserer Seele, zu spüren ist. In diesem Kampf zwischen Gut und Böse müssen wir uns entweder für das eine oder das andere entscheiden. Der Fortgang der Schlacht hängt von uns ab. Wir allein haben die Fähigkeit, zu wählen, da wir selbst die Umrisse unseres Lebens zeichnen und uns entscheiden können, wofür wir stehen, Gut oder Böse. Schlussendlich wird der engültige Ausgang dieser Schlacht von unseren Entscheidungen bestimmt sein.

Der geistliche Kampf dieser Endzeit ist so heftig, dass Gott auf eine unumschränkte und unaussprechliche Art durch Seinen

Heiligen Geist einschreiten muss. Es ist dies eine Zeit, in der Gottes Gnade und Seine Barmherzigkeit in einem verschwenderischen Ausmaß fließen, wie nie zuvor in der Geschichte, und jedermann zur Umkehr rufen, bevor es zu spät ist. Zugleich verteilt der Heilige Geist Gaben an die ganze Menschheit, selbst an die Geringsten, nicht nur zum Zwecke der Erneuerung, sondern auch, um uns dazu zu bringen, den Willen Gottes zu erkennen.

Viele Zeichen deuten darauf hin, dass wir nun in den Tagen leben, über die die Heilige Schrift spricht, wenn der Antichrist in vollem Einsatz ist und die Weltherrschaft auf immer zu erlangen sucht.

Hier sind einige Worte Christi, die Er mir am 19. April 1992 gab:

«Die Welt hat Meine Gottheit gegen eine wertlose Imitation ausgetauscht: einen sterblichen Menschen. Sie hat die göttliche Wahrheit für eine Lüge aufgegeben. Aber es ist ja schon vorhergesagt worden, dass am Ende der Zeit Satan ans Werk gehen wird und dass es alle möglichen Wunder geben wird und eine große Täuschungsschau von Zeichen und Wunder[99] *und allem möglichen Übel, wodurch diejenigen irregeführt werden können, die auf ihre eigene Zerstörung zugehen, weil sie die Liebe der Wahrheit nicht begreifen, die sie sonst hätte retten können…»*

«Die Macht des Rebellen [Antichrist] ist der Art, dass er jetzt ohne Furcht ganz offen vor allen erschienen ist. Er ist der, von dem der Prophet Ezechiel[100] *sprach, und zwar der, der eingebildet und stolz ist; der behauptet, Gott zu sein; der die Wahrheit nachäfft; der sich als Mir ebenbürtig betrachtet und sagt, er säße auf Meinem Thron. Der Rebell ist tatsächlich der Feind Meiner Kirche, der Antichrist, der Mensch, der die Heilige Dreieinigkeit leugnet. Habt ihr nicht gelesen: "Derjenige, der leugnet, dass Jesus der Christus ist – der ist ein Lügner, er ist der Antichrist, und er leugnet den Vater wie auch den Sohn, weil niemand, der den Vater hat, den Sohn verleugnen kann; und den Sohn anzuerkennen heißt, auch den Vater zu haben."»*

99. 2. Thessalonicher 2,9-12.
100. Ezechiel 28.

Hiermit will ich zum Ausdruck bringen, dass die Heilige Schrift sich auf eine üble Bewegung beziehen könnte, deren Eingeweihte von Satan selbst beeinflusst werden, der sie jedes einzelne Gebot Gottes missachten heißt. Somit führen sie auch Krieg gegen Gottes Volk und verwandeln die Welt in Chaos. Wir brauchen nur die Nachrichten zu verfolgen, um diesen neumodischen Verfall menschlicher Werte zu sehen, und wie das Böse die Oberhand zu gewinnen sucht.

Wissenschaft und Technik verschaffen uns unermessliche materielle Annehmlichkeiten. Aber oft ersetzt der persönliche materielle Komfort die wahren Belange menschheitlicher Moral und geistiger Erkenntnis. Alle Menschen wollen in Frieden, Glück und Liebe leben, aber manche wollen dieses Glück durch unethische Methoden erreichen, die grausam sein können und in Gottes Augen abscheulich sind. Manche verschaffen sich ihr Glück um jeden Preis; sie würden nicht zögern, anderen Leid zuzufügen in ihrem Streben, ihre selbstsüchtigen Ziele zu befriedigen.

Manchmal kommt es einem so vor, als ob die Welt auf den Kopf gestellt wäre. Die Leute sagen: «So viel Ungerechtigkeit und so viel Leid...» Ja, genau das meine ich, wenn ich über den unsichtbaren, und doch so allgegenwärtigen geistigen Kampf, in dem wir leben, spreche. Lassen Sie mich die Lage näher beschreiben, indem ich die Worte der Jungfrau Maria zitiere, die sie am 15. Mai 1990 selbst zu mir sprach:

«Die Welt ist kalt geworden, eiskalt. Die Welt ist der Liebe abgestorben, sie liegt in tiefer Dunkelheit, denn Hass, Gier und Selbstsucht beherrschen die gesamte Erde bis ins Innerste. Ich bin erschüttert von den furchtbaren Bildern der Frevel dieser finsteren Welt und der Abtrünnigkeit, die sogar bis ins Heiligtum eingedrungen ist. Die Katastrophen, Hungersnöte, Elend, Kriege und Seuchen – all dies wird von euch herbeigezogen. Alles, was von der Erde kommt, kehrt zur Erde zurück. Die Erde zerstört sich selbst, und es ist nicht Gott, der euch all diese Verheerungen schickt, wie viele von euch zu glauben geneigt sind. Gott ist Gerecht und Allbarmherzig, aber Böses zieht Böses herbei.»

Der Teufel täuscht wieder einmal die Welt mit derselben Lüge, mit der er schon Eva hinters Licht führte, dass wir Gott sein können und wiederum Gott nicht brauchen.

Stellt euch einen Augenblick lang vor, dass alle Menschen, die Böses tun, stattdessen Gutes tun, dass jede selbstsüchtige Person selbstlos würde, alle Akte der Habgier zu Akten der Nächstenliebe würden, und alle Taten des Unrechts Taten der Gerechtigkeit würden. Seid ihr nicht auch meiner Meinung, dass es bei solchen Verhältnissen keine Hungernden und Obdachlosen mehr auf Erden gäbe? Könnt ihr euch vorstellen, dass sich die Wissenschaft damit beschäftigt, Frühwarnungen gegen Naturkatastrophen auszugeben anstatt Waffen herzustellen und Kriege zu führen?

Wenn die Menschen der Wirklichkeit der Liebe zu Gott und den Menschen begegnen würden, dann würden sie dazu geführt, Gott und einander zu lieben. Wenn die Menschen auf Gottes Aufforderung zum Gebet antworten und beten würden, wäre diese Welt ein «Paradies» und ein Lobgesang an Gott. Wenn man akzeptieren würde, dass zwischen den christlichen Kirchen Einheit herrschen muss, gäbe es schon Hoffnung auf die Erfüllung des Versprechens Jesu: «eine Herde und ein Hirte.»[101] Wenn die Menschen Gott so annähmen, wie es diese Apostel der Endzeit empfehlen, dann wäre Gott bereits «alles in allen».[102] Wenn die Menschen Gottes Warnung vor Satan ernstnähmen, dann wäre Letzterer bereits aus den Herzen der Menschen und aus der Welt verbannt. Wenn die Menschen Gottes Ruf nach Umkehr beherzigten, dann wären schon alle Männer und Frauen Heilige. Wenn alle Menschen die Botschaften, die Gott heute mitteilt, weitergäben, dann wäre jedermanns Lebensgeschichte und folglich auch die Geschichte der ganzen Menschheit ein einziges Liebeslied.

Am 21. Juli 1990 gab mir der Herr eine beängstigende Vision. Ich sah mich aus einem Fenster hinausschauen. Es war Tageslicht, aber plötzlich fing die Erde unter meinen Füßen heftig zu

101. Johannes 10,16.
102. 1 Korinther 15,28.

beben an. Der Boden bewegte sich auf und ab, und ich hörte eine Stimme sagen, dass das Erdbeben eine Stärke von 8 auf der Richterskala hätte. *Es hörte nicht auf.* Wieder blickte ich aus dem Fenster zum Himmel und sah, wie er zu leuchten aufhörte. Ich starrte zum Himmel und sah, wie er von Sekunde zu Sekunde dunkler wurde, bis er zum tiefen Nachthimmel wurde. Als ich dann die Sterne beobachtete, sah ich sie fallen, oder vielmehr schienen sie vom östlichen Horizont an den westlichen zu schnellen. Es war, als ob sie den Himmel verließen. Dann hörte das Erdbeben auf, und es herrschte eine bedrohliche Stille in der Finsternis. Ich bemerkte, dass ich ein ganz schwaches Licht in meinem Zimmer hatte. Ich sah aus dem Fenster und sah, dass nur ein paar Häuser in der ganzen Stadt ein schwaches Licht anzeigten.

Ein paar Tage später am 4. August 1990 wurden mir diese Worte gegeben:

«Gericht, wird bald über euch kommen - die Kirche wird wieder aufleben, die Erde wird in Brand gesetzt.»

Und wieder, am 13. Dezember 1992, drängt uns der Herr:

«Generation, du hast deinen Sinn immer noch nicht auf Mich gerichtet. Wann werdet ihr euch entscheiden, zu Mir zurückzukommen? Möchtet ihr die Schwelle dieses Zeitalters mit loderndem Feuer, Schwefel und verzehrenden Flammen überschreiten?»

Am 3. Juni 1993 hörte ich die Stimme Gottes sagen:

«Wehe den Reuelosen! Diese Wüste wird übersät sein mit ihren Leichnamen, diese Wüste, die sie selbst ausgebreitet haben. Mein Engel wird dann das Weihrauchfass, mit dem er vor Meinem Thron und dem Altar gestanden hatte, mit Feuer füllen, das er auf die Erde hinabwerfen wird. Und während alle zuschauen, wird es ein heftiges Erdbeben geben, und die Elemente der Erde werden Feuer fangen und zerfallen. Viele werden in die Berge fliehen und sich in Höhlen und zwischen den Felsen verstecken, sie werden Mich anrufen, aber Ich werde nicht hören.»

Viele Warnungen wie diese wurden uns zu wiederholten Malen gegeben, Warnungen vor Selbstzerstörung. Auch am 3. Juni 1994 rief die Stimme wieder:

«Ich komme nicht, um die Welt zu verurteilen, denn Ich bin hier, um die Welt zu retten; Ich bin jetzt hier, um die Welt zu warnen, … bleibt wach und betet allezeit um die Kraft, all das zu überleben, was geschehen wird.»

Und wieder höre ich unseren Vater im Himmel traurig sprechen:

«Heute schaue Ich die Erde an und wünschte, Ich täte es nicht… Meine Augen sehen, was Ich nie sehen wollte, und Meine Ohren hören, was Ich immer fürchtete, jemals hören zu müssen! Mein Herz als Vater versinkt in Betrübnis. Ich hatte den Menschen nach Meinem Bild geformt, aber sie haben sich selbst entwürdigt. So viele unter ihnen haben heute die Ähnlichkeit des Tieres angenommen!»[103]

In den Botschaften hat Gott über drei eindeutige üble Gestalten gesprochen: den Antichrist, das Tier und den Drachen. Jeder hat am Ende der Zeit seine besondere Rolle zu spielen. Diese drei Gestalten bilden ein Dreieck.

Pater José Antonio Fortea, ein namhafter Exorzist, schrieb in seinem Buch *«Interview mit einem Exorzisten»*:

«Das Buch der Offenbarung unterscheidet deutlich zwischen den drei Schlüsselfiguren, die am Ende der Zeit gegen Christus und die Kirche auftreten werden: der Antichrist, das Tier und der Drache (oder die Schlange). Während der Antichrist ein Mann (Mensch) ist, ist das Tier eine politische Macht, die Krieg auf die Welt bringt. Der Drache wird als der Teufel identifiziert. Es gibt da bei der Offenbarung keine Zweideutigkeit oder Verwechslung zwischen diesen drei unterschiedlichen Realitäten.»

Es ist schwer, Bezeichnungen zu deuten, und die Bibel verwendet viele Bezeichnungen, besonders in Bezug auf den Teufel. Von Seiten der Unterhaltungsbranche gibt es dann und wann Filme, in deren Handlungsverlauf der Teufel einen Sohn zeugt. Das ist unmöglich. Wir sollten nicht vergessen, dass der Teufel ein Geist ist, und deshalb auch einer bleibt. Wie wir jedoch gesehen haben, kann er in Menschen eindringen und von ihnen Besitz

103. 15. April 1996.

ergreifen, oder er kann sie befallen, sie besessen machen oder sie in Versuchung führen. Wenn sie einmal besessen sind, hat der Teufel die Kontrolle, und kann leicht durch sie handeln.

Der Heilige Paulus schreibt über die Endzeit im zweiten Kapitel des zweiten Briefes an die Thessaloniker. Er spricht davon, wie wir erkennen können, ob die Endzeit eingetreten ist, und sagt, dass es dafür zwei Zeichen gibt.

Das erste Zeichen ist die große Apostasie, also der Glaubensabfall (wenn die Menschen die Göttliche Wahrheit ablehnen), in der wir uns jetzt befinden; das zweite Zeichen ist der Geist der Auflehnung, wo sich Satan als Gott aufspielt und ihn nachahmt; das geht soweit, dass er Seinen Thron einnimmt und ihn nachäfft. Der Herr lehrte mich, niemals eine Textstelle der Heiligen Schrift aus dem Zusammenhang zu reißen und zu versuchen, sie zu verstehen oder ihre volle Bedeutung zu erklären. Er lehrte mich, sie mit anderen Bibelstellen zu verbinden, die da und dort gefunden werden, um eine komplette und vollständige Bedeutung zu erkennen.

In unserer gegenwärtigen weltweiten Apostasie und moralischen Krise bleiben die Aufrufe zu Frieden und Rückkehr zu menschlichen Werten unbeachtet, besonders in den industriell am weitesten fortgeschrittenen Ländern. Man fordert täglich, ja stündlich, die Heilige Gerechtigkeit heraus, indem man eine Sünde nach der anderen begeht. Ich wundere mich manchmal über Gottes Geduld und Nachsicht, und ich staune, wie Gott uns noch immer erträgt und nicht schon alle durch eine größere Züchtigung ausgelöscht hat.

Der Abfall vom Glauben und der Geist der Rebellion sind die Haupt-Anzeichen für die Endzeit, die auch im Buch Daniel erwähnt werden. Kathedralen werden verkauft, der Terrorismus dehnt sich aus, Naturkatastrophen geschehen öfter und werden zunehmend heftiger. Viele von uns huldigen den nicht existierenden Göttern der Philosophen. Am 1. Juni 2002 sprach der Herr:

«Die Menschen sind heutzutage auf der Suche nach falschen Göttern und folgen allen möglichen heidnischen Systemen, um, wie sie

meinen, Erkenntnis und Macht zu erlangen. Und dann ist die Welt ja so entzückt von der Schönheit von Kristallen, der Schönheit von Blättern, von Elementen, die sie über Meine Allmacht stellen, denn sie erbitten heilende Kräfte von ihnen statt von der gnädigen und heilenden Kraft Meines Heiligen Geistes. Wenn sie durch deren Gestalt beeindruckt sind, sollen sie daraus folgern, um wie viel mächtiger Jener ist, der die Kristalle, die Blätter und dergleichen geformt hat, der Urheber all dessen!»

Der Mensch steigt gerne unter Zuhilfenahme von Leitern und dergleichen nach oben zu weltlichen Besitztümern und Schätzen, die verschleißen und nicht von Dauer sind, anstatt sich um die wahren Schätze des Himmels zu bemühen.

Die Wirtschaftskrise ist ein weiteres wichtiges Zeichen für die Menschheit. Gott der Allmächtige zerschlägt jetzt den Mammon, der den Gott des Geldes darstellt und vor dem die Welt sich tief verneigt und ihn anbetet, und der doch nur Egoismus, Kriege und Bosheit in die Herzen bringt anstatt der Liebe Gottes.

Doch trotz der Bosheit und Gottlosigkeit der Welt liebt Gott uns immer noch, und versichert uns, dass Er wieder aufbauen wird, was Satan niedergerissen hat. Am 6. Mai 1992 hat Er folgendes gesagt:

«Satan erbricht heutzutage seinen ganzen Hass auf die Erde. In seiner Wildheit zerreißt und stürzt er Länder zu Boden, er zerstört und bringt ein Unheil nach dem anderen, doch machtvoll wird Meine Hand alles wieder aufbauen, was er zerstört hat.»

Inmitten unserer gegenwärtigen Apostasie gibt uns unser Herr ein Zeichen der Hoffnung in dieser Endzeit: dieses Zeichen der Hoffnung ist eine Erneuerung, die der Herr "Zweites Pfingsten" nennt. Unverdiente Gaben werden an uns verteilt wie zum Beispiel: das Reden in Zungen, die Gabe der Prophetie, die Gabe der Heilung, die Gabe der Erkenntnis und so weiter. Kurzum, es sind alles Himmlische Gaben.

Wenn eine Seele auch im geistigen Sinne tot ist und ihr «Todesgestank» zum Himmel steigt, lässt sich doch jetzt häufig, in dieser Zeit der Gnade und Barmherzigkeit, der Heilige Geist ganz plötzlich und unerwartet auf jene Seele herab und haucht ihr den Atem der Auferstehung ein, um sie wieder zu beleben. Dann entzündet er die Seele und verbrennt mit Seinem Feuer alles bis auf die Wurzel, was böse und unheilig ist. Der Heilige Geist erhebt sie in Seiner Liebe und lässt sie die Süßigkeit Gottes schmecken. Verwandelt und entflammt von der Freundlichkeit und Güte Gottes, läuft jene Seele voller Freude nach draußen und wird von da an ein kraftvoller Zeuge Gottes. War sie bis dahin ein Grab, so wird sie nun zur Kathedrale.

Im Buch der Offenbarung Kapitel 21,1-2 wird auf bildlich-metaphorische Weise folgendes beschrieben:

«Und dann sah ich einen neuen Himmel und eine neue Erde; denn der erste Himmel und die erste Erde waren jetzt vergangen, und das Meer war nicht mehr.

Und ich sah die heilige Stadt, das neue Jerusalem, von Gott aus dem Himmel herabfahren, bereitet wie eine geschmückte Braut für ihren Mann.»

Dies sagte mir der Herr in einer Seiner Botschaften am 3. April 1995:

«Der neue Himmel, wird da sein, wenn Mein Heiliger Geist auf euch alle von oben, aus dem höchsten Himmel, ausgegossen wird... damit Er einen Himmel aus eurer Seele macht und Ich in diesem Neuen Himmel verherrlicht werde...»

«Lasst Meinen Heiligen Geist eine Neue Erde schaffen, damit Er in eurem Boden gedeihen kann, und eure erste Erde vergeht, die das Eigentum des Teufels war. Dann wird Meine Herrlichkeit von neuem in euch leuchten, und all die göttlichen Samen, die Mein Heiliger Geist in euch gesät hat, werden hervorsprießen und in Meinem göttlichen Licht wachsen.»

In dieser Botschaft unseres Herrn stehen «der neue Himmel und die neue Erde» bildlich (metaphorisch) für den Zustand unserer Seele. Vor ihrer Erneuerung war die Seele in ihrer Sündhaftigkeit wie ein Himmel, der von der Nacht erleuchtet war – also dunkel. Doch mit der Gegenwart des Heiligen Geistes in ihrem Innern strahlt die Seele nun von innen und außen wie tausend

Sternbilder zusammen, denn sie hat die strahlende Herrlichkeit Gottes empfangen.

Was die neue Erde betrifft, so war die Seele vor ihrer Erneuerung wie ein Wüstenei, öde und trocken. Mit der Heimsuchung durch den Heiligen Geist ist sie eine neue Erde geworden, ein Paradies, ein Garten Eden für Gott, denn die Samen, die in sie eingepflanzt wurden, waren Göttliche, Himmlische Samen.

Die Stadt Jerusalem steht ebenfalls für unsere Seele. Wir sind die Wohnstätte des Heiligen Geistes und man könnte uns Heiligtum, Heilige Wohnung, Zelt, Stadt Gottes, Jerusalem nennen... Nach dieser Erneuerung können wir behaupten, dass das alte Jerusalem nicht mehr existiert; es wurde in ein neues Jerusalem verwandelt. Mit anderen Worten, das «alte Selbst» ist nicht mehr da, sondern das neue Selbst, in das Licht des Heiligen Geistes verwandelt, ist nun das neue Jerusalem, das aus dem Himmel von Gott kommt. Diese Stadt ist zur Stadt Gottes geworden und braucht nicht mehr Sonne oder Mond als Lichtquelle, denn sie ist nun von der strahlenden Herrlichkeit Gottes erleuchtet, die auf sie scheint.

Durch diese Veränderung ist die Seele jetzt wie eine schöne Braut, die für ihren Bräutigam eingekleidet ist, denn sie ist mit Christus bekleidet. Der Bräutigam, der niemand anders als unser Schöpfer ist[104], wird dann seine Braut in das Brautgemach tragen, das heißt, in Sein Herz.

Jesus sagt uns:

«Deshalb, Meine Geliebten, sprecht zu eurer Seele: "Ruhe in Gott allein, denn Er ist die einzige Quelle deiner Hoffnung." Lasst euer Herz jubeln und eure Seele erneuert werden, denn in dieser Zeit gieße Ich Meine Gnaden auf die Menschheit wie nie zuvor in der Geschichte.»[105]

104. Jesaja 54,5: «*Denn dein Schöpfer ist dein Gemahl, "Herr der Heere" ist sein Name.*»
105. 3. August 2001.

Jesus Christus ist verwundert, dass wir solche Schwierigkeiten haben, die Zeichen der Zeit und die Bedeutung der Aussagen in der Heiligen Schrift zu verstehen. Am 6. Oktober 1993 bittet Er uns:

«Heute sind die Zweige des Feigenbaumes biegsam und seine Blätter sprießen; erkennt ihr die Zeiten immer noch nicht? Wieso können so viele von euch die Heilige Schrift nicht lesen und verstehen? Wieso haben die meisten von euch ihr Wahrnehmungsvermögen verloren? Habe Ich nicht gesagt: bleibt wach? Meine Kinder, heute wird euch Mein Königreich angeboten, geht nicht daran vorbei, ohne Notiz davon zu nehmen; lasst euch auch von Meinem Reich nicht überraschen. Überseht Meine Liebe nicht; kommt, Ich bin immer bei euch.»

Es hat viele Deutungen der Entrückung[106] gegeben, in denen erklärt wurde, dass die Entrückung physisch geschieht. Man vergisst dabei, dass Jesus meistens entweder in Bildnissen oder in Gleichnissen sprach. Bezüglich dieses Themas sind hier die Worte Jesu, die ich am 20. Juli 1992 empfing:

«Erlaubt Mir, eure Stirn mit dem Siegel Meines Heiligen Geistes zu versiegeln. Die Zeit des Aussortierens ist gekommen, die Zeit der Abrechnung ist da. Ich sagte allen, dass Ich wie ein Dieb über euch kommen werde. Niemand wird etwas ahnen, wenn Ich wiederkomme. Dann wird von zwei Männern einer mitgenommen und einer zurückgelassen; von zwei Frauen wird eine mitgenommen und eine zurückgelassen.»

«Die Ernte ist fast reif, und zahllose Leichname werden zurückgelassen, wenn Ich sage: "Ich Bin da!" Dann werde Ich zu Meinem Engel sagen: "Die Stunde ist gekommen, auszusortieren und alle herauszuziehen, die nicht Mir gehören. Von denen, die sich zu Mir bekannten, sortiere alle jene aus, die sich Meinem Gesetz nicht unterwerfen wollten. Von denen, die Meinen Heiligen Geist willkommen hießen und ihm erlaubten, ihr Führer und ihre Fackel zu sein, sortiere alle jene aus, die in ihrem Glaubensabfall gegen Mich rebellierten. Von denen,

106. Matthäus 24,40-41.

die auf der Stirn mit dem Siegel des Lammes gekennzeichnet sind, sortiere alle diejenigen mit dem Namen des Tieres oder mit der Zahl 666 aus. "Die Zeit ist da, und Ich Selbst brandmarke Mein Volk mit Meinem Namen und dem Namen Meines Vaters."»

Gottes Pädagogik – Seine Lehre – besteht sozusagen darin, sich immer wieder auf verschiedene Weise zu wiederholen, damit jeder Seine Worte versteht. Im Jahr darauf, am 23. Dezember 1993, erklärte der Herr noch einmal die oben erwähnte Textstelle. Dies sind Seine Worte:

«Der Feigenbaum hat schon seine Feigen angesetzt, und die Weinstöcke haben schon geblüht; Tochter, kannst du nicht sehen? Hast du Mein Zeichen am Himmel nicht bemerkt?[107] *Hör zu und schreibe:*

Generation, Ich habe dir fortwährend Meine Engel [Boten] gesandt und sende sie immer noch, um Meine Erwählten aus den vier Winden zu sammeln, von einem Ende des Himmels zum anderen, … eure Welt von heute wird schnell abgetragen sein. Ich sende euch Meine Engel, um Meine Auserwählten zu sammeln, Mein Volk, um Meine Kirche zu erneuern. Habt ihr es nicht bemerkt? Habt ihr es noch nicht verstanden? Nehmt ihr immer noch nicht Mein Zeichen wahr?»

«Mein Heiliger Geist verzückt jetzt einen von zweien, hüllt ihn ein in Sein loderndes Feuer und sendet ihn aus, ein Zeuge des Allerhöchsten zu sein. Mein Heiliger Geist erhebt einen, während Er einen anderen im Staub inmitten von Staub zurücklässt; einer wird mitgenommen, einer wird zurückgelassen.[108] *Wie der Wind weht Mein Heiliger Geist, wo Er will; ihr hört Seinen Klang, aber ihr könnt nicht sagen, woher Er kommt oder wohin Er geht… Mein Heiliger Geist weht in euren Tagen über euch, hierher und dorthin; Sein Atem ist wie ein Strom, der in alle Richtungen fließt; und überall, wohin*

---

107. Matthäus 24,30.
108. Wir wissen zum Beispiel auch wiederum nicht, warum in derselben Familie der eine im Geist erhoben, bekehrt und entflammt wird von der Liebe Gottes, und der andere aber nicht.

dieser Strom fließt, sprießen Fruchttragende Bäume hervor mit Blättern, die nie welken, sondern Heilwirkung haben, und jeder wird geheilt, der davon isst…»

«Wie kann es sein, dass ihr das blendende Licht Meines Heiligen Geistes nicht wahrnehmt? Wie das Licht von sieben Tagen auf einmal, so scheint Mein Heiliger Geist heute am Himmel; ist dieses Zeichen des Menschensohnes, das am Himmel erscheint, nicht genug für euch? Wie ein Hirte seine Herde sammelt, so sammelt und rettet Mein Heiliger Geist die zerstreute Herde. Ich offenbare euch Verborgenes und Unbekanntes; Generation, zur passenden Zeit offenbare Ich euch diese Dinge; ob ihr euch nach rechts oder links wendet, überall werdet ihr das blendende Zeichen Meines Heiligen Geistes am Himmel sehen, und eure Ohren werden hören: "Ich Bin es! Ich Bin ist bei euch, im Herzen; Ich Bin ist hier, um eure Hoffnungen, eure Kraft, euren Glauben und eure Liebe aufzubauen."»

Diese Passagen sind Geist, und wir spüren, dass der Geist tatsächlich voll wirksam ist und Gottes Schöpfung erneuert. Der Heilige Geist macht uns innerlich frei von Sünde. Fleisch ist Fleisch, und daher ist die Entrückung nicht im Fleisch sondern im Geist. Wenn Jesus von Leichnamen und vom Tod spricht, so meint Er das auch im Geiste, denn die Sünde tötet uns geistlich.

In der folgenden Botschaft, die mir am 12. April 1997 gegeben wurde, versucht Gott uns aufzurütteln und unseren trägen Geist aufzuwecken, damit wir die Zeichen der Zeit erkennen:

«Die Erde befindet sich in Aufruhr und so viel unschuldiges Blut wird vergossen, aber auch dies sind Zeichen der Zeit. Satan und seine finstere Herrschaft spucken ihr Erbrochenes auf die Erde und bringen Kummer und auch Spaltung in die Familien; sie lassen überall in der Welt falsche Propheten aufstehen, die Zeichen und auch Wunder hervorbringen, aber das geschieht so, dass auch die Auserwählten ihrer Tücke zum Opfer fallen können.»

Unglücklicherweise schätzt die Welt die Zeichen der Zeit wieder falsch ein und kann sie nicht erkennen. Heilige Gnade umweht uns, aber wir bemerken es in unserer geistigen Dunkelheit nicht. Gott sagt, dass viele von uns Krieg in unseren Herzen tragen und nicht Frieden, und dieser Unfrieden, den wir in unseren Herzen tragen, kehrt sich nach außen. Hier mögen auch wieder die Worte Jesu eine klarere Sicht davon aufweisen, wie unsere Welt in Finsternis verfallen ist, und wie Seine Hand ausgestreckt ist, um uns zu helfen.

Am 10. Juni 1992 sagte Christus:

«In diesen Zeiten, reiche Ich mit Meiner Hand zu euch hinunter wie nie zuvor, um euch vor den Mächten des Bösen zu erretten, die bereit sind, das kleine Licht auszublasen, das noch in euch brennt, und euch zu zwingen, im Dunkel zu wohnen. Sagt also nicht: „Es gibt niemand, der mich rettet, und niemand, der mir seine Freundschaft bezeigt", und dass euch Hilfe verweigert wird. Ruft Mich an mit eurem Herzen, dann komme Ich zu euch geflogen...»

Und in einer anderen Textstelle am 17. September 1992 sagt Er:

«Ich bin von Herzen sanft und demütig und kenne eure Herzen durch und durch. Bittet also Meinen Geist, und Mein Geist wird euch zu Hilfe kommen. Der Geist bittet euch nun, das folgende Gebet häufig zu beten:

"Jesus, weder Tod noch Leben, weder Engel noch Fürsten, weder Bestehendes noch Zukünftiges, weder Gewalten, Höhen oder Tiefen noch irgendetwas Geschaffenes sollen mich jemals von Dir trennen. Ich gelobe, Dir treu zu bleiben, dies ist mein feierliches Gelübde. Hilf mir, dieses Gelübde zu halten bis in alle Ewigkeit. Amen."»

Ohne Gott in unserem Leben wird es keinen Frieden geben. Ohne einen Wandel im Herzen und ohne Liebe zum Nächsten wird unsere Welt weiterhin in Unordnung verharren. So einfach ist das. Ohne die Leben spendenden Werte steuern wir auf eine große Zerstörung zu, die wir selber und niemand anderer verursacht haben.

Dies ist die Wahl, vor die ihr gestellt seid.

VASSULAS MISSION

Wenn sie nach einer Lösung gefragt wird, wie eine bessere Welt erreicht werden kann, antwortet Vassula: «Bereue zuerst und kehre um, lass dein Ego absterben, komm zurück zu Gott und bete; das ist mein Rezept für eine ungesunde und kranke Welt».

Vassulas Erfahrungen haben bei Gläubigen aus allen christlichen Konfessionen dieselbe Frage ausgelöst, die schon Propheten früherer Zeiten hervorgerufen haben: Lässt sich der Allmächtige Gott herab, um zu uns irdischen Menschen zu sprechen?

Das Interesse, das Vassula's Mission rund um die Welt seit zwanzig Jahren erregt, ist ein klarer Hinweis dafür, dass viele Christen dies für möglich halten und dass Gott nicht aufgehört hat, Sich durch das ganze christliche Zeitalter hindurch bis in unsere Zeit hinein zu offenbaren .

Das Hauptthema der Botschaften, die Vassula empfängt, ist die Einheit des Leibes Christi, aber gleichzeitig erstreckt sich ihre Sendung auch auf Menschen aller Glaubensrichtungen, einschließlich Hindus, Muslime, Buddhisten und andere, und wurde von ihnen willkommen geheißen. Tausende Anhänger verschiedener Glaubensrichtungen haben an ihren Treffen teilgenommen, und einige haben sich ihr bei den *Das Wahre Leben in Gott* Pilgerreisen angeschlossen. Vassula wird regelmäßig weltweit eingeladen, an ökumenischen oder interreligiösen Konferenzen teilzunehmen, und hat als Rednerin in der Zentrale der Vereinten Nationen in New York über das Thema gesprochen: «*Wie kann man Frieden im Heiligen Land erreichen*».

GEBETSGRUPPEN UND KONTAKTE

Gott bat Vassula, Gebetsgruppen zu bilden. Diese sind von Natur aus ökumenisch und werden *Das Wahre Leben in Gott* Gebetsgruppen genannt. Sie sind mittlerweile weltweit in über 77 Ländern verbreitet.

Für mehr Information kontaktieren Sie bitte:
http://www.tlig.org/de/contact/assoc/
und
www.tlig.org/de/spirituality/prayergroups/

PILGERREISEN UND EINKEHRTAGE

Nach der Bildung von Gebetsgruppen wurde Vassula aufgefordert, die verschiedenen Kirchen aufzurufen, gemeinsam zu beten, Gott anzubeten und miteinander über die Einheit zu reden. Seitdem hat Vassula, mit Hilfe von anderen, Pilgerreisen organisiert, die jetzt alle zwei Jahre stattfinden. Bei diesen Pilgerreisen wird jeden Tag ein Gottesdienst gefeiert, der jeweils von den Geistlichen einer anderen christlichen Konfession geleitet wird.

Mit Vassulas Worten: «Was da in den Gottesdiensten und Treffen stattfindet, wenn alle zusammenkommen, ist deshalb so herrlich, weil alle diese Kirchen verschiedener Konfession – in inoffizieller Weise – schon einen Vorgeschmack der Einheit erleben, die kommen soll.»

Informationen über künftige Einkehrtage sind zu finden bei www.tlig.org oder www.wlig.de

PRAKTIZIERTE NÄCHSTENLIEBE

Die Botschaften, die Gott Vassula gegeben hat, sind nicht nur für Christen, sondern für alle Menschen, und es ist klar, dass unser Glaube in die Tat umgesetzt werden muss und unsere Liebe sich im Dienst am Nächsten zeigt.

1997 hatte Vassula ganz in der Nähe der Geburtsstätte Christi in Bethlehem eine Vision der Jungfrau Maria. In der Vision hat ihr die Jungfrau Maria gesagt, dass sie zusätzlich zum Austeilen geistlicher Nahrung den Menschen auch materielle Nahrung geben müsse. In einer anderen Botschaft erinnert Jesus Vassula an Sein Wort: «*Was du einem der Geringsten tust, das tust du Mir.*» Mit Hilfe vieler freiwilliger Helfer hat Vassula nun in 16 Ländern rund um die Welt Häuser eingerichtet – *Beth Myriam* genannt, was *Haus Mariens* heißt. In diesen Häusern, die allen Menschen ungeachtet ihres Glaubens offenstehen, wird den Bedürftigen Essen und Fürsorge angeboten, bei einigen auch medizinische Versorgung und Schulunterricht. Informationen über die *Beth Myriams* sind bei www.tlig.org zu finden.

WAHRES LEBEN IN GOTT, GESAMTBAND

Alle Botschaften des Werkes *Wahres Leben in Gott*, die Vassula Rydén zwischen 1986 und 2003 empfangen hat, stehen in einem Gesamtband zur Verfügung (s. Bild oben) und in einer mehrbändigen Ausgabe von sechs Einzelbüchern; sie sind auch als E-books erhältlich.

Sie wurden in der Originalsprache Englisch aber auch in verschiedenen anderen Sprachen herausgegeben.

Dieser Gesamtband ist zu bestellen bei:
Parvis-Verlag – Route de l'Eglise 71 – 1648 Hauteville / Schweiz
buchhandlung@parvis.ch – www.parvis.ch

INHALTSVERZEICHNIS